LE
MONASTÈRE D'ANGLET

DIT

NOTRE-DAME-DU-REFUGE

(Arrondissement de Bayonne, Basses-Pyrénées)

Par M. J... S...

Religion. — Agriculture.

BAYONNE
IMPRIMERIE LAMAIGNÈRE, RUE CHEGARAY, 39.
—
1873

La reproduction de cet ouvrage est interdite, tous droits étant réservés à l'auteur.

LETTRE I

A TITRE DE PROLOGUE.

LETTRE I

A TITRE DE PROLOGUE.

Mon cher St-Rémy,

De votre séjour, il y a quelques années, en cette région bayonnaise, et si pittoresque et si paisible, vous avez remporté dans votre résidence, la tumultueuse capitale, Paris, des impressions qui vous ont fait rêver souvent, je pense, au bonheur que donne le spectacle d'une nature grandiose avec ses quiétudes relatives — jet de lumière, note harmonique, qui doivent parfois briller, parfois résonner pour vous, au milieu même des joies mondaines de votre vie oisive, élégante.

Tous les aspects de cette scène, unique peut-être, ne vous ont pas été dévoilés cependant ; toutes ses voix ne sont pas arrivées jusqu'à votre oreille, le temps vous ayant manqué pour une séance suffisante.

Or, je sais que l'un des décors de l'ensemble, l'une des pages de la partition, vous ont échappé entre autres.

Cet épisode, le plus curieux, le plus intéressant surtout, à mon avis, est l'établissement appelé *Notre-Dame-du-Refuge,* monastère en la commune d'Anglet.

Je serais heureux de combler dans vos souvenirs une lacune regrettable à bien des points de vue divers.

Voyageur de passage, l'an 1854, en ce recoin privilégié, j'y suis revenu souvent, à titre de séjour temporaire ; et, après maintes pérégrinations, je m'y suis fixé enfin, vous le savez, par le charme de ses sites, l'excellence de son climat (1).

Mes explorations à travers les perspectives de cette étrange et belle nature ont été dès lors incessantes, de même que mes recherches au point de vue des institutions locales, en tant qu'elles peuvent intéresser un touriste.

Dans une série de lettres j'essayerai donc de vous initier aux détails, comme à la pensée d'ensemble, de cet établissement remarquable d'Anglet ; et, pour en varier la description, pour y donner quelque attrait peut-être aussi, j'ajouterai parfois à mon récit des réflexions prises au domaine de la philosophie, au domaine de

(1) Vous connaissez mes observations météorologiques publiées à certaines époques dans les journaux de la localité.

LETTRE II.

Origine et développements successifs du Monastère.

LETTRE II.

Origine et développements successifs du Monastère.

Le monastère d'Anglet, avons-nous dit ailleurs déjà (1), est, en partie du moins, une conquête de la patience humaine sur le néant.

Il est en outre, ajoutons-le ici, une des plus belles manifestations de la charité chrétienne.

Afin de prouver l'une et l'autre de ces assertions, il est utile d'entrer dans l'historique et les détails de cette entreprise digne à tous égards du plus grand intérêt, digne même de la gratitude publique, à raison de ses bienfaits.

M. l'abbé Cestac est le fondateur de l'œuvre; l'œuvre est sa personnification, sa vie, son histoire.

Le nom de l'abbé Cestac doit figurer en tête de tout tableau reproductif de cette création.

(1) Opuscule : *L'Hiver à Biarritz.*

A côté se placent celui de sa sœur même, Elise Cestac, en religion sœur Magdelaine (1) et celui d'une autre Dame Religieuse, Servante de Marie (2) qui, toutes deux, s'associèrent à sa pensée, partagèrent ses labeurs.

Le premier regard est pour eux, à eux appartient le premier hommage.

Enfant de Bayonne où il est né rue *Majour* ou *Mayou* (3), aujourd'hui rue d'Espagne, n° 57 (4), le 16 nivôse an IX (6 janvier 1801), Louis-Edouard Cestac était fils de M. Dominique Cestac, officier de santé, originaire du département du Gers, près Mirande, et marié à Bayonne avec Mlle Jeanne Amité-Sarobe.

L'un et l'autre sont morts à Bayonne.

(1) Nous conservons au nom de la Galiléenne son orthographe ancienne se rapprochant plus que celle moderne, *Madeleine*, de la tradition qui fait dériver Magdelaine de *Magdalum*, localité sur les bords du lac Tibériade ou Génésareth en Palestine.

Voici, du reste, toutes les variétés de la MAGDALENA : *Magdalene, Magdelenne, Magdelaine* (*), *Magdeleine; Maddalene, Madeleine*.

(2) Celle-ci vit encore et son humilité nous a refusé la satisfaction de citer ici son nom.

(3) En patois gascon, et par corruption de *major* (grande), grande rue.

(4) La maison même qui donna le jour à Edouard Cestac, et appartenait à ses parents, a été démolie pour être remplacée, depuis cinquante ans au moins, par celle portant le n° 57 indiqué ci-dessus, propriété de la famille Bidaubigue.

(*) Nous avons rencontré cette appellation dans les archives du diocèse de Bayonne et ce motif nous a paru déterminant pour le choix.

M. Cestac, père, était homme religieux, charitable et ferme.

M#me# Cestac était femme pieuse également, puis aimable, spirituelle et enjouée, folle de son fils qu'elle a toujours su apprécier à sa valeur.

Grandi sous cette double influence, Edouard Cestac a résumé en lui les qualités, les vertus de ses auteurs, noble héritage dont nous le verrons faire utile emploi.

Elevé chez ses parents jusqu'à l'âge de dix ans environ, Edouard fut envoyé alors à Puntous, canton de Castelnau-Magnoac, pour commencer sa latinité et faire sa première communion, sous la direction de M. l'abbé Dastuques, ancien professeur de théologie au Grand Séminaire d'Auch.

Après cet acte, qui marquait sa première étape dans la vie, le jeune homme s'achemina vers Tarbes en vue d'y continuer ses études.

Le regret que son départ causa au Directeur dont il avait su s'attirer l'estime et la tendresse, fit dire à celui-ci ces paroles assez remarquables :

« — Mon enfant, en me quittant vous emportez mon cœur. »

Vers quinze ou seize ans, Cestac passa au collége d'Aire.

Sa supériorité lui permit de franchir une classe.

C'est dans ce collége même qu'il fit sa philosophie avec une distinction dont on a souvenir encore.

Après quoi, il fut envoyé, comme sujet d'élite, et aux frais du diocèse de Bayonne, à Saint-Sulpice de Paris, pour s'y perfectionner dans la science théologique (1).

Dès son jeune âge, Edouard Cestac avait témoigné une vocation ardente pour le sacerdoce ; et c'est en 1825, le 17 décembre, qu'il fut ordonné prêtre.

Il entra au Petit Séminaire de Larressore où il remplit tour à tour des fonctions diverses.

Professeur de musique, sa renommée comme violoniste précéda, dans le pays, celle du grand artiste de notre époque, le bayonnais Alard (2).

Econome habile et consciencieux, qui laissa dès lors entrevoir un certain avenir.

Puis, mathématicien savant, démonstrateur lucide, dont les leçons furent suivies avec zèle.

Et pendant tout ce temps, Directeur de la seconde partie dite Petite Communauté, de l'établissement, dont la première était réservée au Supérieur.

(1) Chaque année, était choisi ainsi parmi le jeune clergé, un sujet, de tous le plus recommandable, destiné, au retour, soit au professorat du Grand Séminaire, soit à un poste éminent quelconque.

(2) Outre son talent d'exécution, Ed. Cestac avait le don de l'inspiration lyrique et l'on a de lui de fort beaux morceaux de musique sacrée, parmi lesquels on cite une mélodie avec chœur, intitulée : *O Joannes, dilecte Deo*, qu'il improvisa pour une fête de Saint-Jean l'Évangéliste.

Abordant le haut professorat, il obtint la chaire de philosophie et se montra à la portée de cet enseignement, fidèle à l'exégèse, mais large de vues, libéral et synthétique, s'élevant aux conceptions des de Maistre, des de Bonald et même de M. de Lamennais, dont les idées pourtant étaient toujours par lui contenues, ramenées à la doctrine exacte de la foi.

L'attention publique, celle des supérieurs notamment, lui fut acquise dès lors et bientôt elle le fit appeler (en 1831) au vicariat de la cathédrale de Bayonne, carrière où l'abbé Cestac immédiatement se conquit une popularité des plus sympathiques.

C'est quelque temps après qu'il fonda successivement : 1º un orphelinat ; 2º une association libre de jeunes personnes pieuses vouées à l'éducation des enfants (aujourd'hui la congrégation religieuse dite des *Servantes de Marie* (1) ; 3º puis un Refuge de Pénitentes ou Repenties (2).

Suivons donc le prédestiné dans ses œuvres diverses, afin de les analyser avec ordre, explicite notamment au point de départ, pour faire mieux comprendre encore la suite et les développements du tout.

(1) Laquelle prononça ses vœux et prit l'habit le 6 janvier 1842. On compta alors huit sœurs.

(2) Leur institut fut consacré le 8 décembre 1851, sous le vocable de Saint Bernard, pour celles, au nombre de six, qui passèrent aux Bernardines d'Anglet, quartier St-Bernard.

En 1836, le 11 juin, M. Cestac dote Bayonne d'un orphelinat gratuit pris dans la cité même, au nombre de douze enfants à ce début.

Ces orphelines élevées au ménage, sont dès lors appelées à devenir *de braves et honnêtes filles de service* (ce sont les expressions mêmes du fondateur), c'est-à-dire des domestiques intelligentes et fidèles.

Bientôt le jeune personnel atteint le chiffre de trente, du double encore par la suite.

Pour diriger l'établissement naissant, l'abbé voit tout aussitôt venir à lui ces dames charitables dont il a été fait mention.

A leur tête est placée sa sœur Elise (en religion, Magdelaine.)

Les ressources financières de M. Cestac étaient bornées et ne comprenaient pas encore un patrimoine qui, plus tard, dut vertir en totalité ou partie, au profit de cette œuvre et d'autres œuvres nouvelles dont nous parlerons dans la suite. Il fallut donc se placer sous l'égide de la charité publique.

C'était débuter par un acte de courage.

La charité publique, il est vrai, dans notre généreuse patrie ne se fait pas longtemps attendre ; elle semble devancer tout désir quand un but louable se présente, même au plus lointain de l'horizon. Or, ici la portée était directe, parfaitement saisissable.

On savait d'ailleurs que donner à l'abbé Cestac, c'était donner à un économe intelligent, et qu'entre des mains si charitables, l'aumône devait un jour sortir, fructifiée, au profit des besoins les plus nécessiteux, les plus dignes d'intérêt.

C'est ainsi qu'un habitant de Bayonne (pourquoi ne pas le nommer, ce bienfaiteur modeste?), M. Alexandre Dubrocq, ancien maire de Bayonne, bientôt met à la disposition des innovateurs, qui l'acceptent, un local dans une maison dite *Ougacé*, lui appartenant, et située dans la banlieue, quartier Lachepaillet.

Il fait plus : une demeure spéciale, à destination généreuse de l'orphelinat, est alors construite à ses frais.

Mais, sur ces entrefaites, la commune de Bayonne offre en toute gratuité aussi à l'abbé Cestac un bâtiment inoccupé, voisin du cimetière, et l'orphelinat y est transporté.

La charité du fondateur était en elle-même trop féconde pour ne pas donner de nouveaux fruits.

Presque aussitôt après, ce fils de saint Vincent-de-Paul (qui lui en contesterait le titre?) entreprenait une tâche beaucoup plus difficile, celle de soustraire à un monde de joies et d'erreurs, d'ivresses et de périls, de folles créatures qu'y avaient jetées la passion, la misère.

Offrir le pain quotidien, un asile et un bien-être relatif ; offrir plus encore, une part d'affection à un jeune sexe qui, dès le berceau, vit surtout par le cœur, c'était s'assurer d'avance une acceptation empressée.

Mais, dire à des femmes faites, en toute plénitude de la vie, fascinées par le plaisir, gorgées par la débauche, sans souci d'un avenir qu'elles croient beau à toujours, leur dire : Venez en la retraite vous priver et gémir parce que là vous attendent des félicités bien autrement puissantes, des extases bien autrement grandes, c'était évidemment s'exposer à tout le sarcasme du refus.

L'appel cependant fut entendu et bon nombre de filles en qui la foi avait laissé quelques racines, bon nombre aussi que le doigt de Dieu toucha en un jour de miséricorde, répondirent à l'invite du bienfaiteur.

Elles furent par lui, et à ses frais, envoyées dans les maisons spéciales de Toulouse, Bordeaux, Montauban.

Ces maisons toutefois ne pouvant longtemps subvenir à l'entretien d'un personnel étranger, outre le leur propre, se virent contraintes à ne pouvoir plus seconder les vues de l'honorable correspondant.

Celui-ci se résolut alors à conserver dorénavant sur place et soutenir sur ses bras un fardeau si lourd, lourd moins encore par la dépense qu'il nécessitait, que par la difficulté d'en sauvegarder l'élément sous une enveloppe que tout œil convoiteux ne devait plus atteindre désormais ; car ces enfants du Péché étaient devenues pour le bon père des enfants de la Grâce, couvertes de toute sa sollicitude, bien chères à son cœur (avril 1838).

Exemple frappant de cette philosophie vraie qui, faisant appel à la foi, promet régénération au coupable et, fondant l'indulgence sur le sentiment de notre misère même, rend tous égaux devant Dieu ! L'égalité évangélique confond à ce point les principes de la morale mondaine, et quand on voit un honorable prêtre élever jusqu'à lui l'âme la plus dégradée, on comprend que si l'orgueil est le plus grand vice de l'homme, l'humilité est la première de ses vertus.

Les combles de l'orphelinat restés libres et d'ailleurs inaccessibles à la curiosité du dehors, reçurent ce surcroit de pensionnaires, sans contact, bien entendu, avec les étages inférieurs du logis.

Cette occupation restreinte, assez délétère par suite, bien que dans une zone atmosphérique surélevée, ne tarda pas à être reconnue insuffisante, surtout devant la recrudescence pour ainsi dire quotidienne du personnel. L'espace, la solitude, le mouvement aussi et le travail au grand air, étaient indiqués comme conditions d'existence et physique et morale, pour des êtres à transformer, pour des êtres qui demandaient une vie nouvelle.

Travaux agricoles, maison ouverte et libre, sous un régime paternel ; telles furent dès lors les idées fixes de M. Cestac, celles aussi dont il ne dévia jamais.

L'état actuel ne pouvait donc être que temporaire ; il fallait attendre et aviser.

Une propriété rurale, sise en la commune d'Anglet, près de Bayonne, fut en vente.

M. Cestac y tourna ses regards et comprit qu'elle était à sa convenance.

Le domaine appartenait à l'une des familles notables du pays, à la famille Chateauneuf (1). Il se composait d'une maison de maître, de bâtiments accessoires, champs, bois, jardin, etc.

Les propriétaires en demandaient 44,000 fr.

Ce prix était inacccessible à la bourse de l'amateur, lequel était loin de posséder cette somme, si même il en possédait aucune.

La disproportion, pour tout autre que M. Cestac, eût été une impossibilité absolue ; pour lui elle fut un stimulant à la confiance en Dieu d'abord, puis en l'âme des fidèles, en sa propre force, à lui-même, enfin.

Bien lui en prit, le contrat d'acquisition, signé le 24 novembre 1838, moyennant pareille somme, fut quelque temps après intégralement soldé.

---

(1) M. Jules Chateauneuf, descendant de cette famille, est aujourd'hui maire de Bayonne, après avoir été maire d'Anglet même, où il conserve encore des biens ruraux.

Des travaux d'appropriation, de reconstruction et de constructions nouvelles furent entrepris aussitôt.

Au mois de juin suivant, M. Cestac fit venir à Anglet ses Pénitentes qui, au nombre de quatorze, secondées par les Dames associées, — toutes sous la direction d'Elise Cestac et autre Dame associée dont nous devons taire le nom, — aménagèrent vite la demeure en pièces à leur convenance.

Quant à l'orphelinat, dit *Orphelinat Saint-Léon,* il resta à Bayonne, sous la garde des quelques autres Dames et la surveillance de M. Cestac, lequel se partageait entre le vicariat et son établissement nouveau d'Anglet où, deux fois par semaine, il se rendait avec deux de ses collègues, mus par une déférence marquée envers leur confrère, par leur admiration aussi pour l'œuvre naissante : M. l'abbé Larrabure, mort curé-doyen de Saint-Palais et frère de l'ancien sénateur de ce nom ; puis M. l'abbé Doyhambéhère, actuellement curé-doyen de Saint-Jean-de-Luz.

M. Cestac fut élevé par son évêque aux fonctions de chanoine ; mais son personnel augmentant toujours, bientôt il se vit obligé de résigner ces fonctions auxquelles il ne pouvait pas vaquer, pour se rendre et se fixer au sein de la corporation religieuse.

En l'année 1840, vivait, près du domaine,

un vieillard, pauvre et isolé, qui s'était construit sur un sol aride, au milieu de monticules sableux, une cabane alimentée par la culture de quelques chétifs légumes obtenus à grand'peine, alimentée surtout par l'aumône du Refuge, toujours empressée, toujours abondante (même alors que le couvent expérimentait pour lui-même les rigueurs du besoin). Arnaud Larrieu devenu malade, obtint asile au Refuge où des soins de toutes sortes lui furent prodigués. Aux approches de la mort, dont la vie présente n'était pour lui qu'une triste anticipation, l'ermite, sous l'inspiration de la reconnaissance, légua son modeste héritage au domaine, qui en devint propriétaire, par le décès du testateur, le 27 août 1846.

Les quelques ares d'éjections océaniques n'étaient certes pas de nature à enrichir le légataire ; ils n'offraient en perspective que labeurs, que déceptions peut-être.

M. Cestac, tout à coup, vit dans ce champ voisin toute autre chose qu'un accroissement de propriété, il y vit une existence nouvelle pour ses Pénitentes, qui, d'ailleurs, l'implorèrent instamment elles-mêmes du Bon Père (1).

Le quartier principal du Refuge, accessible au mouvement, aux bruits du dehors, dont la pourvoyance, les travaux de toutes sortes, néces-

(1) Cette appellation était donnée à M. l'abbé Cestac, par la Communauté.

sitaient au dedans une activité incessante, n'avait pas le caractère voulu pour la retraite.

La dune, au contraire, est toute isolée, toute silencieuse. La méditation ne saurait être distraite par nulle curiosité, par nul bruit humain, dans ce site sauvage où pas un n'habite, où l'œil ne s'ouvre qu'à l'azur du ciel, où l'oreille ne perçoit que la voix de la mer, de la mer qui mélancoliquement soupire et s'épanche, soumise, sur ces bords sablonneux, quand elle ne se dresse pas haut, irritée, grondant alors jusqu'à la menace d'un envahissement prochain.

Que le passager cupide, confiant dans son embarcation parfois gigantesque, brave de telles menaces, se jette en plein à travers ces fureurs et succombe, rien de plus ordinaire.

Mais, combien peu elle a souci du danger, l'humble créature qui, sur cette limite extrême du gouffre, va demander abri à un toit de chaume! N'a-t-elle pas vogué dans des eaux bien autrement perfides, dans l'océan du monde! Puis, qu'a-t-elle à perdre ici-bas? Rien. Son âme est sa seule richesse et elle l'a confiée à un élément sur lequel n'a nulle prise le caprice des vents.

De l'assentiment du maître, sœur *** (l'une des deux auxiliaires précitées) et quelques Pénitentes dont elle prend la direction, s'exilent, en 1848, dans ce recoin ingrat et désolé, que bientôt les courageuses anachorètes féconderont de leur travail, que, par leur dévotion, elles animeront du souffle divin, car leur vie dès lors comporte toutes les œuvres cénobitiques et rappelle les temps de la primitive Eglise avec ses pratiques de foi sincère, profonde.

Les Pénitentes ne cesseront d'y être entourées de la même sollicitude par le Directeur, car, plus que toutes autres, elles font appel à son affection ces dévoyées de la terre qui ne sauraient marcher seules et que la Providence a portées à la rencontre du Bon Père.

Le quartier des Bernardines prit dès lors une large place en la colonie de Notre-Dame-du-Refuge.

L'organisateur qui, tout d'abord, avait donné à ses enfants la prière comme aliment de l'âme, avait hâte de procurer à leur corps un exercice salubre, et la culture des terres lui parut favoriser ses vues, tout en offrant un moyen de moralisation puissant. Elle devint donc l'objet de toute son attention, de ses pensées journalières.

On le devine, les besoins de l'entreprise l'exigeaient d'ailleurs impérieusement ; la pénurie avait crié haut dès le premier jour et, pour y faire face, s'étaient présentés les quelques hectares de terrain dont se composait la propriété Chateauneuf, propriété ainsi aménagée dans le principe : dix-neuf hectares de terre labourable, six hectares de landes, deux hectares en marais, échalassière et bois de haute futaie.

« Les terres étaient travaillées, a écrit quelque
« part M. Cestac, partie par des métayers, partie
« par un fermier, tous gens honnêtes qui, de
« père en fils, s'étaient succédé depuis longues
« années. L'esprit de modération et de charité
« qui présidait à l'œuvre naissante ne me permit
« pas de briser ces existences presque séculai-
« res. Je les laissai tranquilles et leur déclarai
« qu'ils deviendraient comme de la famille. Je me
« contentai donc de quatre hectares de terres
« labourables qui demeuraient au compte du
« maître et je me mis à les exploiter. »

Quatre hectares seulement ! et encore de la moindre qualité, il paraît, comme pour mettre à épreuve le courage du chef.

On l'a vu, l'annexe récente ne faisait qu'ajouter aux difficultés.

Pour qui l'a connu, ce chef courageux, le tableau à cette heure est des plus intéressants ; c'est là qu'apparaît dans toute sa capacité cet esprit supérieur, dans toute sa force cette âme exceptionnelle.

L'on voit se réaliser dans sa justesse profonde ce proverbe espagnol : *Mas hace el que quiere que el que puede.* — Celui qui veut, fait plus que celui qui peut.

Or, la volonté de l'abbé Cestac s'appuyait sur la Foi, sur la Foi en la Providence, son espoir et sa force.

Une sage administration avait, dès la première heure, réglé tous les agissements de la corporation, et, comme revenu, quelques produits des terres, joints à des dons pieux, avaient sinon rempli, grossi du moins la besace du pasteur — lequel ne recevait rétribution aucune (dot ou pension) de ses ouailles.

On sait aussi quels résultats donne à la diminution des dépenses, à l'augmentation des recettes, le système de l'association au travail.

Une stricte économie avait présidé à la confection du budget et la plus minime somme, prenant importance dans la multiplicité des êtres, avait été calculée avec soin.

Il fallait voir à quel régime il la soumettait, cet économiste éminent, la modeste piécette même de 50 c. ; quelles évolutions il lui faisait subir ; comme il la centuplait vite et la gonflait aux opulentes proportions de la pièce de 20 fr. !

Il nous l'a raconté lui-même et nous avons compris qu'un tel homme, de rien eût fait quelque chose, quelque chose qui n'est autre aujourd'hui qu'une richesse et richesse publique.

Bref, l'équilibre, recettes et dépenses, s'était assez bien réalisé.

Mais les exigences devenant toujours croissantes, par les charges de la propriété, l'arrivée de nouvelles recrues au sol Bernardin principalement, on ne tarda pas à reconnaître la nécessité de ressources plus considérables.

On fit donc, sur toute la ligne, un pressant appel au travail, c'est-à-dire que chaque membre du personnel, tout besogneux, vaillant, fut requis pour s'utiliser, selon sa force et sa capacité, dans la plus grande extension possible, sans laisser improductive la moindre occasion de gain, soit par l'aiguille, soit par l'outillage aratoire, le chef discernant avec sagacité ces aptitudes diverses, dont il remplissait les cadres respectifs.

Pas un chiffon qui ne dût être utilisé à la lingerie où se confectionnèrent aussi pour la vente au dehors, dans un magasin spécial, des ouvrages de toutes sortes, les plus infimes comme les plus considérables.

Pas un pouce de terrain, aux champs, qui ne dût rapporter bénéfice quelconque d'après sa nature.

Oui, c'est à cette heure première qui sonne l'appel, c'est à son entrée en campagne, qu'il est curieux, qu'il est beau de le voir, Edouard Cestac, cet homme intelligent et ferme s'il en fut.

Sa tête fait les chiffres, dresse les plans ; elle s'adonne aux études théoriques (l'agriculture n'était pas son fait jusqu'alors, pas plus que l'œuvre du magasin); elle se livre aux combinaisons de la plus savante stratégie, tandis que le bataillon féminin (tout bras mâle est exclu de l'expédition) exécute les manœuvres et s'expose à toutes les fatigues de la lutte.

A la maison, couture et broderie se façonnent comme les rayons dans la ruche. — L'abbé, connaisseur émérite tout aussitôt, a fait choix des tisssus ; il surveille, il corrige même les travaux.

Aux approches, les bâtiments d'exploitation se dressent comme par enchantement.

Un bétail s'y loge nombreux, de qualité remarquable.

Aux champs, bêches, pelles, pioches, rateaux, etc., etc., font justice d'une stérilité jusqu'alors inattaquée. Les bruyères sont défrichées, ensemencées, plantées ; les sables assis et fertilisés.

Les productions s'annoncent ; elles se réalisent.

Un problème insoluble est résolu à l'avantage de l'établissement aussi bien qu'au profit de toute la contrée attentive aux essais, à la réussite des travailleurs, prête à marcher sur leurs traces dans un intérêt respectif pour chacun des alentours.

Le domaine est devenu, d'un bond, une véritable ferme-modèle.

La victoire est complète.

— Ce qu'il a fallu d'expérimentation au général en chef, de persévérance à ses intrépides soldats, nous n'entreprendrons pas de le dire....

Cette marche d'ensemble, sous un même commandement (1), dans une même pensée (même intérêt, même but), elle devait produire, elle a produit, en effet, un résultat prodigieux, incroyable pour qui n'envisage pas sous toutes ses faces cette haute considération de la foi cimentée au travail.

N'est-ce pas ce pouvoir qui, dans le moyen-âge, enfanta au cloître monacal ces merveilles de la patience humaine, chefs-d'œuvre du génie littéraire, lesquels nous sont restés, moins encore comme spécimen du passé, que comme exemple pour l'avenir ?

N'est-ce pas lui qui transforma, par le bras du moine, le sol infécond d'une partie de la France ?

N'est-ce pas lui qui, alors, avait embrigadé, le chapelet d'une main, la truelle, le ciseau ou le marteau de l'autre, nos aïeux dévoués pour les conduire à l'édification de ces monuments religieux dont, à cette heure encore, nous admirons la richesse et la magnificence ?

Leçons utiles que l'on ne saurait exposer trop souvent au regard des peuples, alors surtout qu'ils cherchent leur voie.

— Discipline, dans la vie politique, dans la vie privée, comme dans la vie religieuse, signifie abnégation, dévouement, courage, et aussi récompense.

(1) L'ordre donné par M. Cestac n'a jamais été l'objet de critiques ou commentaires de la part de ses subordonnées qui l'avaient maintes fois entendu dire qu'un bon administrateur devait avoir la tête froide et la parole libre.

La plupart des renseignements que nous venons d'exposer, nous ont été fournis par M. Cestac lui-même.

M. Cestac se laissait aborder facilement et, de ceux qui ont eu l'honneur de converser avec lui, nul n'a oublié le charme, l'intérêt de ses entretiens.

Nos souvenirs à cet égard sont tout vivaces encore ; nous nous rappellerons toujours la causerie qui précéda de très-peu sa fin ; à la manière dont il nous livrait la pensée intime de sa fondation religieuse, ses secrets agricoles, le mobile, en un mot, de sa vie entière, on eût dit que cet homme, merveilleux d'instinct, pressentait avoir devant lui son biographe, l'historien de son œuvre.

Touriste, nous visitâmes, dans notre jeunesse, plusieurs établissements de la Trappe en France (ceux qui, par leur nature, se rapprochent le plus du monastère d'Anglet). Nous y avons séjourné même, nous les avons étudiés, approfondis dans tous leurs éléments, sous le rapport moral, comme sous le rapport matériel, et aussi, avouons-le, à un certain point de vue pittoresque, — car le pittoresque a toujours eu pour nous un charme extrême et, partout où il se montre, il nous apparaît tout d'abord, bien que relégué au dernier plan dans l'ordre de nos observations méditatives, sans plus de développements même au présent écrit.

Eh bien! aucun d'eux ne nous a semblé atteindre, sous ces aspects divers, le degré d'intérêt que nous avons rencontré au Refuge d'Anglet ; aucun, non plus, n'a excité autant notre étonnement, notre admiration.

Ici, en effet, les circonstances ont favorisé à l'envi le mode de moralisation qui était le but principal du fondateur, et nombre de moyens se sont présentés à point, dont il a su profiter, on vient de le voir.

Restent l'élément industriel, l'élément agricole.

L'élément industriel, tout simplement, y accumule des richesses — richesses relatives, il est vrai, et dont a grand besoin l'établissement, aujourd'hui innombrable, si besoigneux.

L'élément agricole ne le cède en rien à ses devanciers de France, outre le mérite d'innovation, pour la contrée du moins, de cultures remarquables, extrêmement précieuses.

A joindre la comparaison et du terroir et des ressources, puis l'on saura quelle somme d'éloges est due à cette véritable ruche d'abeilles.

Quelles différences, en effet, militent, sous ce rapport, en faveur de Notre-Dame-du-Refuge !

Partout ailleurs, s'est offerte une terre plus ou moins généreuse ; se sont offerts des bras plus ou moins habiles, plus ou moins robustes, faits à la vie rustique, et dans un milieu plus ou moins sympathique.

A Anglet, l'initiative appartient à un seul homme, froissé, entravé souvent dans ses projets, jusqu'alors étranger à la science agricole, ne comptant à son service que de faibles femmes encore moins expérimentées que lui.

Et pourtant, combien vite l'entreprise a été prospère !

D'un sol infertile, rebelle à toute culture, insouciant et capricieux comme l'Océan qui l'a éjecté, comme lui flottant au gré du vent, ardé jusqu'au fond des entrailles par les rayons solaires, de ce sol, accru d'acquisitions successives, bientôt jaillirent en nombre et en force de plus en plus grands, des plantes potagères, des vergers, des moissons, des bois.

Evidemment les moines Bénédictins, Bernardins et autres, si utiles à l'époque de l'inculture des terres, n'ont pas mérité plus de leur patrie, toute proportion gardée, que l'abbé Cestac, lequel a marché résolûment sur leurs traces, en ce recoin, Sud-Ouest, de la France, dénudé, en certaines parties, comme aux premiers âges.

« — L'agriculture dans la Communauté, disait « M. Cestac, se lie à la Communauté elle-même. »

C'est ainsi que la religion et le travail, ces deux bases nécessaires de tout état social, ont trouvé une nouvelle assise dans l'œuvre d'Anglet.

La prospérité du monastère, il faut bien le dire aussi, ne manqua pas d'éveiller l'attention des environs et, si le succès agricole fit plus d'imitateurs que de jaloux, il n'en fut pas de même du succès industriel à l'ouvroir.

Le commerce de Bayonne notamment s'en émut ; il conçut des craintes de rivalité, d'une rivalité redoutable surtout par le perfectionnement du travail.

Des yeux inquiets, de ce côté, s'ouvrirent et se fixèrent sur l'établissement nouveau.

Trop habile pour rester court, trop osé pour ne pas se diriger droit vers son but, l'abbé, sans haine ni vengeance, sans amertume ni plainte, poursuivit sa route.

C'est qu'il avait foi dans son droit, cet ouvrier éminent, qu'il savait d'ailleurs s'utiliser au profit même des plus hostiles par les retours incessants du négoce — échanges et achats, — outre le débarras qu'il offrait au pays, sans rétribution aucune, d'un contingent de population, de tous le plus difficile, le plus encombrant : celui des orphelines élevées par lui à Bayonne, et celui des Pénitentes retirées au Refuge d'Anglet, Pénitentes qui avaient été une croix pour le monde, avant que le monde ne fût devenu une croix pour elles.

Il savait, en un mot, que la pensée de son œuvre devait tôt ou tard vertir au profit de tous, dans toutes les classes, par mille procédés.

De quelle confiance, de quelle force se sent animé d'ailleurs celui qui chemine ici-bas, quand distribuant à l'occasion, sur son passage, le bien pour le mal, il reste ferme devant les trois grandes considérations qui commandent à la conscience humaine : honnêteté envers Dieu, honnêteté envers son prochain, honnêteté envers soi-même !

Ce qui, en un mot, constitue le Juste.

Le revirement de l'opinion publique, hâtons-nous de le dire aussi, s'opéra enfin et M. Cestac se vit, au bout d'un certain temps, entouré d'une sympathie dont avait besoin son cœur, son cœur par lequel il vivait.

Mais, convenons-en, le cœur est un bien dangereux canot pour le passager en ce monde. De tous côtés prenant charge sur l'océan des peines, bientôt il est plein au débord et, à moins de secours providentiel, il ne tarde pas à sombrer.

Chez tous il y a avarie et le terme est fatal : si le sentiment résiste, l'organe s'use.

La preuve de la vertu, il est vrai, est dans l'épreuve. *(Sagesse des Nations.)*

A cette page quelque peu sombre d'amertumes inévitables dans la vie de tout innovateur, dans la vie, entre autres, de celui qui subit la lutte tout à la fois et contre les hommes et contre les éléments, faisons succéder la page des satisfactions, des gloires de M. Cestac.

De ses satisfactions, les plus consolantes

furent l'hospitalité donnée de plus en plus facilement à ses converties ou préservées (1), leur docilité à la règle commune, puis les témoignages quotidiens de leur affection, de leur reconnaissance.

Ce furent les voix plus douces encore des Orphelines en l'asile.

Ce furent et la vie exemplaire des Servantes de Marie et leur propagation sous l'accueil le plus empressé, le plus flatteur, à elles fait en de nombreuses localités de France et aussi à l'étranger. Allant au devant de tous services sociaux, elles rivalisent de zèle avec les gardiennes de l'enfance, les professeurs de la jeunesse ; elles s'associent à l'humble rôle de la sœur de Charité.... *Sœur de Charité !* dernier mot, selon nous, de la grandeur humaine.

Ce fut enfin, mais seulement vers les derniers temps de cette œuvre prodigieuse, qui ne demanda pas moins de trente années de l'existence du Solitaire, de pouvoir dorénavant regarder comme garantis, comme développés dans la mesure d'une noble ambition, les résultats de l'idée fondatrice.

De ses gloires, comme Agronome et comme Moine, la citation est difficile, car l'hôte modeste d'Anglet n'avait pas habitude de s'en vanter et

(1) Nombre de jeunes filles, sans avoir succombé encore, ont été arrachées au danger par les soins du Refuge.

il nous faut les surprendre dans des recherches posthumes.

Beaucoup ont dû rester chez lui secrètes, ensevelies dans la mort.

La visite de gens les plus notables ou les plus instruits, têtes couronnées, grands seigneurs, grandes dames, hommes de lettres, artistes, magistrats, financiers, industriels, agriculteurs, etc., outre une foule de tous pays, laissa, pour ainsi dire, chaque jour au seuil du Refuge le signe d'une félicitation plus ou moins accentuée.

Quant aux titres positifs conférés à la réputation de M. l'abbé Cestac, on peut les énumérer ainsi :

Au point de vue religieux, les termes mêmes d'un bref pontifical (faisant retour à la mémoire du Fondateur), obtenu sur la demande du prélat « qui gouverne, est-il dit, le diocèse de Bayonne (Mgr Lacroix), qui a cultivé cette pieuse Société dès son berceau et n'a rien épargné pour la faire prospérer, etc., Sa Sainteté a accordé les plus grandes louanges à ce pieux Institut, etc. ; elle l'a recommandé comme elle le loue et le recommande, par la teneur du présent décret. »

Au point de vue agronomique, les témoignages flatteurs qu'a reçus M. Cestac dans divers concours ruraux dont les membres titulaires ont honoré de leurs fréquentes visites l'exploitation du Refuge ;

Son élévation à la présidence du Comice Agricole de l'arrondissement de Bayonne.

Enfin, au double point de vue agronomique et religieux, sa nomination comme Chevalier de la Légion d'honneur.

— Les circonstances de cette entrée dans l'ordre éminent sont trop intéressantes, trop personnelles, pour ne pas être racontées ici :

Le 9 octobre 1865, M. Cestac se disposait à partir en voyage pour affaires, quand deux inconnus — deux gendarmes, ma foi — s'arrêtent à la porte du Refuge et sortent d'un véhicule dans lequel ils invitent M. l'abbé à prendre place.

Celui-ci, naturellement, demande : — D'après quel ordre ?

— Celui de M. le Préfet, répondent les émissaires.

Sans autre explication, on monte en voiture pour se rendre à Bayonne où, arrivé sur la Place d'Armes, M. Cestac voit venir à lui le Préfet (M. d'Auribeau) qui, tout heureux, l'accompagne auprès de Napoléon III passant en revue les troupes de la garnison.

Les saluts échangés :

— Je veux vous crucifier, M. l'Abbé, dit l'Empereur.

Et tout aussitôt il attache à la soutane de l'humble prêtre le signe de l'honneur.

Cette distinction, d'après le brevet, était donnée au *Directeur de la Colonie Agricole et de Refuge à Anglet.*

Tout le monde, dans le public, y applaudit comme à une récompense des plus méritées.

Voilà pour les rémunérations mondaines.

En mars 1868, ce fut le tour à Dieu d'acclamer son élu.

La lettre-circulaire de Madame la Supérieure Générale à toute la Communauté, relate les circonstances du trépas de M. l'abbé Cestac.

Elle est conçue en ces termes :

« Dieu vient d'appeler à lui notre bon et vénéré
« Père !

« Sa mort a été subite, mais non imprévue.
« Depuis deux mois, il ne cessait de nous répé-
« ter, bien qu'il ne fût pas alité : « *Mes enfants,*
« *encore quelques jours, un mois, deux mois au*
« *plus, et nous nous séparerons ; je vous devan-*
« *cerai dans l'Eternité.* » Et il se préparait en
« conséquence.

« Vendredi, 27 du courant, vers minuit, une
« crise d'anévrisme lui est survenue ; vingt
« minutes après, il rendait son âme à Dieu, sans
« convulsions, sans agonie.

« Il a reçu les derniers Sacrements par le
« ministère de l'abbé Duclos, à qui il avait donné
« lui-même le premier de tous les sacrements,
« etc. »

M. Cestac, en effet, a pressenti sa fin, et plus d'une circonstance le prouve.

En septembre 1867, il disait à un de ses amis que Dieu pouvait disposer de lui, qu'il lui restait six mois au plus à vivre et qu'il lui fallait préparer la Communauté à son absence.

Six mois après, il décédait.

Quinze jours avant sa mort, il s'exprimait de la sorte auprès d'une autre personne : « Dieu « peut disposer de moi, j'ai mis ordre à mes « affaires spirituelles et temporelles. »

Ses funérailles, célébrées le lundi 30, à 9 heures du matin, ont témoigné de l'affectueux respect que cet homme considérable avait su inspirer au dedans comme au dehors de sa retraite.

Elles ont témoigné d'un deuil général.

Les larmes de toute la Communauté disaient la douleur, pendant que le cortége disait les honneurs.

A la file imposante des Servantes de Marie, des Bernardines, des Orphelines et des Pénitentes, prenaient rang les autorités civiles et religieuses de Bayonne, d'Anglet et de Biarritz, les directeurs ou directrices d'établissements religieux des environs ; nombre de chanoines, de prêtres séculiers ou réguliers ; puis une foule immense advenue de toutes parts.

Après embaumement, le corps de M. Cestac

avait été exposé pendant deux jours à la piété des fidèles dans une chapelle ardente du Refuge d'où l'a reçu, pour quelques heures, le quartier Bernardin qu'il devait honorer d'une visite suprême, outre le dernier adieu à une sœur chérie (1).

La levée du corps et la sépulture ont été faites par M. Menjoulet, vicaire-général ; la messe a été chantée par M. Haramboure, archiprêtre de la cathédrale.

L'absoute enfin a été faite par Mgr Lacroix, évêque de Bayonne.

Puis le cercueil, sur lequel on voyait les insignes de Chanoine honoraire, ainsi que la croix de la Légion d'honneur, a été transporté par quatre membres de la Société Saint-Charles à Anglet, dont le défunt avait fait partie, dans un caveau pratiqué au jardin du quartier Notre-Dame, celui principal du Refuge.

Le lendemain, un service solennel réunit dans la cathédrale de Bayonne nombre de prêtres et de laïques, tous amis du défunt.

La messe fut chantée par M. l'abbé Manaudas, chanoine, supérieur du Grand Séminaire et, avant l'absoute, une allocution touchante fut faite par Mgr l'Evêque.

Comme complément de la biographie, qu'il

(1) Décédée avant son frère, c'est là que sœur Magdelaine a été ensevelie.

nous soit permis d'esquisser ici le portrait de M. l'abbé Cestac.

— L'ensemble de la personne témoignait des qualités qui ont fait le succès d'une tâche audacieuse autant que grande.

La tête de l'abbé Cestac offrait un aspect agréable, distingué et bienveillant : traits réguliers, peau fraîche et chevelure blanche à l'époque où nous l'avons connu (dans sa vieillesse), brune autrefois. La mobilité, la pénétration du regard annonçaient un esprit vif et scrutateur ; la finesse du sourire, la contraction de la bouche, annonçaient une réserve sage.

Sa parole était douce et persuasive, mystique le plus souvent, prédicatrice volontiers, s'élevant en chaire jusqu'à l'éloquence.

Le geste répondait à la parole et complétait ce maintien où le moins clairvoyant juge un homme qui se possède, dont la puissance aussi, mitigée par la grâce, s'impose facilement.

De taille moyenne et robuste, d'un tempérament sain et nerveux, sous l'observance d'une sobriété inaltérable, le créateur du monastère avait pu braver bien des fatigues, subir bien des épreuves. On comprenait que, dans une telle individualité, la force physique n'avait jamais dû faire défaut à l'appel de la volonté, c'est-à-dire de l'intelligence.

Intelligence vaste qui s'ouvrait à toutes les aptitudes, même les plus exclusives chez la plupart des hommes : virtuose, par exemple, et mathématicien ; littérateur et philosophe tour à tour ; organisateur, gérant, agronome, négociant, industriel et marchand.

Esprit net et positif, dont la fécondité a engendré des institutions multiples et si diverses, sans qu'elles se confondissent jamais, tout en se raccordant entre elles pour concourir, dans une vaste proportion, au bénéfice de l'économie sociale.

A ces qualités que l'on ajoute les vertus de l'abbé Cestac et l'on aura, comme ensemble, l'un des beaux caractères de notre époque ; l'un des plus utiles surtout dont la place, comme inventeur de la fertilisation des sables, est à côté même de Brémontier, l'inventeur de la fixation des dunes.

Le génie de la charité, en outre, a fait du fondateur du Refuge, l'une de ces nobles personnifications qui, un jour ou l'autre, doivent sortir de leur réduit obscur, pour ceindre, aux publications de l'histoire, l'auréole de la célébrité.

Individualité grande, en effet, qui a eu, comme l'apôtre des Landes, pour famille l'Humanité (ce dire ne fut jamais plus vrai), pour patrie la Terre et qui doit avoir pour récompense le Ciel.

....

Pertransiit benefaciendo.
Il a passé en faisant le bien.

Aux extrémités de la France, deux tombes touchent les mers : au Nord, la tombe de celui qui proclama haut le Génie du Christianisme, — Châteaubriand ; au Sud, la tombe de celui qui pratiqua humblement la Charité, souffle pur de cette religion sainte, — l'abbé Cestac.

L'un de ces monuments s'élève sur le roc en conquérant du monde, l'autre se cache dans les sables en une vertu modeste.

Leur portée vers le ciel est la même et l'âme qui, à un appel de Dieu, s'est exhalée de chacun d'eux, a dû, toute radieuse, quand une lagune de terre ici-bas séparait les corps, se rapprocher chacune de son émule au bienheureux séjour, pour y chanter, la première, les louanges de l'Eternel ; la seconde, pour implorer sa grâce au nom des sœurs encore exilées au val de la Pénitence.

LETTRE III.

Constitution générale de la Communauté.

Actes constitutifs : Personne Civile et Personne Religieuse. — Caractère de la Communauté. — Direction Spirituelle. — Administration et Conseil d'Administration. — Nomenclature de tout le Personnel.

LETTRE III.

Constitution générale de la Communauté.

Actes constitutifs : Personne Civile et Personne Religieuse. — Caractère de la Communauté. — Direction Spirituelle. — Administration et Conseil d'Administration. — Nomenclature de tout le personnel.

§ 1.

ACTES CONSTITUTIFS.

La Communauté a été reconnue, savoir :

1º Comme Personne Civile (établissement d'utilité publique), légalement par décret impérial du 14 Décembre 1852 ;

2º Comme Personne Religieuse, sous la règle de saint Augustin, canoniquement par l'Ordinaire (1), le 6 Janvier 1842, jour de la prise d'habits et des vœux des Servantes de Marie entre les mains de Mgr Lacroix, évêque de Bayonne.

(1) On appelle Ordinaire l'Evêque du lieu.
Sous son autorité immédiate est placée la Communauté.

Puis elle a été honorée, comme telle, d'un Bref Laudatif du Souverain Pontife, Pie IX, le 16 Mai 1870.

En voici un passage (traduction) :

« Aux yeux du Prélat qui gouverne aujour-
« d'hui le diocèse de Bayonne (1), qui a cultivé
« cette pieuse Société dès son berceau et n'a
« rien épargné pour la faire prospérer, il lui
« manque beaucoup tant qu'elle ne sera pas con-
« firmée par le Saint-Siége Apostolique. C'est
« pourquoi, lui-même se trouvant à Rome à
« l'occasion du Concile du Vatican, il a sollicité
« instamment la confirmation de cette pieuse
« Société, et il a exhibé en même temps ses
« Constitutions et les Lettres de recommanda-
« tion de plusieurs autres Evêques. Sa Sainteté,
« dans l'audience obtenue par le Secrétaire
« soussigné de la Sacrée Congrégation des Evê-
« ques et Réguliers, le seizième jour du mois
« de mai de l'an mil huit cent soixante-dix, a
« accordé les plus grandes louanges à ce pieux
« Institut en tant que Congrégation à vœux
« simples, dirigée par une Supérieure Générale,
« sous l'autorité des Ordinaires, conformément
« aux Sacrés Canons et aux Constitutions Apos-
« toliques ; elle l'a recommandé, comme elle le
« loue et le recommande, par la teneur du pré-
« sent Décret. » Etc.

(1) Mgr Lacroix.

§ 2.

CARACTÈRE DE LA COMMUNAUTÉ.

La Maison est *hospitalière* et *enseignante* (1).

§ 3.

DIRECTION SPIRITUELLE.

Trois Ecclésiastiques éminents sont chargés du Spirituel.

§ 4.

ADMINISTRATION
ET CONSEIL D'ADMINISTRATION.

La Communauté est administrée par une Supérieure Générale, que nous avons l'honneur de connaître déjà, bien qu'anonyme (Lettre II). Elle est femme à idées libérales, esprit élevé, cœur miséricordieux — la représentation vivante du Fondateur lui-même, dont elle fut l'un des deux bras.

Son Conseil se compose d'une Assistante, d'une Econome Générale, de la Secrétaire et de deux Visitatrices (2) — toutes Servantes de

---

(1) *Hospitalière*, par les Orphelines et les Pénitentes ; *Enseignante*, par l'Ouvroir et le Pensionnat au dedans, par les Maisons d'Education au dehors.

(2) Deux Sœurs chargées de visiter tous les établissements de France et d'Espagne, dépendants de la Maison-mère d'Anglet.

Marie ; lesquelles régissent exclusivement les diverses familles de l'Œuvre.

L'ordre des Servantes de Marie est prédominant sur toute la Communauté ; il est celui qui gouverne, il est celui qui possède.

Dans son sein est élue la Supérieure Générale, est élu le Conseil.

Oligarchie dont le fonctionnement va ressortir, par la suite, comme un modèle de souveraineté, et dans sa mansuétude et dans sa puissance.

On donne, dans la maison, le nom de Mère à chacune des dames Supérieures de Notre-Dame et de Saint-Bernard ;

Celui de Bonne Sœur, à la Religieuse de dignité quelconque ;

Et celui de Sœur à la Religieuse ordinaire.

§ 5.

NOMENCLATURE DE TOUT LE PERSONNEL.

Le personnel de la Communauté comprend :

1º Les trois dignes Prêtres désignés plus haut ;

2º Les Servantes de Marie, Ouvrières de Marie, Agrégées de Marie, Bernardines — toutes faisant les trois vœux ordinaires de Religion qui sont : les vœux de Pauvreté, de Chasteté et d'Obéissance.

Sous leur main et leur direction se trouvent :

Les Pénitentes, les Orphelines de Notre-Dame à Anglet (et de Saint-Léon à Bayonne), les jeunes personnes de l'Ouvroir, les jeunes demoiselles du Pensionnat.

Reste à expliquer chacune de ces familles diverses, lesquelles s'unissent les unes aux autres par des liens plus ou moins intimes, pour n'en faire qu'une seule en définitive (1).

Hiérarchie vigilante qui rappelle les traditions, oubliées déjà, de nos aïeux chez lesquels on voyait la mère de famille déléguer ses pouvoirs aux sœurs aînées sur les cadettes, comme ici l'on voit la Mère Directrice Générale — Mme la Supérieure — confier une surveillance immédiate aux titulaires de la Communauté — Servantes de Marie — sur les filles raccordées à la voie nouvelle, sur les enfants sans discernement encore.

---

(1) Nous avons eu à cœur et nous nous sommes efforcé de reproduire dans un tableau, pour ainsi dire synoptique, les détails infinis d'une œuvre par elle-même assez compliquée sous tous les rapports, admirablement combinée cependant, et dont les agencements, les corrélations multiples, doivent ressortir clairs et distincts de cet ouvrage.

LETTRE IV.

Servantes de Marie (Postulantes, Novices et Professes). — Ouvrières de Marie. — Agrégées de Marie. — Pénitentes. — Orphelinés.

LETTRE IV.

Servantes de Marie (Postulantes, Novices et Professes). — Ouvrières de Marie. — Agrégées de Marie. — Pénitentes. — Orphelines.

§ 1.

SERVANTES DE MARIE.

1°

Ce que sont les Servantes de Marie.

Les Servantes de Marie vivent en communauté, sous la règle de Saint Augustin et leurs Constitutions particulières.

2°

Œuvres de la Congrégation des Servantes de Marie.

Le but et la fin de cette congrégation sont, comme on vient de le voir :

De tenir les Orphelinats de jeunes filles ;

De recueillir, de moraliser et d'affecter à une occupation honnête, les personnes qui, ayant mené dans le monde une vie scandaleuse, viennent, touchées de la grâce, se réfugier auprès d'elles pour faire pénitence et sauver leur âme ;

D'instruire les jeunes filles de la classe ouvrière et pauvre, dans les villes et les campagnes ;

De soigner les petits enfants dans les Asiles divers pour faciliter le travail aux mères indigentes ;

De se vouer au service des pauvres et des malades dans les hospices, hôpitaux et maisons de miséricorde.

3º

Division du Personnel de la Congrégation des Servantes de Marie.

Les Servantes de Marie se divisent par gradation, en :
Postulantes,
Novices,
Professes.

4º

Costumes divers.

1º Celui des Professes se compose d'une robe en étoffe commune de laine, couleur bleue ;

d'un tablier de même couleur ; d'une coiffe et guimpe avec pèlerine de toile blanche ; d'un voile noir ; et d'une médaille du Christ et de la Vierge, qu'elles portent sur la poitrine (1).

2º Celui des Novices : de la robe, du tablier, de la coiffe et de la guimpe, comme les Professes ; elles ont le voile bleu et ne portent point la médaille.

3º Celui des Postulantes : d'un vêtement séculier, mais complètement noir.

5º

Nombre.

La Congrégation compte environ neuf cents Servantes de Marie, cent vingt Novices et une quantité correspondante de Postulantes.

Les Servantes de Marie se partagent au dedans et au dehors du Monastère.

Au dedans, on les conserve d'après le chiffre voulu pour la direction des œuvres et la confection des travaux.

Nota. — Partout où se rencontrent des Pénitentes, on voit une Servante de Marie, ou une Ouvrière de Marie, présider à leurs occupations.

En outre, les Servantes de Marie ont des salles de travail à elles propres exclusivement.

---

(1) L'hiver, les Sœurs en paroisse, c'est-à-dire détachées dans les établissements distincts, mais dépendants de la Maison-mère du Refuge, sont vêtues, lorsqu'elles sortent, d'un grand manteau de serge bleue.

Le surplus est employé au dehors à la direction de cent cinquante écoles diversement réparties en France dans les départements suivants :

Ain ;
Basses-Pyrénées ;
Charente-Inférieure ;
Gers ;
Gironde ;
Haute-Garonne ;
Hérault ;
Landes ;
Nord ;
Oise ;
Pas-de-Calais.

A y joindre douze maisons d'éducation (Colléges, Lycées, Ecoles Normales, Séminaires), où les Sœurs s'occupent du linge, servent à la pharmacie, soignent les malades, etc.

Les Servantes de Marie possèdent de plus, en Espagne, une maison importante, sise à Madrid, avec un externat composé des enfants de familles notables.

— Quant aux Novices et Postulantes, tout en demeurant dans la Maison-mère jusqu'au terme de leurs épreuves, elles vivent séparées dans un corps de bâtiment à part, édifié pour elles, à 300 mètres environ du logis principal, toujours dans la zone de Notre-Dame, vers le milieu de l'allée qui mène au quartier Saint-Bernard.

§ 2.

OUVRIÈRES DE MARIE.

1°

Admission.

Quant aux Ouvrières de Marie, sous les rapports essentiels : la piété, le dévouement, la bonté du caractère, etc., les règles d'admission sont les mêmes que pour les Servantes de Marie.

Mais, sous les rapports secondaires de l'éducation, des manières, du langage, etc., on se montre plus facile.

2°

Occupations.

Les Ouvrières de Marie s'occupent, en général, de gros ouvrages, tels que jardinage, agriculture, etc., et travaux manuels de l'intérieur.

3°

Habit.

Leur habit est le même que celui des Servantes de Marie, à la différence de la guimpe qui est bleue chez les Ouvrières au lieu d'être blanche, comme chez les premières.

4°

Hiérarchie.

Du reste elles ont, comme celles-ci, les trois degrés hiérarchiques du Postulat, du Noviciat et de la Profession.

Les Novices se distinguent par le voile bleu ;

Les Postulantes, comme toutes celles de la Communauté, par l'habit séculier, noir.

§ 3.

AGRÉGÉES DE MARIE.

1°

Admission.

On demande aux Agrégées de Marie les mêmes qualités morales qu'à toutes les autres Religieuses.

Sous les rapports inférieurs, on est plus facile encore que pour les Ouvrières, à leur égard.

2°

Occupations.

Ces occupations ne se différencient point de celles des Ouvrières de Marie ; elles comprennent cependant, en outre, le service extérieur des commissions à Biarritz, Bayonne et la banlieue, selon les besoins si nombreux et si variés de la maison.

3°
Hiérarchie.

Comme dans chaque famille Religieuse, on compte ici des Postulantes, des Novices et des Professes.

4°
Costume.

Il est celui de toutes les Postulantes de l'œuvre, c'est-à-dire séculier et noir.

On distingue pourtant les Agrégées-Novices par le voile blanc et les Agrégées-Professes, par le voile noir — mais à la chapelle seulement.

Au dehors les Agrégées-Professes portent les cordons du bonnet bleus, au lieu de noirs.

Les Agrégées-Postulantes ou Novices ne portent couleur autre que le noir.

NOTA. — Ce serait ici le lieu de parler des Bernardines, afin de suivre la statistique du personnel, si nous ne devions les retrouver plus tard chez elles, à Saint-Bernard, et leur consacrer un examen spécial.

§ 4.
PÉNITENTES.

1°
Conditions d'admission.

Les Pénitentes sont reçues à tout âge, sans distinction de nationalité, sans rétribution demandée, ni même acceptée.

Ce sont de malheureuses filles qui veulent échapper aux dangers imminents de la société ou sortir des fanges de la corruption ; d'où l'on peut distinguer les Pénitentes de la préservation et les Pénitentes du péché.

Elles sont prévenues que leur entrée dans l'établissement n'a pas le caractère d'un apprentissage à faire en vue d'une position dans le monde, mais bien le caractère d'une vocation de prières et de pénitences, menée jusqu'à la mort, et que dès lors, une fois admises, elles ne doivent plus songer à sortir.

C'est d'après cette promesse formelle qu'elles sont seulement introduites dans la famille.

2º

Division.

Elles sont rangées en deux catégories :
1º Les ouvrières à l'aiguille ;
2º Les ouvrières aux gros travaux.

Les couturières travaillent dans trois classes de spécialités différentes.

Les manœuvres se répandent dans les locaux divers de l'établissement ou, plus loin, dans les champs, les bois.

3º

Costume.

Leur costume consiste en un vêtement bleu, châle de même couleur, dont la pointe sur le dos est ornée d'une petite croix d'étoffe blanche, dépassant la mantille noire bordée d'un liseré blanc.

Ce costume n'est accordé qu'aux Pénitentes ayant fait preuve de bonne conduite et offrant des garanties de persévérance dans leur vie nouvelle.

Celles-ci peuvent même espérer aussi le titre de Bernardines, auquel elles aspirent toujours ardemment. Saint-Bernard est pour elles la Terre Promise, le terme marqué par le doigt de Dieu.

Quant au titre de Servante de Marie, la Pénitente ne doit pas y prétendre ; il lui est interdit à jamais.

L'Institution d'ailleurs se montre assez clémente, assez généreuse, puisqu'elle élève à la hauteur des vœux monastiques la créature rencontrée souvent au plus bas de la gradation sociale.

4°

Nombre.

Le nombre total dépasse cent cinquante.

§ 5.

ORPHELINES.

L'Œuvre des Orphelines à Notre-Dame-du-Refuge est naissante.

C'était un des beaux projets de feu M. Cestac, cet homme fécond qu'une idée créatrice sans cesse poussait en avant.

Il est aujourd'hui réalisé pieusement par ses Successeurs.

Si l'Orphelinat de Bayonne est exclusif (et il a ses raisons pour cela) (1), celui d'Anglet est ouvert à tous pays. Il suffit qu'une Enfant soit malheureuse et délaissée pour y trouver asile.

D'âge ni de provenance, il n'est plus question ici. La charité tend ses bras vers toutes indistinctement.

Voyez-vous, philanthrope qui me lisez, voyez-vous ce cœur de la Bienfaisance, chauffé par le soleil généreux du Midi de France, couver dans les sables d'Anglet de chétives enfants pour les rendre à la vie et régénérer sous la croix des Pénitentes, de pauvres âmes un moment avilies; puis, de là envoyer par deux cents artères et plus, (2) l'exubérance de son sang pur à la mère-patrie, à l'étranger même, partout où la souffrance fait appel !

Religion chrétienne, ce sont là de tes prodiges ! L'humanité, quels que soient ses croyan-

---

(1) Trois conditions sont nécessaires pour qu'une enfant y soit admise : 1° un état de misère extrême ; 2° l'âge de 7 ans ou à peu près ; 3° l'origine bayonnaise ou un domicile continu de cinq années à Bayonne.

(2) Le nombre des détachements de la maison d'Anglet n'est pas moindre.

ces et ses cultes, reconnaît ton essence au passage dans ses veines ; elle y répond, à son insu même le plus souvent, par un soupir de soulagement qui n'est autre, pour la main secourable, qu'un soupir de merci.

A la fécondité du principe chrétien, s'ajoute ici la fécondité du principe d'association avec la monasticité pour base et c'est à cette double influence que sont dus les bienfaits dont il serait impossible d'évaluer le nombre.

Dans la sphère mondaine elle-même, en effet, jaillissent chaque jour de cette source inépuisasable dont le niveau modeste se révèle à Anglet, mille dons précieux et pour la plupart ignorés.

Car, en dehors même de leur vie constitutionnelle, les Servantes de Marie savent se dévouer chaque fois que l'occasion se présente.

Entr'autres faits, on peut citer un épisode récent.

A Bapaume (Pas-de-Calais), est situé un grand immeuble appartenant à la Communauté d'Anglet.

Là se trouve un certain nombre de Servantes de Marie, chargées d'une Œuvre d'Orphelins et du service des malades en ville.

Lors du combat, année 1871, entre Français et Allemands, sous les murs de la petite ville devenue historique, cette maison fut convertie par les bonnes sœurs en une vaste ambulance ouverte à tous les partis et qui a donné l'hospitalité, des mois entiers, à 1,200 blessés à la fois.

Dire le dévouement de ces pauvres Religieuses, et le jour et la nuit, durant cette longue période ; dire les difficultés de toutes sortes, les dangers aussi qu'elles ont dû braver, c'est impossible.

Oublieuses d'elles-mêmes, on les a vues ne plus songer à leurs propres besoins et recevoir des secours que la charité leur apportait du dehors.

LETTRE V.

Ouvroir et Pensionnat.

LETTRE V.

Ouvroir et Pensionnat.

Lorsque l'on chemine du groupe des bâtiments de Notre-Dame vers Saint-Bernard, par la grande avenue, on rencontre à 400 mètres environ, sur la gauche, un corps de logis destiné tout à la fois à l'Ouvroir et au Pensionnat.

Ces deux institutions sont cependant séparées l'une de l'autre par une clôture extérieure et une distribution intérieure spéciale à chacune ; nulle communication n'existe entre elles.

1°

L'OUVROIR.

Ici se forme la femme de ménage.

On y trouve cinquante jeunes filles appartenant à des familles plus ou moins aisées.

Peu importe d'où elles viennent.

On exige seulement qu'avant leur entrée, elles aient fait la première communion.

Elles consacrent deux heures par jour à l'étude de l'écriture, de l'orthographe et du calcul, dans des proportions relatives.

Le reste de la journée est donné au travail d'aiguille.

Ce travail consiste, vu le caractère de l'Institution, en couture, repassage, ravaudage, tricot, etc.

Les Apprenties séjournent à l'Ouvroir plus ou moins de temps, soit un an, soit deux ans, selon leur aptitude personnelle, ou la position de fortune des parents.

Il y a trois pensions, toutes de prix fort modique, lequel varie selon la nourriture dont la qualité, quel qu'en soit le degré, est toujours saine, dont la quantité est toujours abondante.

2º

LE PENSIONNAT.

En voici le prospectus même :

« Ce Pensionnat est dirigé par les Servantes de Marie, sous le haut patronage de Mgr l'Evêque de Bayonne.

« Il est en exercice depuis le mois de Mai 1871 et compte déjà un certain nombre de jeunes demoiselles de la classe aisée, élevées par des Religieuses munies de leur diplôme.

« L'enseignement du Pensionnat Notre-Dame embrasse toutes les matières qu'une jeune personne doit connaître et cultiver : la Lecture et l'Ecriture, l'Orthographe, la Grammaire française, la Géographie Générale, ancienne et moderne, la Géographie particulière de la France, l'Histoire Sainte, l'Histoire de l'Eglise, l'Histoire Générale (Ancienne, Romaine, du Moyen-âge, Moderne), l'Histoire de France, l'Arithmétique, les éléments des sciences Physiques et Naturelles, les préceptes de Littérature et de Composition, les Langues vivantes, la Musique vocale et instrumentale et le Dessin.

« Le Dessin linéaire est compris dans le programme général d'enseignement. Mais les Langues vivantes, la Musique et le Dessin d'ornement et d'imitation sont à la charge des parents.

« Les travaux manuels ont aussi leurs leçons et leurs heures. On a soin seulement de ne point dépenser en occupations moins utiles un temps plus fructueusement employé à l'éducation intellectuelle.

« La pension est de 40 fr. par mois, payables par trimestres et d'avance. Tout mois commencé est dû en entier.

« Le Blanchissage, le Repassage et le Raccommodage du linge sont au compte des parents, ainsi que les honoraires du Médecin : le tout 2 fr. par mois. On forme les élèves d'un certain âge au ravaudage et à l'entretien de chacune des pièces de leur trousseau.

« L'Etablissement fournit à des prix modérés les divers articles de trousseau, de classe et de travaux manuels. La note en est présentée aux parents à l'échéance des trimestres.

« Les sorties particulières, fort nuisibles au succès des études, ne sont accordées que pour des motifs très-graves. Toutefois, les parents peuvent visiter leurs enfants dans l'Etablissement, tous les Jeudis, de 2 à 4 heures de l'après-midi, et il sera loisible à toute élève qui satisfait, de passer le premier jeudi de chaque mois dans sa famille.

« Chaque trimestre, les parents reçoivent un bulletin de la conduite de leurs enfants, de l'état de leur santé, ainsi que de leurs progrès en tous genres.

« La situation même de Notre-Dame semble présenter à la jeunesse des garanties toutes spéciales de bien-être et de santé. Néanmoins, la maison possède une Pharmacie de premiers secours et un Praticien attitré renouvelant ses visites tous les trois jours et plus souvent si les circonstances l'exigent.

« Les familles qui, durant l'été, désireraient faire prendre des bains de mer à leurs enfants, sont prévenues que la maison est en mesure de procurer ces bains à ses élèves, à l'époque la plus favorable et à des conditions fort modiques.

« L'année scolaire se termine à la fin d'Août par une modeste distribution de prix et un mois de vacances. La rentrée des classes a lieu invariablement le 1ᵉʳ Octobre, à moins que le 1ᵉʳ Octobre ne tombe en Dimanche. Dans ce cas, on se présenterait la veille ou le lendemain du jour fixe.

« Toute élève présente, en entrant, son extrait de baptême, une attestation de vaccine et, si elle a déjà été dans un autre Etablissement, un certificat de bonne moralité.

TROUSSEAU
(En bon état).

- 1 Couverture de laine.
- 1 Id. de coton.
- 3 Paires de draps de lit.
- 6 Serviettes de table.
- 6 Id. de toilette.
- 8 Chemises.
- 4 Manteaux de lit.
- 6 Bonnets de nuit.
- 18 Mouchoirs de poche.
- 12 Paires bas.
- 6 Chemisettes en percale simple.
- 2 Id. pour toilette.
- 6 Paires de Pantalons.
- 6 Jupons blancs.
- 2 Id. noirs en laine pour l'hiver.
- 3 Tricots de coton.
- 2 Tabliers noirs d'écriture.
- 2 Tabliers bleus (petit carreau) } pour les plus jeunes.
- 4 Tabliers blancs }
- 1 Imperméable.
- 2 Peignes.
- 1 Brosse à peignes.
- 1 Id. à dents.
- 1 Id. pour habits.
- 1 Boîte à ouvrage.
- 1 Couvert.
- 1 Timbale.
- 1 Couteau de table.
- 1 Rouleau de serviette.
- 1 Petit chapeau de paille pour soleil.
- 1 Parapluie.
- 1 Ombrelle.
- 1 Paire sabots et chaussons.

Le tout marqué au numéro de l'Elève.

COSTUME POUR LES DIMANCHES ET FÊTES

En Été.
Robe d'alpaga noir.
Casaque id.
Ceinture bleue.
Petit chapeau de paille, forme marin, avec ruban bleu.

En Hiver.
Robe de mérinos noir.
Casaque de drap.
Ceinture bleue.
Chapeau de paille noir, garni de bleu.

Le tout marqué au numéro de l'Elève.

La maison offre de procurer à bon compte tous les objets ci-dessus.

LETTRE VI.

Situation géographique et topographique du Monastère. — Dénomination générale et division en deux quartiers : *Notre-Dame* et *Saint-Bernard*. — Description du quartier *Notre-Dame :* cour extérieure et bâtiments ; cour intérieure, etc. — Jardin et annexes.

LETTRE VI.

Situation géographique et topographique du Monastère. — Dénomination générale et division en deux quartiers : *Notre-Dame* et *Saint-Bernard*. — Description du quartier *Notre-Dame* : cour extérieure et bâtiments ; cour intérieure, etc. — Jardin et annexes.

§ 1.

SITUATION GÉOGRAPHIQUE ET TOPOGRAPHIQUE DU MONASTÈRE.

Le Monastère est situé dans le département des Basses-Pyrénées, arrondissement de Bayonne, commune d'Anglet.

Il est distant de Bayonne (1) :

A 4 kilomètres, par le chemin dit *Chemin des Pontots* ;

A 6 kilomètres, par la route dite *Route des dunes de Monbrun* ;

A 8 kilomètres 500 mètres environ, par celle dite *Route de la Barre* ;

---

(1) Jusqu'au groupe des constructions Notre-Dame.

— A 3 kilomètres 500 mètres de Biarritz, par cette même voie ;

A 2 kilomètres enfin de la mer par les dunes Ouest.

§ 2.

DÉNOMINATION GÉNÉRALE ET DIVISION EN DEUX QUARTIERS.

Sa dénomination générale est : *Notre-Dame-du-Refuge*.

Il se divise en deux quartiers appelés : l'un, quartier *Notre-Dame* ; l'autre, quartier *Saint-Bernard*.

Le premier est au Sud du second.

La ligne de séparation est tracée, à cinq cents mètres environ, par la route susdite des *dunes de Monbrun*, que va couper à angle droit, et au lieu dit des *Quatre-Chemins*, l'avenue conduisant de *Notre-Dame* à *Saint-Bernard*, et reliant les deux quartiers en trait-d'union.

§ 3.

DESCRIPTION DU QUARTIER NOTRE-DAME : COUR EXTÉRIEURE ET BATIMENTS, COUR INTÉRIEURE, ETC.

1º

Cour extérieure et Bâtiments.

Dans cette Maison, toute de charité, le premier objet qui frappe le regard, dans la cour extérieure, ouverte à l'Est, est un double banc placé sous la fenêtre de la Conciergerie, à destination des Malheureux.

C'est là que leur est offerte l'aumône, sans distinction entre eux, abondante et profitable (1).

Elle consiste, à midi, dans une soupe — la même que celle de toute la Communauté — et par écuellées aussi nombreuses que le comporte, sur place, la faim du mendiant.

Le reste de la journée, on distribue à chacun du pain en telle quantité que besoin est.

Ce pain, lui aussi, est le même que pour le personnel monastique, c'est-à-dire d'une qualité, sinon luxueuse, au moins nourrissante, comme l'est tout produit naturel, consciencieusement fabriqué.

Un jour, M. le duc de Broglie visitant la maison, en compagnie de l'un des Ecclésiastiques (M. le Directeur lui-même), remarqua ce pain. Affriandé par sa bonne mine et son parfum, il daigna en demander un morceau qu'il mit en poche pour son prochain repas à l'hôtel de Biarritz.

Bien d'autres peuvent en manger, dès lors.

NOTA. — Les largesses du Refuge vont plus loin encore : des vêtements d'hiver et d'été (achetés dans les magasins de Bayonne), sont distribués aux nécessiteux, le couchage entier leur est donné ainsi que des secours de toutes sortes, dans une proportion qui n'élève pas le chiffre de la dépense à moins de 3,000 fr. par an — et je ne dis pas tout.

(1) On compte souvent jusqu'à trente ou quarante Pauvres à la fois.

De là, l'œil se porte de face sur la chapelle.

L'autel est relevé par une statue de la Vierge, un enfant dans les bras, comme Protectrice des faibles ; le sceptre en main, comme Souveraine Maîtresse du Monastère (1).

Les prémices de toutes les fleurs nées dans la Communauté, pendant l'année, lui sont offertes et des bouquets splendides (comme on sait en faire ici) ornent le sanctuaire.

Des arbustes, souvent les plus rares, ajoutent par leurs feuillages à l'éclat des fleurs.

Les jours de fête, dentelles et broderies, tentures, sentences, inscriptions, etc., accompagnent ces décors naturels et donnent à l'ensemble de la chapelle une physionomie remarquable.

Deux lampes brûlent jour et nuit.

Des bancs de bois, de la plus rustique simplicité, se succèdent de chaque côté, dans la nef, à l'usage exclusif des Servantes de Marie.

Une tribune est réservée, au fond de cette nef, à celles d'entr'elles qui sont malades.

Sous la tribune sont rangées les Orphelines du Refuge.

Tout le compartiment décrit ci-dessus est nommé la Grande Chapelle, par opposition à celui latéral, sur la droite, occupé par les Pénitentes.

---

(1) Cette statue constitue le don d'une personne pieuse.
Son modèle est porté au cou par chaque Servante de Marie. Le vocable de Marie aussi précède, pour toutes les Religieuses indistinctement, le nom patronymique de chacune d'elles.

A une extrémité de la chapelle, vers le chœur, on remarque des vitraux que l'on croirait peints, s'il ne vous était appris qu'ils sont tout simplement coloriés en papier, d'après les dessins exécutés par une Servante de Marie.

A l'autre extrémité, et dans la tribune, un orgue ou plutôt un harmonium.

Il est touché par une sœur qui nous a paru être fort bonne musicienne.

Le chant, rehaussé par l'accompagnement instrumental, s'élève ici, aux jours de grande fête entr'autres, à toute la hauteur harmonique que comportent l'étude et le goût.

Mais, à l'unisson comme en parties, son rythme conserve toujours certaine gravité ; il reste caractéristique. De ces esprits convaincus, de ces cœurs dévoués, l'idée s'exhale pure et touchante.

L'effet le plus saisissant est celui produit par les alternatives du chant, soit dans le psaume, soit dans l'antienne ou les litanies, selon le rituel.

Les Sœurs, au prélude de l'orgue, disent un verset auquel réplique plus au loin, par le verset suivant, la voix des Pénitentes invisibles de la Petite Chapelle.

Ou bien encore, la pensée émise d'abord par les Sœurs, dans l'intonation du verset, est complétée par les Pénitentes, dans l'émission vocale de la fin de cette même phrase.

A moins que le sujet entonné par le prêtre officiant, ne soit répondu par toutes à la fois.

Dans les deux chœurs nous avons remarqué de fort belles voix.

C'est aux vêpres qu'il est donné d'entendre ces accents divers.

La messe est, en général, célébrée basse.

Aux vêpres de la Noël, jour de notre visite, l'office s'est terminé par un cantique de circonstance extrait de la *Lyre Angélique,* œuvre remarquable de poésie et de musique, dont M. l'abbé Etchegaray, Directeur de Notre-Dame-du-Refuge, a été le promoteur et même le coopérateur.

Il est bon de faire savoir que la chapelle du Monastère est exclusivement réservée à la Communauté, bien qu'on y tolère pendant l'office divin, la présence de quelques personnes ne pouvant, en certains cas, se rendre à l'église ailleurs.

Le public est libre de la visiter tous les jours.

— Notons ici que cette chapelle, devenue trop petite, va être remplacée bientôt par une plus considérable dont les travaux encadrent déjà une partie de celle actuelle, la partie Sud dans le jardin.

La nouvelle chapelle, comme celle-ci, conservera le vocable de Notre-Dame-du-Refuge, à laquelle elle est consacrée.

A côté et à gauche de la chapelle, le presbytère ou la maison des prêtres, édifice parfaitement tenu, très-complet. Il renferme aussi les appartements de Mgr l'Evêque, lorsque le prélat vient faire visite à l'établissement.

2º

Cour intérieure et Bâtiments.

Cette cour, qui s'ouvre à l'Ouest, est murée par la pointe du logis susdétaillé, bien qu'elle communique avec la première cour au moyen de la porte de sœur gardienne en celle-ci.

Elle est close, à l'autre extrémité, par la loge de sa propre concierge et par une grande porte d'entrée.

Les deux autres côtés du quadrilatère oblong, sont formés par de vastes bâtiments dont voici le détail selon leur rang de construction.

Le corps principal d'habitation est celui même du temps de l'ancienne famille Chateauneuf.

Il portait le nom de *Loheate* et mesure vingt-quatre mètres de longueur sur douze de profondeur.

Il compte quatre fenêtres de front et se relève par une tourelle qui devait donner au logis un certain air de gentilhommière (1) avec son toit

(1) Ancienne baronie, en effet *(baronie Dolives (?)*, dont les titres remontent aux premières années du XVe siècle.

pointu et son colombier ; au rez-de-chaussée (à l'Est) sa porte monumentale, étoilée de gros clous, avec marteau, et à l'intérieur, son escalier d'apparat. La chapelle primitive, dédiée à saint Léon, occupait, en face, l'emplacement de celle d'aujourd'hui ; la porte d'entrée subsiste encore. (On voit dans l'église d'Anglet un tableau représentant le Christ en croix, qui en provient, et fut donné à la commune, après la Révolution, par M. Pierre Chateauneuf, maire.)

C'est dans cette tourelle et sous les combles, dont il n'avait pas même permis le plafonnage, que l'abbé Cestac a eu sa chambre à coucher dès l'époque d'acquisition, pour ainsi dire, jusqu'à celle de sa mort (à quelques mois près) (1).

Bien modeste gîte assurément pour le fondateur d'une telle Communauté.

Gîte visité néanmoins par quantité de personnages illustres à qui l'idée du contraste a dû suggérer, comme à nous, une certaine admiration pour la modestie de l'homme.

On y a conservé religieusement dans l'ordre dernier, le mobilier chétif et les objets personnels de M. Cestac.

Là, le Bon Père se trouvait au centre de la grande famille dont il était l'âme.

---

(1) Une indisposition, rhume ou autre, l'avait forcé de changer, il paraît, sur l'ordre du médecin, cette résidence de nuit, assez froide, pour celle de la maison *Saint-Louis*, au jardin.

De cette hauteur aussi se développait pour lui un panorama immense, qui ne dut pas être inaperçu, inapprécié par le solitaire, Religieux au sentiment contemplatif, assez enclin, je crois, aux charmes de la poésie.

Se déroulaient à ses yeux les vallées et de l'Adour et de la Nive, avec leur brillante végétation, leurs blanches maisonnettes éparses, Bayonne et ses villages.

En retour, les landes et les steppes du Labourd, pignadars profonds, grèves maritimes.

Puis, comme encadrement, les coteaux de Saint-Etienne, les Pyrénées, l'Océan....

Le pittoresque et le grandiose à plein regard, à perte de vue !

....

Mais faisons suite à l'aménagement des bâtisses.

Il se répartit ainsi :

Chapitre de la Communauté ;

Salon de réception pour les Etrangers ;

Magasin de la lingerie de vente ;

Habitation des Orphelines ;

Lingerie générale de la Communauté ;

Salles de travail à l'aiguille, aux fleurs artificielles, etc., des Servantes de Marie ;

Dortoir de celles-ci ;

Réfectoire   id.

Cuisine ;

Boulangerie ;

Menuiserie et Forge ;
Beurrerie ;
Etables ;
Grange ;

Nota. — Ce serait ici le lieu d'inscrire l'écurie, si elle ne devait y figurer à l'état d'infériorité relative, déserte qu'elle est, n'était *Blanche*, pauvre bretonne, à elle seule tout l'attelage du coche monacal.

Un ou deux convives, chevaux ou aliborons, l'accostent peut-être au râtelier ; c'est le plus.

Il en est de même dans les autres fermes de la région où le cheval est remplacé dans les travaux agricoles par le bœuf, beaucoup plus apte à la marche dans ces terrains accidentés, sablonneux.

Les hangars sont voisins de l'écurie. Ils reçoivent, outre véhicules de toutes sortes, tout l'outillage aratoire.

— Ecurie et hangar se trouvent en dehors de l'enceinte présentement décrite, et ils donnent à l'entrée principale du Monastère la physionomie d'une ferme avec tout l'attirail de la vie et des travaux des champs.

Porcherie ;
Poulailler ;
Clapier.

Un mot sur quelques-uns de ces grands détails — ceux qui peuvent intéresser le plus l'étranger.

1°

Chapitre de la Communauté.

Il offre un coup-d'œil d'ensemble assez imposant.

Toutes les parois de la vaste salle sont garnies de bancs étagés, hormis celle contiguë à la cour, laquelle est réservée à une fort belle tribune.

Au fond et en face de cette tribune, un Christ, de grandeur naturelle, portant sa croix.

A droite, la photographie de M. l'abbé Cestac. Sa dimension est considérable et le travail en est très-bien réussi (1).

A gauche et vis-à-vis de ce portrait, comme son pendant naturel, une toile figurant la sœur même de M. Cestac (sœur Magdelaine), à son lit de mort.

2°

Salon de réception pour les Etrangers.

Ce salon est celui même du domaine antique, vaste et ouvert au nord sur la cour d'entrée du couvent, au midi sur le jardin.

On y remarque un tableau à l'huile représentant M. l'abbé Cestac en pied, œuvre fort belle comme peinture et d'une parfaite ressemblance (2).

---

(1) Il y a d'autant plus de mérite pour l'artiste (M. Provost, photographe à Toulouse), que cette œuvre a été reproduite sur un modèle de beaucoup moindre développement.

(2) Elle est due au pinceau de Mlle Hélène Feillet et datée de 1868.

3º

Magasin de la Lingerie de vente.

Là sont classés dans un ordre parfait, les articles les plus modestes, comme les plus riches.

Nous n'avons point à entrer dans des détails; nous n'avons à donner que quelques aperçus d'ensemble, étranger que nous sommes à ce genre de travail.

Il nous a semblé voir, par exemple, dans les tissus, un assortiment remarquable, consciencieux et distingué (toujours de premier choix); dans la confection, une solidité extrême de la couture, une élégance exceptionnelle des broderies.

NOTA. — Afin de suivre l'ordre des idées, nous ramènerons à la présente catégorie les ateliers de Repassage, Cordonnerie et Vestiaire, situés dans le jardin, et l'atelier de Tissage à Saint-Jean-Baptiste.

4º

Repassage.

Ici toute la délicatesse possible s'efforce de compléter, en les lissant, gaufrant, tuyautant et plissant, les productions des salles à l'aiguille; elle les prépare à l'honneur de figurer aux cases du magasin de vente.

Travail d'art et de patience que nous aurions pris plaisir à admirer longtemps, n'eût été l'indiscrétion d'une visite trop prolongée.

Une table seule est destinée au linge de la maison et elle n'est pas la moins bien utilisée.

5°

Cordonnerie.

Saint Crépin n'a jamais été mieux secondé que sous ce toit aux cuirs où des mains féminines glorifient toutes ses traditions, plus encore, peut-être, il est vrai, par la solidité que par l'élégance. — Elles travaillent pour elles, ces pauvres Religieuses.

6°

Vestiaire : Roberie, etc.

Aussi modeste que sa voisine, cette usine confectionne les habillements si simples dont nous avons donné la nomenclature déjà.

7°

Atelier de Tissage.

Divers métiers, mus par des Religieuses, fabriquent des tissus divers, notamment ceux qui servent à vêtir les Bernardines.

Les tisserandes paraissent fort expertes dans l'art de la navette et leurs produits ne sont pas indignes de l'attention même du spécialiste.

8°

Boulangerie.

Pétrin et four rivalisent de propreté, tout en séduisant le goût par l'odorat.

Rien de meilleur, en effet, que ce produit de la boulangerie, auquel déjà, sur notre passage, et dès le départ, nous avons donné certaine œillade de convoitise.

9°

Menuiserie et Forge.

Rien de plus curieux que de voir à la menuiserie, les Sœurs, rabot ou scie en main, confectionnant tables, caisses, boîtes, bancs, tabourets, niches à statuettes, etc., voire même portes et fenêtres ; que sais-je encore !

Peintre et vitrière, tout aussi bien qu'ébéniste, la Religieuse ne laisse jamais son œuvre inachevée ; elle la parfait dans toutes ses parties.

A la forge, limes, ciseaux, presses, marteaux, enclumes, grincent, gémissent, retentissent sous la main hardie des forgeronnes que le feu des Cyclopes n'épouvante nullement, croyez-le bien.

Ce n'est pas que les faibles Filles aient la prétention des Géants. Elles entendent, elles, ne point escalader le Ciel autrement que par des humiliations, des prières.

10°

Beurrerie.

La propreté qui règne partout, est essentielle surtout ici ; c'est pourquoi on l'y voit presque méticuleuse.

Quant au beurre en lui-même, il est de qualité première, je dirais volontiers exceptionnelle, comme participant tout à la fois du beurre de la Prévalais et du beurre d'Isigny, c'est-à-dire des beurres de Bretagne et de Normandie, savoir : du premier, par sa finesse et son arôme ; du second, par sa substance, qui comporte la salaison, par suite la conserve.

Bref, il est en même temps beurre de table et beurre de cuisine (1).

Sa pureté et sa manipulation ou plutôt son barattement (2) en font un produit incomparable, vrai bienfait pour le pays qui, en général, s'occupe peu de cette denrée (3), et a loisir d'acheter l'excédant de la consommation en la Communauté.

(1) Comme là-bas et plus encore que là-bas, les bestiaux pâturent à Anglet des herbes aromatiques, des plantes balsamiques, qu'ils vont chercher, à certaines heures du jour, dans la campagne imprégnée, en outre, partout, des sels marins.
Cette observation, à elle seule, confirme suffisamment notre dire.
(2) Voyez la baratte perfectionnée.
(3) La graisse remplace le beurre dans la confection des sauces.

11°
Etables et Grange.
Etables.

L'élève du bétail, de même que les soins de la basse-cour, l'éducation du troupeau, n'ont pas moins occupé l'abbé Cestac, ils n'occupent pas moins ses continuateurs, que la culture des terres.

De toutes ces bêtes à poil, à plumes et à laine, on a étudié les instincts, les aptitudes, pour en répartir utilement la destination.

Les troupeaux, en effet, constituent la plus grande richesse agricole.

Quatre sortes d'animaux ont été l'objet d'études spéciales :

1° Les bêtes bovines sous le triple rapport de la force, de la viande et du lait ;

2° Les porcs, comme provision de ménage ;

3° La volaille, pour les œufs et la vente des produits ;

4° Les lapins, sous le rapport de l'alimentation et de l'hygiène.

Ce sont aussi quatre sources de riches et abondantes fumures.

Quant aux moutons, bien que fort beaux, mérinos, béliers, etc., ils ne comptent pas ici comme ensemble nécessaire ; leur élève n'a pas paru essentiellement utile et profitable au domaine dans les conditions agriculturales où se trouve celui-ci.

Les bêtes bovines habitent deux étables distinctes :

Dans la première, dite *Grande Etable,* sont rangés séparément vaches à lait et élèves ;

Dans la seconde, dite *Petite Etable :* vaches laitières supérieures et bœufs de travail.

— Les vaches sont bretonnes, c'est-à-dire bonnes laitières, comme nous venons de le remarquer, très-sobres, en outre, dépensant peu pour leur ration d'entretien et se contentant de tout.

De plus, elles sont très-douces et donnent leur lait à la main avec une grande facilité. Leur race a même été améliorée encore, perfectionnée sur place ici, par un croisement intelligent (1).

Ces petites bêtes, lavées, brossées tous les jours, sont vraiment gentilles à voir, casées dans leurs stalles respectives à mangeoires ogivales par lesquelles chaque bête enfonce sa tête pour prendre la nourriture, soit fourrage qui repose sur un plancher, soit breuvage dans une auge volante qu'on place ou qu'on retire à volonté.

De cette manière, la déperdition est impossible et l'animal mange sans inquiétude, proprement.

---

(1) Les vaches qui viennent directement de Bretagne, n'offrent en général, il paraît, que des avantages éloignés. Leur race, si précieuse d'ailleurs, est susceptible de bonification ultérieure.

Un mets assez recherché pour elles, consiste dans un mélange de jets nouveaux d'ajoncs et de **genêts** hachés avec de la paille, des feuilles de légumes, des navets surtout, etc. — Cet aliment produit un lait gras et copieux. L'hiver, on y ajoute souvent de l'eau de vaisselle, afin de faciliter l'écoulement du lait, d'ajouter aussi à son abondance (le rapport est double au moins de la dépense).

Si une vache est malade, cette eau de vaisselle est toujours un des premiers remèdes tentés.

— Les bœufs, propres comme les vaches, sont beaux, de provenance locale, c'est-à-dire grands, robustes et très-aptes aux charrois.

Vers trois ou quatre ans, ils sont employés au travail; puis, à huit ou neuf, ils sont engraissés pour la boucherie.

L'alimentation du bœuf est à peu près celle de partout ailleurs; un soin spécial peut-être ici est d'y ajouter au besoin de l'eau de vaisselle qui donne à l'animal beaucoup de force.

Deux taureaux sont destinés à la reproduction.

Il faut le dire, on ne se préoccupe généralement pour le taureau que de la beauté des formes et, pour la production du lait, les belles formes ne sont absolument rien.

Cependant le fruit tient, quant à ses qualités lectifères, autant du père que de la mère et, il faut le déplorer, partout les meilleures vaches sont livrées à des alliances complètement irréfléchies. Aussi ne donnent-elles souvent que des résultats douteux, quelquefois mauvais.

A ce mal, il n'y a qu'un remède : avoir un reproducteur sur place, choisi, élevé à la métairie même.

C'est aussi ce que l'on a fait au Refuge.

Deux étalons, doués d'excellentes facultés pour la quantité du lait, mais supérieurs, très-supérieurs pour la qualité, ce qui est préférable encore, sont en réserve, comme une richesse réelle.

En effet, un taureau de choix peut améliorer toute la race d'une contrée, de même qu'un taureau mal doté peut l'altérer et la perdre entièrement.

Grange.

La grange occupe, à elle seule, tout le faîte des étables.

12°

Porcherie.

Là, comme à la vacherie, est un ensemble important, curieux de détails.

Il se compose, notamment, de deux races : race du *Périgord* et race *Anglaise*.

La race pure est le produit du rapprochement de mâle et femelle de même espèce.

Par le croisement on obtient deux races modifiées :

1º Mâle Périgord et femelle anglaise : — Race 1/2 l'un, 1/2 l'autre.

2º Mâle Périgord et femelle moitié anglaise, moitié Périgord : — Race 3/4 Périgord et 1/4 anglaise.

Le Périgord est haut sur pieds, avec de grandes oreilles ; il a plus de viande que de graisse.

On voit ici des sujets peser jusqu'à 300 kilos, davantage même.

L'Anglais, court de jambes et d'oreilles, est de moindre taille ; il donne plus de graisse que de viande.

Son plus grand poids ne dépasse guère 200 à 250 kilos.

Il se distingue du Périgord par la finesse de ses substances, soit charnues, soit graisseuses ; et, contrairement à l'opinion générale, ces substances se conservent aussi bien que celles du Périgord ; — l'expérience a été faite maintes fois ici.

Les races intermédiaires participent, bien entendu, de ces qualités diverses dans des proportions relatives.

L'espèce qui convient le mieux aux petits ménages est l'anglaise, parce qu'elle se nourrit à moins de frais, et que son abattis est de moindre volume. Puis elle fournit plus de graisse; or, nous l'avons dit, la graisse est l'ingrédient essentiel de la cuisine, dans ce pays-ci.

De très-beaux sujets, nettoyés chaque jour, comme les bovins, remplissent les parcs, dont l'un est réservé aux mères reproductrices, truies de choix; l'autre aux porcs à engraisser pour la table.

Les premiers de ces animaux ont une vie sobre et réglée; les seconds ont libre accès à leurs auges toujours pleines, où ils s'en donnent à gogo.

La cuisine des ouailles de Saint Antoine est une des curiosités de céans.

Voyez si les fourneaux ne font pas envie, même à des humains? Même nourriture, en effet : farine ou son de maïs, légumes, etc.; le tout détrempé d'eau de vaisselle excellente (pour les petits cochons du moins).

13°

Poulailler.

Le poulailler, qui fait suite aux porcheries, mérite toute attention de la part de l'amateur.

Au point de vue de l'économie domestique et agricole, la question de gallinoculture ou éducation des volailles offre une grande importance; elle exige une circonspection extrême, surtout si on veut lui donner certaine extension, car les dépenses sont toujours assurées, et les résultats peuvent quelquefois n'être que problématiques.

A voir le nombre et la beauté des couples qui abondent ici, on reconnaît pourtant que le succès de cette industrie y a été complet.

L'abondance et la finesse des chairs pour les volailles à manger, rivalisent avec la largesse des pondeuses.

Grandes et petites espèces se groupent, suivant la destination de chaque sujet.

C'est pourquoi nous n'entrerons pas dans plus de détails.

A la question du poulailler se rattachent oies et pigeons, dans leurs demeures respectives.

On les voit errer çà et là, de compagnie tous.

14°

Clapier.

Nota. — Nous ferons pour les lapins comme pour le fer à repasser, pour le tirepied, etc., dans un autre milieu; nous les appellerons ici de leurs cases au jardin, afin de suivre la série.

Ils compléteront l'inventaire succinct des animaux en la ferme du Refuge.

Les lapins se comptent par centaines.

Or, il en faut pour les besoins de la Communauté et, sans doute aussi quelquefois, pour le désir de l'acheteur.

Celui-ci y trouve, comme variétés, l'espèce commune ou petite espèce et l'espèce angora, outre un choix dans chaque variété.

Car, là aussi, des croisements ingénieux ont donné des résultats utiles.

L'éducation des lapins, en effet, a été, comme celle de tous les animaux agricoles, l'objet d'études suivies au domaine Cestac, et le système adopté pour cette éducation est depuis longtemps consacré par une expérience décisive.

Les lapins sont divisés en trois catégories :
1º Les étalons ;
2º Les mères ;
3º Les produits.

Les étalons sont au nombre de douze, choisis parmi les plus beaux élèves angoras et communs. — On a adopté une race ordinaire très-rustique et facile à nourrir.

Chacun de ces étalons est renfermé dans sa case. On lui livre la femelle pendant 24 heures, quand on a besoin de la faire garnir.

Les mères sont réservées au chiffre de cent environ.

On leur demande huit portées par an, c'est-à-dire environ quarante petits pour chacune. C'est assez si on veut se borner à une production régulière, laquelle, d'ailleurs, donne ainsi quatre mille petits annuellement.

On peut atteindre ce chiffre sans rien violenter ni exagérer.

Dès que la mère est près du part, on la met en cellule. Cette cellule a un mètre de profondeur sur 0,50 cent. de largeur. La lapine y vit tranquillement, y fait ses petits et les nourrit un mois ou cinq semaines.

Comme tous les petits ne se développent pas de la même manière, on retire les plus forts pour les transporter dans un premier commun. Les autres y passent successivement, et, au bout de trente à trente-cinq jours, la mère rentre dans la vie commune, pour continuer bientôt le cours de ses gestations.

A l'âge de trois ou quatre mois, les petits passent du premier commun au second commun, d'où ils passent encore ou aux étalons, ou aux mères, ou à la consommation, selon la destination qui leur est donnée.

Les lapins sont une ressource à la fois alimentaire, hygiénique et agricole.

Leur viande nourrit, leur peau sert à faire des chaussons fourrés, des pièces pour l'estomac, et leur fumier a un emploi dont nous aurons occasion de parler bientôt.

Comme on l'a vu, il semble difficile de comprendre mieux qu'on ne le fait ici les conditions économiques de l'élevage des animaux.

§ 4.

JARDIN ET ANNEXES.

1°

Le jardin en lui-même.

Son étendue est énorme, elle ne comprend pas, en superficie, moins de un hectare et demi.

Potager, il se dessine en carrés dont chaque plate-bande est fournie de thym, plante dont il est fait dans tous les ménages labourdins un fréquent usage, à titre d'ingrédient de cuisine ; les lapins et autres en ont bien aussi leur part, je pense, et ce pour leur plus grande bonification.

Des cordons de vignes courent au long de chaque carré en l'encadrant assez coquettement.

Exposé au soleil, à l'abri de toute influence atmosphérique contraire, le sol produit de nombreux et fort bons légumes, dont le relevé n'importe pas ici ; il se varie d'ailleurs à l'infini.

Sa culture est confiée à des Ouvrières de Marie et à des Pénitentes.

2°

Habitation des Pénitentes.

Le jardin est clos de murs ou de maisons.

Sa droite, en entrant, se forme d'un corps d'habitation à l'usage exclusif des Pénitentes.

Il se compose :

Au rez-de-chaussée, d'un réfectoire ;

Au 1er étage, de classes de travail ;

Au-dessus, de dortoirs.

A l'extérieur du mur rez-de-chaussée, s'encadre une Chapelle dédiée à Sainte Marie-Magdelaine.

Elle est ornée et entretenue constamment de fleurs, de feuillage, par les Repenties elles-mêmes.

Un crâne de femme repose aux pieds de la Magdelaine en prières.

Il fait base à un livre de lecture grand ouvert, comme emblème de la Méditation sur les Vérités Eternelles.

3°

Tombeau de M. l'Abbé Cestac.

Adossé au mur Sud, entre deux massifs de feuillage, s'élève un monument funèbre à la mémoire de M. l'abbé Cestac.

Il est à ciel ouvert.

Une chapelle à trois niches, abrite . dans celle du milieu, une Vierge ; dans celle à droite de cette Vierge, un Saint Joseph ; dans celle à gauche, Saint Léon, patron spécial de la paroisse d'Anglet et de la Maison.

Aux pieds de la Vierge, s'étend le tombeau.

La pierre sépulcrale, en forme de tumulus, est de marbre blanc, et repose sur une large base, socle en marbre noir.

A la tête, se dresse un Christ sur croix, qu'accompagnent trois couronnes : la première, au milieu, offerte par les orphelines de Saint-Léon ; la seconde, à droite, par l'Ouvroir de Notre-Dame ; la troisième, à gauche, par d'anciennes élèves de M. l'abbé Cestac, aujourd'hui établies dans le monde.

La dalle mortuaire porte cette inscription, faite, il paraît, par Mgr Lacroix lui-même :

A. N. D. N. F. M. & M.
ICI REPOSE
DANS LA PAIX DU SEIGNEUR
LE PIEUX ET VÉNÉRÉ
FONDATEUR DU REFUGE
ET DE LA CONGRÉGATION
DES SERVANTES DE MARIE
LOUIS-ÉDOUARD CESTAC
PRÊTRE ET CHANOINE
DE LA CATHÉDRALE
BON PÈRE
QUI A LAISSÉ EN HÉRITAGE
A SA FAMILLE SPIRITUELLE
AVEC UNE TENDRE DÉVOTION POUR
NOTRE SEIGNEUR JÉSUS-CHRIST
ET SA TRÈS-SAINTE MÈRE
LES VERTUS CHRÉTIENNES ET RELIGIEUSES
DONT IL FUT UN PARFAIT MODÈLE
NÉ A BAYONNE LE 6 JANVIER 1801
DÉCÉDÉ A NOTRE-DAME-DU-REFUGE
A ANGLET (BASSES-PYRÉNÉES)
LE 27 MARS 1868
S. M.

Le carré tumulaire s'ornemente d'une grille en fer ouvré.

Il est parsemé de fleurs, plantes et arbustes, qui en remplissent incessamment tous les interstices.

Par sa situation au centre de la famille Religieuse, le Père semble présider encore aux destinées de l'Œuvre dont il continue d'être le cœur.

De là, en effet, rayonne sur toute la Communauté le culte du souvenir, le conseil et l'appui (1).

Outre les prières d'initiative privée, chaque jour, à chaque heure, des *cérémonies* pieuses viennent rendre hommage à la mémoire du défunt et implorer pour lui.

Tous les mois se fait une procession avec station devant le tombeau. Puis, trois fois par an : le 27 mars, jour anniversaire de la mort, le jour Saint Louis (2), fête de M. Cestac, et le jour de la Toussaint, au soir, on chante un *De Profundis* solennel.

4°

Maison Saint-Louis.

Cette maison, située en retour, à gauche, dans le jardin, était la demeure principale de M. Cestac.

---

(1) Dans toute question douteuse, on se demande quel pourrait être le désir de feu le Supérieur, et, aussitôt la réponse faite, le parti est pris.

(2) Bien qu'*Edouard* fût l'appellatif habituel de M. Cestac, le jour *Saint Louis* est son anniversaire patronymique.

Elle s'aménage de la manière suivante, — pour les pièces, du moins, qui nous intéressent ici :

Au rez-de-chaussée, un salon où l'on est heureux de rencontrer, une fois de plus, l'effigie du Créateur de l'Etablissement. Elle consiste en un buste de marbre blanc, fort bien sculpté d'après photographie (1).

Une peinture, dite *Notre-Dame-de-Bon-Secours,* était l'objet d'une vénération grande de la part du Solitaire, qui même avait sa place préférée vis-à-vis du tableau (2).

Au 1er étage, on visite la chambre mortuaire.

Elle a été conservée, de même que celle de la tourelle, en l'état où elle avait été habitée, où elle a été quittée.

5º

La Serre.

A la sortie, et dans le jardin encore, s'offre au regard une fort belle serre.

Elle est distribuée en trois compartiments : Orangerie, Feuillages, Fleurs.

La sœur, — Servante de Marie des plus distinguées, — qui y préside, est une spécialiste de premier ordre ; elle étonne les visiteurs les plus experts.

---

(1) Ce travail est signé : Ate FRAYSSE, 1868.

(2) Présent travaillé, puis offert par une main amie dans le monde.

Amoureuse de ses produits, comme une mère de ses enfants, elle les couvre de soins aussi continus qu'intelligents.

La cage du milieu, — celle des Feuillages, — paraît avoir sa préférence; c'est, du moins, celle où l'on voit les sujets les plus remarquables.

Si l'on veut en juger dès cette heure, voici un relevé des plantes principales que l'on y rencontre :

Le *draccena terminalis ferrea;*
 Idem *rubra;*
 Idem *congesta;*
 Idem *australis, reflexa, draco;*
 Idem *indivisa;*
 Idem *cannæfolia;*
Le *latania borbonica*, et ses innombrables subdivisions en développement;
Le *corypha australis excelsa;*
Le *dattier* de toutes tailles;
Le *chamœrops humilis*, de toutes grandeurs;
Le *ficus elastica*, et ses progressions, même les plus élevées;
Le *strelitzia reginæ augusta* (à fleurs d'oiseau);
Le *bananier paradisiaca;*
 Idem *musa;*
L'*aspidistra elatior;*
 Idem *variegata;*

Les *begonias*, de plusieurs variétés ;
Le *caladium* de serre chaude, plusieurs variétés ;
Idem de pleine terre, pour massifs ;
L'*aralia seiboldii* ;
Le *phormium tenax* ;
Le *bonapartea juncea gracilis* ;
Le *philodendrum pertusum* ;
L'*amorphaphalus* (Calédonie).

Outre ces plantes d'appartement, quantité de feuillages pour massifs s'étalent en un parterre, au dehors.

Orangers, Feuillages et Fleurs sont élevés en vue des besoins de la Maison, qui se fait remarquer par ces accessoires au culte religieux.

Le surplus est laissé à la disposition de l'amateur étranger, mais sans que jamais aucune réclame lui soit faite, désireux que l'on est ici de ménager les intérêts de tous, de n'établir aucune concurrence fâcheuse avec le dehors.

Quand, un jour, nous faisions observer à la sœur qu'elle devait faire bonne recette à la vente, elle répondit : « Nous évitons de retirer le pain aux autres. »

LETTRE VII.

AGRICULTURE.

Considérations générales. — Théorie des cultures. — Configuration et nature des terrains. — Variété des cultures. — Agents fertilisateurs. — Modes de culture. — Productions.

LETTRE VII.

A la sortie du jardin Notre-Dame, l'œil s'ouvre sur la plaine et les bois où de tous côtés circulent les véhicules, les instruments aratoires, que le visiteur a observés lors de son entrée au Monastère.

C'est l'heure de passer en revue l'Agriculture et la Sylviculture à Notre-Dame-du-Refuge.

Chacune d'elles fera l'objet d'une lettre spéciale.

AGRICULTURE.

Considérations générales. — Théorie des cultures. — Configuration et nature des terrains. — Variété des cultures. — Agents fertilisateurs. — Modes de culture. — Productions.

Nous avons signalé plus haut les avantages, pour le pays, de l'agronomie au Monastère; nous n'y reviendrons pas.

Reste pourtant une considération, dont l'importance est manifeste et qu'il est à propos d'indiquer ici, c'est l'exemple de l'emploi utile, dans cette contrée, des bras de la femme aux champs, à défaut de ceux de l'homme, emporté follement dans les migrations lointaines, envieux de richesses éventuelles, indifférent à celles, bien positives, qui se trouvent sous sa main.

Naguère, nous lisions dans un journal de la localité (*Courrier de Bayonne*, — 20 août 1871), un article qui répond à ce regret et indique un moyen fortuit d'y parer.

Nous en extrayons le passage suivant :

« ..... L'Assemblée nationale, au lieu d'offrir à nos frères d'Alsace, qui veulent ou doivent émigrer, des terres en Algérie, où tout est à faire, à créer loin de la mère-patrie, de ses secours immédiats, de ses soins de tous les instants, où l'on est exposé à la sécheresse, à la famine, à l'arbitraire de l'état de siége trop souvent nécessaire, aux sauterelles, aux razzias, à la férocité de certains fanatiques de l'islam, pourrait peut-être, sans sortir de France, trouver des terrains incultes, à peu près vierges, riches en fond, sur lesquels, sans redouter de griller en été, de geler en hiver, à l'abri de la fièvre et de la dyssenterie, et dispensé de subir l'épreuve d'une acclimatation, le pauvre colon alsacien viendrait s'installer, vivre et prospérer.

« Livré à son libre arbitre, l'émigrant cherche toujours à retrouver, autant que faire se peut, le climat, le genre de culture, l'aspect du pays dont il s'éloigne : le Basque va de préférence à Buenos-Ayres et Montevidéo ; l'Irlandais ou l'Allemand aux Etats-Unis, plutôt au Nord qu'au Sud ; l'Espagnol et l'Italien dans la province d'Oran, le Maroc ou la Tunisie ; l'Anglais en Australie et dans la Nouvelle-Zélande, car s'il occupe l'Inde, il ne la colonise pas; cette tendance affirmée par d'aussi nombreux exemples mérite qu'on s'y arrête et ne saurait être négligée.

« Eh bien, sur une grande étendue du Midi de la France, dans le département des Basses-Pyrénées, dans l'arrondissement de Bayonne, il existe des milliers et des milliers d'hectares de terrain remplissant toutes les conditions de salubrité, de sol et d'alimentation d'eau désirables, qui restent improductifs, abandonnés, incultes, faute de bras, faute de capitaux, faute d'initiative, et, disons-le, faute de résolution. Oui, il faut de la résolution pour prendre corps à corps, saper dans sa base une idée profondément enracinée et arracher à l'ignorance des communes rurales, qui les détiennent, ces vastes solitudes qu'on appelle des landes communales, sur lesquelles s'exerce un droit illusoire de parcours ou de pacage, puisqu'on n'y compte pas cent têtes de bétail par mille hectares, et qui, éludant leur mission de produire, escomptent au profit d'une routine déplorable des richesses qu'il ne faut que vouloir pour les développer.

« C'est là qu'il faudrait jeter en masses compactes l'émigration alsacienne ; des habitations seraient vite construites, les matériaux sont sous la main ; les terres seraient promptement bouleversées, et, à la place de ces maigres fougères, de ces ajoncs épineux, de ces chênes tarés, on verrait bientôt blanchir le blé, s'épanouir le houblon, germer la vigne, et nos montagnes dénudées seraient cultivées jusqu'à une élévation moyenne de quatre à cinq cents mètres, comme cela se pratique dans le Guipuzcoa, dont la situation et l'exposition sont identiquement pareilles : les cerises, dont on ne sait que faire, se transformeraient en kirsch-wasser, le hêtre et le sapin en jouets de la Forêt-Noire, et nous ne serions plus obligés d'être les tributaires de nos ennemis pour ces articles d'une si grande consommation. L'industrie de l'Alsace, où l'on sait filer, tisser, teindre, apprêter le coton, mais non le cultiver, ne tarderait pas à s'implanter le long de nos rivières, utiliserait les chutes qui dépensent en pure perte des forces considérables et donnerait au commerce de Bayonne une importance que lui assignent sa position, son désir de grandir et les traditions toujours vivaces de son passé. » (1).

(1) Un rapport spécial a dû être lu à ce sujet par l'auteur même au Conseil Général des Basses-Pyrénées (séance du 27 octobre 1871).

Outre le sentiment généreux qui a inspiré la plume de M. Paul Laborde en faveur de nos malheureux compatriotes, dont les provinces ont été arrachées à la Mère-Patrie à cette heure même où, se débattant sous une convulsion sociale, la France a été surprise par la guerre étrangère, battue, et bientôt sans défense, ravagée, spoliée, non sans gloire pourtant, ne fût-ce que celle de l'audace (un contre cinq ou six parfois !).

— Outre ce sentiment commun à tout Français, les lignes du *Courrier* renferment une vérité grande, un conseil sage.

En tiendra-t-on compte, plus que l'on n'a tenu compte, aux XVIe et XVIIe siècles, de l'offre faite par les émigrations péninsulaires de défricher les landes gasconnes? (1).

Quoi qu'il advienne, voyons, par les résultats, ce que l'on a pu obtenir, au domaine monastique, du concours féminin à l'œuvre des cultures; ce que l'on pourrait en obtenir, par voie de conséquence, sur un champ plus vaste encore.

L'à-propos, d'ailleurs, devient complet, car on lisait, il y a quelques jours à peine (10 avril

(1) Il est fort à craindre que non, si l'on en juge par le courant qui, après avoir déversé sur son passage en France un flot relativement minime de ces émigrés dans les usines ou fabriques industrielles, dans quelques exploitations agricoles de l'intérieur, s'est porté depuis lors vers notre région africaine, vers les côtes du Nouveau-Monde, vers le Canada, les Etats-Unis, etc.

1873), les lignes suivantes dans un compte-rendu :

« Après une session de huit jours, le Congrès scientifique (de France), qui était réuni à Pau, a clos ses séances lundi 7 avril. La séance du 4 ne l'a cédé en rien pour l'intérêt aux précédentes.

« . . . .

« M. Sers donne lecture d'un mémoire déposé par une dame membre du Congrès et qui désire garder l'anonyme.

« Le sujet de ce mémoire est la nécessité d'introduire quelques notions d'agriculture dans l'enseignement des femmes et de créer à cet effet des fermes-modèles dirigées par des femmes. »

La réponse à ce vœu ne se fera donc pas longtemps attendre, puisqu'il ressort des pages qui vont suivre, que cette réponse avait même déjà précédé le vœu.

D'après nos données *de visu*, et les renseignements d'autrui sur place, nous estimons que la prospérité agricole de N.-D. du Refuge tient à trois causes principales : niveau d'eau, engrais, main-d'œuvre.

Nous sommes heureux d'avoir à offrir, quoique trop brièvement peut-être (1), aux nombreux intéressés des régions similaires, les

---

(1) L'Agronome y suppléera de ses propres appréciations.

théories d'abord, puis les résultats de cette prospérité jusqu'alors inexpliquée, pour la plupart du moins.

La Communauté d'Anglet s'associe d'ailleurs à cette pensée, car elle se fait un devoir comme un bonheur de répandre et de généraliser les essais qui lui réussissent le mieux.

En cela encore, elle suit le vœu du Fondateur, qui regardait comme d'une haute convenance de faire participer qui de droit à ses expériences heureuses.

Enfin l'agriculture de la Communauté se liant à la Communauté elle-même, on le sait déjà, nous ne pouvions, comme écrivain, pour être complet, faire l'historique de l'une sans faire l'historique de l'autre.

La Théorie culturale, l'exposition des terrains, la statistique des cultures, les agents fertilisants et leur emploi, la production enfin, détermineront la division principale de notre travail.

— Quant à la comptabilité agricole, soigneusement traitée dans la colonie religieuse d'Anglet, ainsi que toute pratique utile ; quant à l'écoulement ou débouché des produits, dont la plupart d'ailleurs sont consommés sur place, nous n'avons qu'à les signaler ici, pour compléter notre tableau analytique, sans avoir plus à y revenir comme détails.

§ 1.

THÉORIE DES CULTURES.

Les principes de la fertilité ne sont pas absolus et c'est ce que M. Cestac, ses Successeurs aussi, ont parfaitement compris, pratiqué dans leur exploitation d'Anglet.

Ils ont tenu compte de la qualité respective des terres, de leur virtualité productrice et productible, de la nature propre de chaque parcelle, pour ainsi dire, du terroir.

A chaque sol ils se sont arrêtés pour en analyser la superficie, pour en sonder la profondeur. Ils ont noté les abris ou le dénudé (1), pointé le rayon solaire, marqué le niveau d'eau.

Ils ont demandé à la météorologie elle-même, c'est-à-dire à l'étude des mouvements atmosphériques, ce qu'elle sait, pour l'appliquer à leurs œuvres agricoles, impatients, comme tous autres, à voir se développer, pour en tirer profit, cet agent puissant, à titre de conseiller, que des hommes voués aux observations scientifiques aujourd'hui scrutent de toute leur intelligence, que le Gouvernement, de son

---

(1) L'anémographie joue un rôle essentiel dans ces parages, entre le golfe gascon et les lignes pyrénéennes, où les courants aériens sont d'une variabilité incessante.

côté, recommande et favorise de tout son pouvoir (1).

Puis l'art, au souffle de la science, a répandu sur les terres, pour leur venir en aide, les engrais appropriés, dont la manipulation a complété l'œuvre.

Aux généralités de l'art, on le voit déjà, se sont jointes les généralités de la science, pour concourir à l'un des plus étonnants résultats agronomiques qui se soient jamais produits, — au point de vue, notamment, de la fertilisation des sables.

Aussi cette partie des cultures fera-t-elle de notre part l'objet d'une étude approfondie, autant, du moins, que le comporte le savoir d'un homme du monde, nullement spécialiste.

Ces principes posés, passons aux observations culturales.

(1) « M. Leverrier, directeur de l'Observatoire national de Paris, vient d'adresser aux préfets une lettre-circulaire pour les inviter à consulter les Chambres d'agriculture sur l'utilité qu'il y aurait à ce que l'Observatoire fît connaître télégraphiquement au public agricole ses prévisions sur les changements de temps qui doivent arriver le lendemain et le surlendemain de l'avis. » (Août 1873.)

« Rapport de M. Barthe sur le service des observations météorologiques et vote dans cet objet d'un crédit de 200 fr., après l'expression du désir que les tableaux communiqués soient accompagnés des explications nécessaires pour faire comprendre les résultats obtenus ou ceux que l'on se propose d'atteindre. »
(Conseil Général des Basses-Pyrénées, séance du 29 août 1873.)

§ 2.

CONFIGURATION ET NATURE DES TERRAINS.

Comme point de départ et comme assise de ces observations, il convient d'exposer ici la configuration et la nature des terrains à Notre-Dame et à Saint-Bernard.

Notre-Dame.

Le quartier Notre-Dame arrive, en partie du moins, au point culminant de la montée de la route de la Barre vers Anglet, dont la place dite les *Cinq-Cantons* (autant de chemins qui y aboutissent) forme le plateau.

Il ne prend guère abri qu'au Nord par le rideau du pignada Saint-Bernard et autres.

Les terres sont excellentes, plutôt légères que fortes. Le sable et l'argile y sont dans de bonnes proportions et l'humus y est abondant.

Leur couleur est généralement celle du chocolat foncé.

Le travail en est facile, vu leur nature même, vu aussi un plan assez uni, sans accidents brusques de terrain, avec une légère inclinaison seulement qui fait converger le sol vers un ruisseau traversant ce quartier dans toute son étendue, de l'Ouest à l'Est, et où le sol aussi déverse, ses besoins satisfaits, l'excédant des eaux pluviales.

Le sous-sol est graveleux à cinquante centimètres, terme moyen de la terre végétale.

Au-dessous du gravier, se trouve une immense nappe d'eau qui repose, à trois mètres environ de profondeur, sur un fond argileux.

— *Le niveau d'eau :* « Là, nous dit un jour
« le Fondateur de l'Etablissement religieux-
« agricole, là est un des secrets de la fer-
« tilisation de mes terres, de leur richesse
« actuelle. »

N'ayant pas alors étudié bien l'œuvre du Refuge à ce point de vue, nous n'avons réellement compris ce mot significatif que par la suite, et malgré les explications de notre livre, nous sommes forcé d'en laisser le développement complet à l'examen du lecteur lui-même.

La campagne, du reste, est dégarnie d'arbres, comme celles, à quelques exceptions près, de tous les environs, où les acides de la mer et l'impétuosité des vents Ouest, ceux du Sud aussi parfois, contrarient, empêchent la végétation arboricole, à moins de protection suffisante.

Cette protection, quand on la pratique, est constituée diversement, selon qu'elle est immédiate ou médiate, tantôt de palissades ou de clayonnages, tantôt de plants de genêts et ajoncs, roseaux, etc. ; comme essence à tiges surélevées, de tamaris, arbousiers, pins maritimes, chênes (chênes-liéges quelquefois), etc.

Saint-Bernard.

En contrebas un peu, ce deuxième quartier n'a plus rien de semblable avec le premier.

Un sol tourmenté, tout de monticules sablonneux, accumulés ou épars, ondulations fatigantes, vrai dédale autrefois, cejourd'hui revêtu de bois qui en fixent les éléments par les racines, et le gazonnement à l'ombre des tiges enfeuillées ; puis, un immense carré, vers le milieu, dégagé alors d'aspérités, nivelé autant que possible, et laissant libre un espace réservé aux bâtiments d'habitation, aux constructions et aux cultures agrestes, horticoles, etc. — Voilà Saint-Bernard, ou plutôt voilà les dunes Saint-Bernard.

Car il ne faut point y chercher autre chose, et cette chose elle-même n'est autre qu'un poussier de pierre, poudre siliceuse, granitique, ou cristal de roche. — Le quartz (1) entre dans sa maigre composition comme élément principal ; partout l'on se heurte contre ses grains rocheux.

Les dunes Saint-Bernard n'offrent par elles-mêmes à l'agriculteur qu'un sable aride, indécomposable, sans nul ciment qui lie ses molécules en permettant aux racines des plantes potagères de s'y maintenir, même d'y germer et végéter.

(1) *Kouartze,* pierre dure.

Là, nul bienfait à attendre du sol : d'humus, cet auxiliaire organique si essentiel aux composants minéraux, d'humus pas trace.

Toute fécondation ne doit provenir que de secours artificiels ; tout soin incombe à l'intelligence et au travail de l'homme.

Et l'homme, toujours nécessiteux des produits de la terre, même de la terre la plus ingrate, a, dans son labeur perspicace, remarqué parmi les sables des qualités diverses.

Ainsi, il a discerné les sables frais et les sables secs.

Aux uns il a confié la culture légumière, la culture céréale et celle arboricole-fruitière ; aux autres, la culture sylvestre.

Il a distingué, en outre, d'après certaines couleurs indicatives, des espèces différentes. Ce sont : 1º les sables bruns, dits sables froids (en gascon *mourets*) (1) ; 2º les sables blancs, dits sables vifs, ou sables chauds ; 3º enfin les sables gris, dits sables morts.

Les premiers se rapprochent davantage du niveau d'eau ; ils sont les plus cultivables et les plus productifs.

Les seconds ont une grande profondeur, une extrême friabilité. Ils permettent aux racines de pivoter à l'aise et de s'enfoncer très-avant. Leur nature siliceuse laisse les eaux s'infiltrer

---

(1) De *Morisque*, sans doute (toujours en patois), qui signifie Maure.

aisément dans leur épaisseur pour se mettre au service de la racine des arbres fruitiers auxquels ces sables sont destinés.

Les troisièmes constituent une couche assez mince, qui repose sur un tuf ferrugineux, impénétrable. — On en compte peu, par bonheur, à Saint-Bernard, car leur nature est rebelle à toute production, on le comprend.

A une couche mouvante de sable, plus ou moins épaisse selon la profondeur du déblai, succède un gravier plus dense, assez dur et souvent aggloméré, cohérent, de couleur rougeâtre, à grains variés de grosseur, dont quelques-uns reproduisent la pierre. Ensuite se présentent des cailloux roulés, vrais galets, comme à pareil niveau dans toute la région autrefois submergée par la mer (1). Sur ces cail-

(1) La présence de ces cailloux se manifeste partout un peu en ces parages.
C'est au pied des Pyrénées surtout que se montrent ces vestiges d'une immersion océanique. Ainsi l'on voit, non loin d'Anglet, à Itsatsou, près Cambo, le pays tout couvert encore de ces épaves des flots, que les habitants utilisent à l'occasion en constructions murales, sèches ou autres.
Le soulèvement pyrénéen, en refoulant les eaux, surprit et retint à la base des montagnes ces blocs plus ou moins volumineux.
Il est à remarquer d'ailleurs, et cette remarque est assez péremptoire, que le nom même d'*Itsatsou* (ou Itxassou) en basque signifie mer.
A moins que ces déchets ne proviennent, en partie du moins, des flancs mêmes de la montagne, à qui l'avalanche ou le torrent les a arrachés, pour les apporter dans le vallon, à l'issue des déchirements rocheux.
Bien d'autres vestiges, dépôts marins de toutes sortes, coquilles fossiles, pétrifications diverses, etc., outre les

loux s'étend, à deux mètres, en moyenne, de la superficie territoriale, la nappe d'eau. Puis une couche argileuse reçoit et soutient le tout.

Cette stratification géologique, si pauvrement constituée, n'est pourtant pas à dédaigner, ainsi qu'on le croit, au point de vue de l'agriculture, et nous verrons bientôt quel parti l'on peut en tirer.

Une double circonstance, naturelle et heureuse, se révèle dès maintenant ici : l'abri de tous vents contraires et l'exposition simultanée du centre ouvert à l'influence solaire dont il ne reste plus qu'à diriger les effets.

— Cette partie du territoire Saint-Bernard, périmètre arable, sera, bien entendu, la seule sur laquelle nous opérerons dans nos appréciations à travers l'*Agriculture* proprement dite ; la partie boisée, pignadas environnants, devant faire l'objet d'un traité spécial — Lettre VIII — nous l'avons dit déjà, sous la dénomination de *Sylviculture*.

---

fluctuations du terrain dessinées par la vague, attestent le grand fait géologique, mais ce sujet ne doit point attirer plus longtemps notre attention ici.

Cette digression toutefois entre, jusqu'à un certain point, dans les considérations agricoles ; nous nous réservons de la compléter plus tard.

§ 3.

VARIÉTÉ DES CULTURES.

Notre-Dame.

Jardins, prairies et terres labourables se partagent le sol de Notre-Dame.

1°

Jardins.

Deux grands jardins reçoivent la culture horticole habituelle : herbes et plantes potagères, puis arbres fruitiers.

2°

Prairies.

Ces prairies, naturelles toutes, sont assez restreintes, les produits alimentaires étant ceux qui importent le plus au Refuge.

3°

Terres labourables.

A quelques exceptions près, qui comprennent deux ou trois ares peut-être de seigle, d'orge et d'avoine, les céréales cultivées ici se réduisent au maïs.

Quant au froment, il n'en est point question au Refuge, où, vu la légèreté des terres, les racines trop amaigries ne peuvent donner suc quelconque au grain, lequel grain, d'ailleurs, serait aussitôt dévoré par les moineaux qui butinent le pays.

Cette raison fait même que le plus souvent les seigles, orges et avoines sont fauchés avant l'épi, réduits alors à l'état de fourrages.

Le maïs, au contraire, germe, pousse et se développe richement dans cette zone, dont le climat, la température et le sol lui rappellent une origine équatoriale.

Son grain brave le bec des oiseaux et par sa consistance et par les protections qui l'entourent.

Graminée de médiocre alimentation, pauvre de gluten, elle est néanmoins adoptée, dans cette région du Sud-Ouest de la France, comme nourriture générale à la campagne.

La quantité remplace la qualité, et le pain de blé (1), si riche, lui, de son gluten (2), ne serait,

---

(1) Le mot *blé*, ou plutôt *bled*, est le nom originel de la céréale, que l'on connaît, en outre, sous celui de froment.

Le blé fut le grain récolté par nos aïeux; le froment est celui, perfectionné, que nous devons à la culture moderne.

— Le blé est de provenance universelle; aucun pays ne peut revendiquer l'honneur de son berceau, et partout on le rencontre à l'état cultivé.

Il est aussi d'une origine dont la date est inconnue, parce qu'elle se perd dans les temps. C'est pourquoi les poètes l'ont dit fils de la nature.

Il est avéré, cependant, que le premier pain des hommes

sur la table, qu'une très-mince fraction, en volume, de celui du maïs, lequel prend le nom de *méture,* sorte de tourte dont la pâte est visqueuse, lourde, ne levant pas faute de gluten ; elle se digère vite, cependant, une fois résorbée sa quantité d'eau excessive.

La méture, toutefois, n'est pas désagréable au goût, loin de là, et les paysans en sont volontiers affriandés.

Le citadin lui-même est séduit par son aspect de gâteau de riz entre-mets. Bien que désabusé vite par une fadeur relative, il n'en continue pas moins à prendre goût pour cette fabrication qui serait excellente, mêlée avec un tiers de seigle ou de froment.

Le goût se relève à la rencontre d'un pain exceptionnel dit *miche,* composé de farine de

---

fut le pain d'orge. Des siècles durant, les Romains et les Gaulois, outre bien d'autres peuples, n'en ont point mangé d'autre.

Ils le dédaignèrent, vu sa grossièreté, son peu de nutrition, dès qu'ils connurent le blé,— l'*arinca* particulier aux Gaules : « *Arinca Galliarum propria,* » Plin.; — *Histoire naturelle,* de Pline, liv. XVIII.

Nota. — Quelquefois le mot blé est pris dans un sens générique : petits blés — sarrasin, orge et avoine ; grands blés — froment, maïs et seigle.

(2) *Gluten,* « Substance organique azotée qui existe dans la graine des céréales, etc., le gluten est la partie essentiellement nutritive des farines, etc. » — *Dictionnaire universel des Sciences.*

Or, la farine de blé est de toutes celles des céréales, la farine qui contient le plus de gluten. D'après ses proportions, l'on classe la qualité des froments.

maïs, eau, sucre et anis, que les métayers ne manquent jamais de confectionner à certaines époques, celle de Noël notamment. — Ce pain est alors, dans les campagnes, ce qu'est la fougasse, sorte de galette, dans les villes, au jour des Rois.

Comme fantaisie de luxe, la cuisson du maïs en *broye* (1), est assez connue ici, soit à l'état liquide, sorte de bouillie, soit à l'état solide, c'est-à-dire de gâteau ou gaufre.

Ces deux mets, toutefois, sont plus en usage dans le Béarn qu'en Gascogne ; la bouillie même y remplace la méture et fait une base d'alimentation semblable à celle des jattées de sarrasin en Bretagne.

Ailleurs, la bouillie de maïs prend les noms de gaude de farinette, etc.

Cette bouillie, nonobstant son apparence compacte, est légère et saine.

Le produit du maïs, sous telle forme qu'il se présente, n'est pas indifférent, au point de vue de l'hygiène, par maintes qualités, entre lesquelles on peut citer l'avantage, pour l'homme, de la fraîcheur du teint, en même temps que la force musculaire, la préservation de certaines maladies provenant d'une nourriture trop chargée de matières animales et azotées, maladies telles que la gravelle, la pierre, etc.

(1) Dans le patois béarnais, *broyo* (du verbe broyer, sans doute).

Son usage est indiqué aussi contre les gastrites, gastralgies, etc., contre les affections en général de l'estomac et du tube digestif.

Les poitrinaires eux-mêmes se trouvent bien de l'onction rafraîchissante de la bouillie de maïs, du maïs blanc surtout, comme moins fort, et, par conséquent, moins âcre que le jaune.

Avec, ou, pour mieux dire, après le froment et le riz, le maïs est une des plantes les plus essentielles, les plus cultivées aussi.

Ses étymologies complexes attestent elles-mêmes son extension, son antiquité, si on le comprend, d'après certains rapports similaires, dans la catégorie du blé d'Orient, connu des anciens.

Voici les principales :

Zea, du grec *zea,* sorte d'épeautre : *Mays, fam. gramineæ,* Plin.;

Zea mays, L., maïs cultivé ;

Mahis, mot haïtien, d'après Hernandez.

— Tous les temps s'y confondent, comme on le voit.

De quelle partie du globe notre maïs est-il originaire : d'Asie ou d'Amérique ?

Depuis quelle époque le maïs est-il cultivé en France, dans le Sud-Ouest notamment ?

Quelles variétés de maïs cultivons-nous ?

Voilà trois questions fort intéressantes à coup sûr et qui se présentent assez naturellement à notre examen.

Aussi, nous empressons-nous de les poser, de les traiter même — sinon de les résoudre — dans les conditions relatives de documents à notre portée.

De ces documents, tous se sont offerts à l'étude de l'historien, sauf l'un d'eux, de source locale, qui n'a pas été exploré encore, positif et concluant, qui nous a fait même osé jusqu'à solution catégorique pour quelques points.

Nous essayerons, tout à l'heure, d'en tirer le meilleur parti possible.

1° De quelle partie du globe notre maïs est-il originaire : d'Asie ou d'Amérique ?

La confusion, les divergences aussi, qui s'opèrent chez presque tous les naturalistes dans la qualification de cette plante, sont loin de nous fixer, de nous instruire même quelque peu à ce sujet.

La plupart, en parlant du maïs, disent *blé de Turquie* ou *blé d'Amérique;* les deux souvent à la fois.

— Témoin un ouvrage nouveau (1869), grand à tous égards, le Dictionnaire de Littré, qui s'exprime ainsi : « Maïs, etc., dit vulgairement *turquet, blé d'Espagne* et *blé de Turquie.*

Il fait suivre aussitôt, il est vrai, cette définition première, des lignes suivantes, plus explicites : « Etym. M. le professeur Fée dit (*Souvenirs de la guerre d'Espagne*, p. 128) que, d'après un passage d'Antonio Solis, on ne peut douter que le maïs ne soit originaire d'Amérique ; ainsi le nom de blé de Turquie est impropre. »

Il y a là une conséquence, mais non un fait.

Puis, au mot *Blé,* le linguiste comprend sous une même rubrique : blé de Turquie, blé d'Espagne, blé de l'Inde, le maïs.

— Témoin encore une œuvre fort remarquable de ces derniers temps aussi, l'*Histoire naturelle dans ses applications géographiques, historiques et industrielles,* par Paulin Teulières :

« Le maïs, dit le savant écrivain (1), malgré son nom vulgaire de *blé de Turquie,* n'appartient ni à la Turquie, ni à l'Orient; c'est une céréale américaine. »

Il reconnaît, comme Littré, que le qualificatif de *blé de Turquie* est erroné, mais il ne donne pas d'explication autre sur sa raison d'être, s'abstenant d'examiner les deux graminées, de distinguer entre elles et de constater la provenance, pour nous, de celle qui, une fois encore, échappe à l'observation.

(1) Voir notre brochure intitulée :

BIBLIOGRAPHIE

M. PAULIN TEULIÈRES
Professeur de sciences naturelles à Paris
(*Son cours complet d'enseignement*)
par
M. J. S.

— Témoin un nombre considérable de livres, tous muets sur cette distinction importante, parmi lesquels l'ouvrage lui-même, spécial et moderne, dit le *Règne végétal*, puis le Dictionnaire du commerce (1), etc.

A l'étranger aussi, même embarras; en Italie on dit : *grano turco, grano d'India* (2).

Une telle incertitude est regrettable, fâcheuse, et il serait à désirer que des données suffisantes vinssent dissiper le doute par un jet de lumière sur le point signalé.

Des esprits scrutateurs se sont bien préoccupés de la question, sous l'une de ses faces, du moins; certains même ont entrepris l'historique du maïs, et, parmi eux, les uns assignent pour patrie à la graminée l'Asie; d'autres, les cinq grands plateaux de l'hémisphère occidental, sans que nous voyions démontrées chez aucun, même suffisamment indiquées, la distinction et la reconnaissance des deux espèces de ce genre graminée : blé *de Turquie*, blé *maïs*.

Enfin, s'il est prouvé, un jour, que le blé d'Asie et le blé d'Amérique, tous deux en paral-

---

(1) Celui-ci, après avoir fait le maïs originaire d'Amérique, ajoute : « Le maïs est connu et apprécié dans l'Asie orientale, « etc.; » puis : « Le blé de Turquie est cultivé en Afrique, en « Europe, en France, dans les départements du Midi, en « Espagne, etc. »
Ne voit-il qu'une seule espèce dans les céréales?

(2) L'Italie fait grand usage de bouillie de maïs, sous le nom, de *polenta*.

lèle, en question ici, ne sont, en réalité, que d'une seule et même provenance, celle d'Asie, sauf les modifications climatériques, terroiriales, etc., subies, en Amérique, par la céréale originelle, type primitif, après une transmission inconnue, on le comprend, nous l'accepterons volontiers. — Mais, au moins, *Fiat lux!*

Une solution assurément viendra tôt ou tard.

En attendant, n'est-il pas permis de hasarder quelques assertions, sauf à les compléter ultérieurement dans un traité plus spécial encore.

Car une raison d'être existe, elle existe bien réellement, quant à l'associé du maïs, et il ne faut, pour la découvrir, que trouver un sens au dire public.

Ainsi, nous estimons, personnellement, qu'il y a là une différence à établir et que *blé de Turquie, maïs d'Amérique,* attestent, malgré leurs analogies apparentes, deux espèces distinctes, qu'ont reconnues, d'ailleurs, quelques spécialistes dans l'analyse chimique de leurs composés; que tout observateur constate dans leurs formes respectives.

Ils accusent aussi deux origines prenant date dans l'histoire elle-même.

— Le blé de Turquie — *zea* des anciens — fut importé d'Asie en France par les Croisés des XIe, XIIe et XIIIe siècles, comme beaucoup d'autres produits agricoles.

— L'Asie, l'Egypte, la Grèce, etc., ont en propre la *zea,* a écrit Pline encore.

Plante de luxe pour nous, plante de serre où la limitait une latitude insuffisante, ce blé ne s'est maintenu qu'à l'état d'ornementation, et c'est ainsi qu'on le voit encore, qu'on le connaît exclusivement dans le Nord (Normandie principalement), sous ce même nom de *blé de Turquie.* — Celui de *maïs* y est inconnu.

La science reconnaît au blé de Turquie des principes plus riches encore que ceux du maïs, de même que le simple aperçu lui affirme une structure plus considérable en volume et densité. De là, sans doute, le besoin d'une climature bien autrement puissante que celle même de notre zône méridionale.

— Le maïs d'Amérique fut introduit en Europe par les Espagnols, aussitôt la découverte du Nouveau-Monde, année 1492, ou plutôt 1497 ou 1498 pour le continent.

C'est là un fait incontestable, un fait acquis. Tous les auteurs l'attestent, quelques-uns veulent même assigner le lieu fixe de sa provenance, le Paraguay, par exemple. Nous croyons, nous, que cette contrée n'est pas l'unique berceau du maïs d'Amérique et que bien des sortes ont leur point de départ de régions autres. C'est ainsi que le maïs nain est attribué à l'extrême Nord de l'Amérique, et que la plupart de nos maïs proviennent de l'Amérique septentrionale, à moins d'admettre que le maïs a végété d'abord à l'état sauvage dans le Paraguay, où la main de l'homme l'a recueilli pour le transporter en culture sur les différentes parties du continent — ce qui est fort possible.

Propagée vite des provinces Basques Espagnoles aux provinces Basques Françaises ; puis, de là, de proche en proche, dans toute la France, cette céréale, qui se trouvait bien d'ailleurs, au Midi surtout, de l'assolement, du climat — terres chaudes et légères — ne tarda pas à conquérir l'état de culture suivie, pour entrer dans l'alimentation générale des contrées qui nous occupent.

Or, et ceci est une considération grave, ces contrées ont toujours appelé, plus ou moins fréquemment, le maïs *blé d'Inde* ; et, par Inde, elles entendaient l'Amérique (Indes Occidentales).

Les Espagnols dénomment eux-mêmes les Américains des Indiens.

C'est ainsi que Larramendi, dans son dictionnaire à trois langues : espagnole, basque et latine *(Diccionario trilingue castillano, bascuence, y latin)*, définit le pain de maïs en cette dernière langue, par les mots : *Panis ex millio Indico*.

Millio exprime ici le millet d'Inde, de Pline, ou gros grain de Turquie, selon de Serres.

Il devient générique évidemment.

On dit encore volontiers chez nous *milloc*, en gascon, pour rendre l'idée de tout grain farineux.

Dans le Nord de la France, moins propice au développement du nouveau-né, le maïs ne fut guère reçu que comme passager, suspect, avec raison, à ceux qui, désespérant d'en tirer profit, lui continuèrent le nom de son cogénère, plus vieux en date au pays, sans y être mieux utilisé, le nom de *blé de Turquie*.

Le Centre lui fit meilleur accueil, parce qu'il devait en retirer avantage meilleur aussi.

Au Midi seul, sa nouvelle patrie, l'attendait le baptême qui lui conféra son nom propre, le nom de *maïs*.

— Les botanistes, le rencontrant çà et là sous deux appellations diverses, dans leurs écrits consacrèrent la confusion.

Ceci dut se passer au XVIe siècle, et nombre d'historiens font ces faits contemporains du règne d'Henri II, soit 1547-1559.

Nous les reportons, nous, document en main, à une époque antérieure encore pour le Sud-Ouest de la France.

Là revient notre seconde question.

2º Depuis quelle époque le maïs est-il cultivé en France, dans le Sud-Ouest notamment?

C'est ici que doit se produire le document dont nous venons de parler et que nous tenions en réserve.

Il consiste en une pièce authentique, extraite des archives de Bayonne, et dont voici le texte (1).

« ODET, comte de Foix et de Cominges, vicomte de Lautrec, etc., lieutenant général pour le Roi, en ses pays et duché de Guyenne, au premier des sergents royaux, sergent ou merin de Labourt (2), premier sur ce requis, salut :

« De la partie des procureur et maître pontanier de la ville et cité de Bayonne, nous a été humblement exposé que, par un quartier dudit pays de Labourt a son droit cours et passe l'eau et rivière appelée du *Nybe* (3), qui descend des monts Pirannées (4), et après a son passage et descente par lad. ville; laquelle rivière, en temps d'hiver et autres temps de affluations de pluies et neiges, croît tant en largeur et hauteur, tellement qu'elle prend et occupe une grande partie des terres et labourages des paroisses d'Issatzu (5), Cambo, Larressore,

---

(1) Nous en avons modernisé quelque peu l'orthographe.
(2) Labourd.
(3) Nive.
(4) Pyrénées.
(5) Itxassou.

Halsso, Iatzu, Ustaritz, Villefranque, et autres paroisses adjacentes et circonvoisines dud. baillage ; les paroissiens desquelles paroisses coupent pour leurs affaires grand nombre et quantité d'arbres et au long des prés et terres de lad. eau et rivière du Nybe, sèment entr'autres une espèce de blé que communément l'on appelle arthomayro, que bonnement n'est profitable que pour la nourriture des pourceaux et, quand icelui blé d'arthomayro est mûr en nature de le cueillir, prennent seulement l'épi ou caveilh et laissent sur la terre la paille qui est de la longueur d'une toise et demie ou environ, grosse et épaisse d'un pouce ou plus ; et, qui plus est, quand ils coupent aucuns arbres ou iceux, s'efforcent, tirent hors terre, près lad. rivière .... iceux après qu'ils ont réduit à labourage aucune pièce de terre près et sur le bord de lad. rivière, lesquelles pièces de bois, racines et branchages d'icelles, au temps d'hiver et d'inondations d'eaux, lad. rivière du Nybe et autres rivières qui ont cours par lad. ville, prennent ensemble les pailles dudit arthomayro et icelles droitement emportent lesd. rivières au travers et contre les ponts et bois plantés sur les rivières de lad. ville, soutenant les chaînes d'icelle ; à cause de quoi la force et impétuosité desd. arbres, racines et grosses pailles d'arthomayro, avec le cours desd. rivières, rompent et brisent lesd. ponts et bois plantés èsd. chaînes, lesquels bois de pont et chaînes lad. eau emporte autravers et hors le boucault de lad. ville; etc., etc.

« Vous mandons et à chacun de vous, si comme à lui appartiendra, commandons, par ces présentes, que vous faites commandement, de par le Roi, notre Sire, et nous, sur certaines grand'peines aud. sieur applicables, etc., et, à chacune desd. paroisses de Labourt et à tous autres dont serait requis, étant à six lieues de lad. ville, que dorénavant, quand ils réduiront à culture leurs terres et couperont leursd. arbres, racines et blés d'arthomayro, incontinent i........................ branches, racines et pailles d'arthomayro, à retirer hors lieu où lesd. rivières ont cours, icelles coupent par menu ou brûlent de manière que ne portent aucun préjudice auxd. ponts, chaînes et chose publique de lad. ville, aux peines que dessus, etc., etc.

« Donné à Bayonne, sous le seing et scel de nos armes, le 14ᵉ jour de mai, l'an 1523.

(*Signé*) « Odit Difoyx. » (*Sic*).

(Arch. de Bay. — DD — 1 — Nᵒˢ 7 et 8 (1).

---

(1) Merci à l'obligeant archiviste-bibliothécaire, M. E. Dulaurens, qui a bien voulu nous communiquer ce vieux spécimen de ses liasses méthodiques.

De cette ordonnance, pour qui a eu loisir d'avaler sa longue phrase, moins la part des rats, ressortent les vérités suivantes :

1º Dès le commencement du XVIe siècle, dès les premières années, c'est-à-dire presque aussitôt la conquête de Christophe Colomb et d'Améric Vespuce, la culture du maïs était pratiquée dans nos régions méridionales, et répandue au point même d'encombrer par ses déchets les cours d'eau publics.

2º Son utilisation, au point de vue alimentaire, était loin, toutefois, d'être complète, puisqu'on estimait, en haut lieu du moins, que cette nourriture n'était possible que pour les animaux, — dédain, il est vrai, de grand seigneur qui ne comprenait pas que l'homme en fît son ordinaire et *bonnement* la reléguait aux cochons.

3º La paille en était jetée au vent ou brûlée, d'après injonction de l'autorité, sans profit aucun comme litière, comme fumure.

4º Cette paille, cependant, comportait des dimensions énormes, telles qu'on les envie aujourd'hui ; l'épi, dont il n'est pas fait mesure, devait atteindre des proportions relatives, des proportions considérables.

5º Cet épi portait le nom de *caveilh*, et il lui est resté jusqu'à nos jours (cabeil) dans le patois gascon, qui l'avait emprunté à la basse latinité : *cavilia* ou *cavilla*, c'est-à-dire cheville, instrument dont, en effet, l'épi prend assez la forme.

La plante s'appelait *arthomayro*, de deux mots réunis : *artho* et *mayro*, signifiant, en basque français : l'un, pain ; l'autre, maïs — pain de maïs.

Aujourd'hui la même langue exprime, de la première appellation seule — *arthoa* (1), *arthôa* ou *arthua* — les deux choses ensemble ; consacrant au pain de froment le nom spécial de *oghia*.

Le dictionnaire basque-espagnol porte *artoa* pour le pain de maïs (*pan de maiz* en espagnol) (2), et *oguia* pour le pain de blé proprement dit.

5° Enfin la céréale était considérée comme une espèce de blé.

Elle était inconnue encore des autres parties de la France ; le Beaujolais n'accuse sa venue qu'en 1560.

Les auteurs italiens ne la révèlent chez eux qu'en 1530.

Plus tard, l'on retrouve facilement trace du maïs en ces parages, où il est devenu, depuis un siècle et demi principalement, une ressource alimentaire de premier ordre pour le paysan, voire même de second ordre pour le bourgeois.

---

(1) L'*a* final est ici comme article.

(2) Le vocabulaire espagnol-français traduit ainsi le mot *maiz* : maïs, blé d'Inde ou de Turquie — même amalgame que chez nous.

Mais c'est en vain, je pense, que l'on chercherait dans un passé antérieur au XVIe siècle, vestige quelconque du maïs agreste en nos contrées, et une preuve assez plausible ressort du texte ci-après où nomenclature est établie des *productions variées du sol,* sans qu'il y soit fait mention aucune de cette graminée.

Une conjecture est permise comme résultance de la négative, de même que plus haut, et dans le sens inverse, notre thèse a pris acte de l'affirmative.

Le livre porte le titre de *Cartulaire de l'abbaye de Saint-Jean-de-Sorde* (1), et dans son introduction il est écrit :

« De nombreuses chartes font connaître quelle était la nature des redevances payées à l'abbaye, etc., du XIIe au XIVe siècle.

« ....

« Quant aux redevances en nature, elles étaient aussi variées que les productions du sol. On trouve du blé *(annona),* du froment *(fromentum),* du seigle *(triticum),* du millet *(milium),* de l'avoine, du lin, des haricots. Beaucoup de tenanciers devaient donner du vin, du cidre *(sicera, pomatum, pomade),* des pains, de la viande, des bœufs, des porcs, des brebis, de la laine, des poules ; d'autres des charrettes

---

(1) Sorde, aujourd'hui commune du canton de Peyrehorade, arrondissement de Dax, département des Landes.

chargées de bois ; d'autres du sel ; d'autres enfin des poissons : saumons, aloses, truites, de la graisse d'esturgeon.

A ce renseignement nous pouvons ajouter le suivant, de même nature et de source locale, celui-ci, qui complète à suffire la série séculaire à cette heure par nous explorée.

« S^t. Esprit (1).

« Cartulaire de l'Abbaye de S^t. Bernard.

« N° 66
« *Anglet-Montori*
« *15 juin 1440*

« Mad^e. sœur Johane Darciutz, Abbesse du Monastère et Couvent de Mgr (*sic*) St. Bernard de Betbeder (2), au territoire d'Esteyron, Diocèse de Dax, sœur Marie de Marrey et sœur Bernarde de Sarrabero, Religieuses de même couvent, donnent à Sanssot de Mimiague, habitant d'Anglet, tout leur domaine et grange de *Montori*, sous redevance de la cinquième partie des récoltes qui se feront dans ledit domaine en froment, seigle, *milh* (3), fèves et pois, et de la cinquième

---

(1) Aujourd'hui commune de Bayonne.
(2) C'est-à-dire belle vue. — Sa position sur le bord de l'Adour, près du Boucau, explique assez ce nom qualificatif.
(3) Millet.

partie de la graine de lin. Les Dames religieuses se réservent le bosc (1) de Montori et le tor (2). Mais Mimiague et ses ayant-cause pourront faire leur provision de bois à brûler.

« Henri, Roi d'Angleterre et Duc de Guyenne, Fray Gassarnaud de la Borde, évêque de Bayonne, le noble et très-honorable seigneur Moss. Philippe Chatwind, chevalier, maire de Bayonne, Peis de la Cassainhe, notaire public de Bayonne, » etc. (3).

De plus, faisons observer que, de 1154 à 1451, c'est-à-dire pendant la domination anglaise, le sol, non-seulement celui dépendant de la juridiction de Bayonne, mais, par voie de conséquence, tout celui de Labourd, fut livré à la culture viticole dont les habitants tiraient un bénéfice aussi riche que facile par l'exportation en vins pour l'Angleterre. On sait que les blés de notre Bretagne étaient amenés à Bayonne pour la panification de luxe et que le millet, cultivé sur place, fournissait à la panification vulgaire.

Ce millet fut le premier (nous le verrons ci-après), sur trois principaux, qui forment la nomenclature générale (genre *panic* — *panicum*, L.): millet commun (*panicum miliaceum*),

(1) Bois.

(2) La tour.

(3) Le présent acte extrait par nous, comme le précédent, des archives de Bayonne.

vulgairement appelé *mil*, et originaire des Indes orientales; millet d'Italie (*P. italicum*); lesquelles variétés s'accommodent mieux que la troisième, dite millet d'Allemagne (*P. Germanicum*), des terres sablonneuses et sèches, avec le concours des engrais, il est vrai, des binages aussi, mais sous un labour profond, sous une climature méridionale.

De tous temps, cette céréale a été utilisée chez nous, dans nos cantons Sud-Ouest principalement : « *Panico et Galliæ quidem, præcipue Aquitania utitur.* » — Dans les Gaules, l'Aquitaine notamment, il est fait usage du *panic,* — a dit Pline.

— Puis, ailleurs : « *Panis multifarie et e milio fit, e panico rarus.* » — On fabrique plusieurs sortes de pain avec le mil; rarement avec le panic. — Id.

Le grain du millet *(miliaceum)*, dans sa composition chimique, comme dans sa vertu nutritive, est assez équivalent à celui du maïs, dont la culture, quoique facile en elle-même, est cependant plus laborieuse que celle de son cognat.

La farine de ce millet, si panifiable, peut recevoir des préparations multiples, analogues à celles du maïs, elle peut donner une boisson fermentée qui n'est pas sans valeur, et l'on s'explique que, dans les circonstances précitées, cette sorte ait offert au cultivateur des ressources très-utiles.

Cette farine, d'ailleurs, rend beaucoup à la cuisson.

En outre, la paille de millet est excellente pour la nourriture du bétail, considération qui milite grandement aussi en sa faveur.

Toutefois, si le millet a quelque analogie avec le maïs, son importance, sous tel rapport que ce soit, n'est plus que secondaire.

Quant au millet d'Italie, il constitue la nourriture des oiseaux, des volailles, non exclusivement pourtant, car il est à remarquer que la farine de celui-ci même entre assez souvent dans la substantation de l'homme, principalement à l'état de bouillie (avec graisse d'oie, de porc, etc.,) appelée en Gascogne *escauton ;* de même qu'en Italie comme variété de *polenta,* en d'autres lieux sous des noms divers.

Les deux sortes de millet se distinguent aux traits suivants :

Le *miliaceum,* haut de tige, porte ses ramifications paniculaires fort espacées, tombant en forme de panache.

L'*italicum,* plus humble de taille, a ses grappes courtes et compactes, cylindriques.

— Au Refuge, la première de ces graminées a les honneurs d'une cultivation en grand, c'est-à-dire en plein champ ;

La seconde se rencontre çà et là où

« Aux petits des oiseaux Dieu donne la pâture. »

3° Quelles variétés de maïs cultivons-nous ?

Et, d'abord, exposons les caractères du produit en question, aujourd'hui si répandu partout, généralement adopté, depuis la fin du XVIe siècle surtout, chez les anciens continents du monde occidental.

Adoption qui s'explique par les qualités rares de cette plante : sa productivité extrême, sa force aussi contre les influences atmosphériques, les maladies contagieuses ; outre la rapidité de sa végétation, outre son double usage, au point de vue de l'alimentation humaine et de celle animale, ses emplois domestiques, ses fumures, etc., etc.

— Graminée remarquable dont on ne saurait trop encourager le développement, soit en préconisant sa cultivation, soit en la récompensant à titre honorifique ou rémunératif, dans toute région où la pratique en est possible.

Sans entrer trop avant ici dans la physiologie de cette plante bien connue, peut-être est-il bon de rappeler, au moins, ses traits principaux :

« Epillets disposés en épis unisexuels, monoïques (1); les mâles, en panicule (2) terminale rameuse, biflores, à glumes (3) convexes dé-

---

(1) A fleurs mâles et fleurs femelles, séparées les unes des autres, mais sur le même pied.

(2) Réunion de fleurs dont les pédoncules (supports des fleurs), appartenant à un cône commun, sont ramifiés, étalés et courts, etc.

(3) Envcloppe de la fleur chez les graminées.

pourvues d'arête, à glumelles membraneuses ; les femelles, insérées par séries longitudinales sur un axe charnu, axillaires, étroitement renfermées dans de grandes bractées (1) engaînantes, à glumes et glumelles membraneuses, styles longuement pendants. Caryopse (2) arrondi-réniforme (3) coloré et luisant. » — (*Le Règne végétal.*) — *Graminées.* — Cinquième classe de Linné (Monoécie Triandrie (4), et quinzième de Tournefort (Fleurs unisexuelles).

Maintenant voici, d'après M. L. de Vilmorin, l'aperçu des variétés de l'espèce maïs, par ordre de précocité :

« Maïs *à poulet ;* grain jaune, très-petit ; variété peu productive, mais très-précoce ;

« M. *quarantain ;* grain jaune et de moyenne grosseur ; précoce et mûrissant dans le Nord de la France ;

« M. *à bec* ou *à pointe ;* grain jaune et de moyenne grosseur, recourbé en pointe à l'extrémité ; un peu moins précoce que les précédents, mais plus productif ;

« M. *improved King Philip ;* grain jaune brunâtre, gros, aplati ; précoce et très-productif ;

---

(1) Ou folioles florales.

(2) Ou cariopse, c'est-à-dire fruit qui ne s'ouvre pas, à semence unique et à péricarpe fort mince.

(3) En forme de rein.

(4) Triandrie. — Classe de plantes à fleurs qui comptent trois étamines.

« M. *d'Auxonne;* grain jaune, moyen, très-productif ;

« M. *blanc des Landes;* grain blanc, assez gros ;

« M. *early tuscarora;* grain d'un blanc mat, gros, très-large, aplati, très-farineux ; demi-productif.

« M. *jaune gros;* grain d'un beau jaune, très-gros, un peu tardif ; le plus cultivé en France, surtout comme fourrage ;

« M. *sucré;* grain demi-transparent, ridé, d'une saveur sucrée, ne devenant jamais farineux ;

« M. *perlé;* grains petits, noirs, bleus ou blancs sur le même épi ; très-tardif, mais très-productif ; excellent comme fourrage ;

« M. *de Pensylvanie;* grain blanc, très-gros, allongé, aplati ; assez productif ; très-tardif et mûrissant difficilement, mais excellent comme fourrage vert. »

De ces sortes, pour nous résumer, les plus connues en Europe sont celles que Nadault de Buffon récapitule dans son *Cours d'Agriculture,* et qui sont :

« N° 1. — *Grand maïs commun* ou *maïs de Touraine.*

« Il a des sous-variétés, qui ne présentent point de dissidences notables dans les caractères généraux ; mais qui diffèrent entre elles par des nuances plus ou moins tranchées. Ainsi, il présente, suivant les circonstances relatives au sol, au climat, à la culture, des épis blancs, jaunes, rouges, violets, panachés ou marbrés.

« N° 2. — *Maïs blanc hâtif.*
« N° 3. — *Maïs quarantain.*
« N° 4. — *Maïs nain* ou *maïs à poulet.*

Nous négligeons nombre d'autres classifications encore d'auteurs divers, parce qu'elles se rapportent toujours au fond à l'exposé ci-dessus.

Enfin, pour rentrer dans notre sphère d'action, il convient de dire que les maïs usités au Refuge, comme dans la contrée circonvoisine, sont le maïs jaune gros et le maïs blanc, outre, parfois, le maïs quarantain (1), tous cités dans les nomenclatures qui précèdent.

Au pays de Labourd et environs, on regarde le jaune comme plus savoureux que le blanc, comme plus fort, plus consistant, plus nutritif surtout.

Le blanc, plus considérable en forme, plus fin, plus farineux aussi, est peut-être de qualité moindre.

---

(1) Sur les bords de l'Adour et de l'autre côté de Bayonne, on cultive assez fréquemment le maïs *nain*, dit maïs à *poulet.*

Il est, cependant, cultivé à l'exclusion de l'autre, dans tout le Béarn.

Ces deux sortes, d'ailleurs, parfois se trouvent mélangées dans le même champ, voire même les grains sur le même épi.

A laquelle, en définitive, donner la préférence?

Nous ne saurions le décider.

Leurs composés chimiques ne comportent pas de dissemblance appréciable.

Un grainetier, consulté à ce sujet, comme devant être le plus compétent, m'a répondu qu'il n'y faisait pas plus de différence qu'entre les haricots blancs et les haricots de couleur.

Sa comparaison, à mon avis, n'est pas décisive, car les haricots rouges m'ont paru toujours supérieurs en goût aux haricots blancs qui, à la vérité, sont plus fins ; et il est à remarquer que chez tous les végétaux en légumes et fruits, le coloris implique une force, une saveur plus grandes.

Loin donc de nous prouver la parité des maïs, cette comparaison nous fixa assez volontiers dans le sens des haricots mêmes, celui d'une qualité respective pour chacun.

Bref, le maïs blanc paraît convenir le mieux à l'alimentation de l'homme ; le jaune à celle des animaux, qui exigent plus de nutrition encore.

Les deux variétés, d'ailleurs, produisent sur l'économie animale un effet différent.

Le maïs blanc est plus rafraîchissant que le jaune ; or cette considération importe dans des localités, assez dépourvues de légumes et de fruits, où le paysan se nourrit principalement de salaisons. La méture faite avec le second de ces maïs se conserve mieux et son emploi est réservé surtout pour l'été, époque où se durcit vite, s'altère même quelquefois la méture composée du premier. — Reste encore, il est vrai, comme moyen-terme, la combinaison des deux graminées.

Mais, de la remarque elle-même qui fait l'objet de l'alinéa précédent, ne semble-t-il pas résulter, encore une fois, que le maïs jaune, plus résistant, plus substantiel, est aussi plus tonique que le maïs blanc.

Bref, nous sommes définitivement porté à le croire par un dernier motif, c'est que, si nous ne nous trompons, la décoloration du maïs est un phénomène accidentel et qu'elle atteste une altération dépréciative chez la céréale qui, à son état de nature, est toujours jaune ; c'est ainsi qu'on l'a surprise à son berceau, qu'on la voit encore généralement dans sa mère-patrie.

Nous disons généralement, parce que le maïs blanc, en raison sans doute de ses qualités propres, n'y est pas dédaigné, et que sa culture, nous a-t-on dit, y est volontiers pratiquée.

Ce jeu du coloris paraît déterminé par différentes causes, entre lesquelles, il y a lieu de citer la qualité de la terre, le mode de culture peut être aussi, puis les influences atmosphériques, jointes au mélange des graines en semis, au mélange, enfin, du pollen des étamines sur pied.

Mais, pour en finir avec cette question des nuances, quel charme pour le regard, outre l'estime de la pensée, que cette dorure chaude d'un épi de maïs, laquelle semble être l'empreinte d'une caresse solaire, le reflet du rayon le plus ardent !

Outre les maïs dont nous venons de nous occuper spécialement, on cultive parfois, en France, le maïs de Pensylvanie.

Ce maïs a le fuseau très-allongé.

On lui reproche de ne pas bien venir dans nos régions. Peut-être n'est-ce là qu'une question de culture, d'assolement.

Et, en effet, nous verrons au paragraphe des *Productions*, combien vite, dans les sables mêmes de Saint-Bernard, outre les terres fortes de Notre-Dame, végète et mûrit sûrement cette plante réputée difficile, mais excitée, entraînée ici par des soins extrêmes, par de riches fumures.

On lui reproche encore d'exiger, en raison de sa puissance végétative, un espace trop considérable pour chaque pied et d'imposer ainsi à la terre inutilisée une perte sèche d'autant.

A quoi l'on peut répondre par le système des cultures intercalaires d'abord, puis par cette observation assez péremptoire, ce nous semble, que si le rendement de la variété, objet de notre prédilection, compense, au delà même sans doute, cette inutilisation, le motif tombe de lui-même ; ce qui, en définitive, se réduit à une règle de proportion. Or, au Refuge, car nous prenons exemple sur place, l'espacement entre les sujets est le même que celui au champ du maïs ordinaire, sans empêcher jamais la céréale d'y prendre les proportions les plus imposantes, ainsi que nous le dirons également au paragraphe final.

De plus, certains naturalistes, sinon des cultivateurs, ont prétendu que le fourrage du maïs pensylvanique, vu sa coriacité, est frustre comme manger, comme litière.

Peut-être ces accessoires, importants je le reconnais, sont-ils impropres aux usages précités quand la plante elle-même a mal végété ; mais, au Refuge encore, ils ne le cèdent en qualité à aucun autre fourrage de maïs et leurs emplois y sont confondus.

Toutefois, et c'est là un aveu que nous sommes forcé de faire, d'après l'opinion persistante de la Sœur préposée aux cultures, le maïs de Pensylvanie ne répond pas au rendement, toute proportion gardée, autant que les autres maïs, desquels au reste il participe quant au goût, quant aux qualités.

Il est reconnu, et l'expérience en a été faite, que le maïs de Pensylvanie pourrait s'hybrider avantageusement avec celui du pays en donnant un produit supérieur à l'un et à l'autre.

M. Cestac estimait assez ce genre de maïs, qu'il n'a cessé même de cultiver, bien que dans des proportions réduites.

— Par respect pour cette opinion de l'initiateur, plus que par intérêt (à ce point de vue, on se fixe au maïs ordinaire), ses Successeurs ne manquent pas, chaque année, d'en ensemencer quelques parcelles de terrain, sous le nom de *Maïs du Bon-Père.*

Comme dernière observation à l'endroit du maïs, notons qu'analyse chimique a été faite de cette céréale, dans toutes les parties de son être : grain, farine, tige, paille, cendres même, etc. (maïs frais, maïs sec), et, pour ce, nous renvoyons l'agronome au *Dictionnaire,* entr'autres ouvrages, de MM. Violette et Archambault, nous réservant l'honneur d'exposer ici à son regard les lignes suivantes de Nadault de Buffon :

« D'après des analyses faites en Allemagne, 100 parties de grain de maïs renferment : 1º en parties combustibles ou organiques, environ 0,96 ; 2º en parties minérales, telles que soude, chaux, magnésie, potasse, silice, acides phosphoriques, sulfuriques, etc., environ 0,04.

« On en a conclu, avec raison, qu'il fallait

que le terrain employé à cette culture contînt, indépendamment de l'humus, une certaine quantité de ces principes minéraux, et surtout de calcaire, dont l'effet favorable sur cette plante est, d'ailleurs, généralement connu.

« D'après les dernières analyses de M. Payen, la partie organique ou végétale du grain de maïs se compose principalement d'amidon, qui y entre pour environ 0,68, de matières grasses, glutineuses et albumineuses (1), formant ensemble 0,20 ; le reste, en bien plus faible quantité, se compose de dextrine (2), glucose (3) et cellulcose (4).

« Le document le plus essentiel qui résulte de ces expériences, d'ailleurs très-exactes, c'est la quantité prédominante des *matières grasses*, donnant au maïs ses qualités nutritives et rafraîchissantes, et le rendant, dès lors, évidemment propre à l'engraissement de tous les animaux. »

---

(1) D'Albumine « matière visqueuse, blanchâtre, d'une saveur un peu salée, et qui constitue l'un des éléments des corps organisés (animaux et végétaux). »

(2) « Substance semblable à la gomme arabique, qui se produit par l'action des acides, etc. »

(3) « Synonyme de sucre de fécule. »

(4) « Substance qui compose la trame du tissu solide de tous les végétaux et forme le *ligneux;* au début de son organisation, elle affecte la forme de cellules. »

La dissertation close ici, continuons notre course explorative à travers les cultures monastiques d'Anglet, au point de vue de leurs variétés.

— Une autre sorte de graminée, plante annuelle aussi, vient ajouter encore à la variété des cultures : c'est le sorgho (*sorghum*, L.), sous ses deux aspects.

Le sorgho *sucré*, de provenance chinoise, il paraît, n'est pas toutefois l'objet d'une culture régulière au Refuge ; son utilisation doit être indiquée par un besoin quelconque, pour qu'il soit procédé à sa venue.

Il donne une boisson fort agréable qui, en certaines circonstances, peut suppléer à la pénurie de tout autre liquide fermenteux.

Le sorgho *à balai*, importé d'Asie (Inde) et d'Afrique, entre, au contraire, dans le courant normal de la cultivation.

Son mode cultural et son emploi seront expliqués au paragraphe suivant.

Saint-Bernard.

Là même, dans ces sables stériles, dont la composition chimique, la constitution géologique, nous sont connues, se rencontre une diversité incroyable de culture : Jardins, Prairies, Labours, Verger et Vignoble.

1°

Jardins.

L'on peut y espérer les mêmes productions qu'à ceux de Notre-Dame.

Inutile de les énumérer à nouveau.

Il est fait observer, cependant, que les choux, oignons, etc., qui viennent là, sont de beaucoup supérieurs à ceux même de Notre-Dame, dans toutes les catégories de sables indistinctement.

2°

Prairies.

Prairie naturelle, prairie artificielle, s'étalent ici, luxuriantes comme en pleine terre végétale.

3°

Labours.

Il n'est pas moins étonnant d'y voir prospérer des céréales de toutes sortes, notamment le maïs-*quarantain.*

A y joindre, en plein champ, des légumes de toute espèce, les plus délicats, tout aussi bien que les plus rustiques, et dont le détail figurera au paragraphe 6me — *Productions.*

4°

Verger.

On y compte les essences les plus utiles, les plus distinguées aussi, celles même d'une production fort hasardeuse en ces parages, où les vents maritimes de l'équinoxe viennent le plus souvent compromettre la floraison.

Çà et là, en dehors du verger même, se produisent figuiers, noyers, pruniers, etc., etc.

5°

Vignoble.

Un fort beau vignoble, entre plusieurs autres répartis diversement, paraît là, plus que partout ailleurs, chez lui ; sa végétation atteste le bien-être et la fécondité.

Nous en reparlerons plus tard.

Mais ses récoltes n'auront pas lieu de nous surprendre comme celles de tant d'autres sujets, puisque les sables, on le sait, conviennent à merveille, comme terroir, à la viticulture.

Là où le tuf, où l'argile s'offrent pour couche voisine, la superficie du terrain seule est favorisée ; mais, dans ces sables d'Anglet, profonds et friables, le rayon solaire pénètre bien et longtemps, il donne à la végétation des sucs élaborés, les sucs les plus riches.

La vinification est proverbiale dans ces parages, où le renom de certaines localités survit encore, malgré une décroissance marquée d'exploitation, décroissance due beaucoup moins au caprice des producteurs qu'à celui des dunes elles-mêmes, si mouvementées, métamorphosables à l'infini sur ces bords de l'Océan.

§ 4.

AGENTS FERTILISATEURS.

On peut les diviser en naturels et en artificiels.

1°

Agents naturels.

Se présente, en premier ordre, la nappe d'eau au sous-sol, dont la stagnation prépare, entretient convenablement les terres.

S'offrent, au dehors, les prises d'eau les plus nombreuses, les plus variées : puits et citernes, sources jaillissantes à l'état de mares, fontaines, etc.

Car l'abondance des eaux est ici d'une richesse extraordinaire, d'un secours merveilleusement administré aussi.

— A Notre-Dame, on n'évalue pas à moins d'une dizaine peut-être ces diverses prises d'eau.

Comme boisson, l'eau du réservoir pratiqué sous l'escalier du pavillon domanial, est d'une qualité excellente, elle se distribue partout aux environs, outre les réfectoires et cuisines, dans la boulangerie, la beurrerie, etc.

Comme arrosage, et nous rentrons en matière, on peut citer trois puits : l'un au jardin, l'autre à la vacherie, et le troisième à la porcherie. De plus, deux mares : la première, devant le presbytère (son trop-plein va se jeter dans un ruisseau dont il sera fait tout à l'heure mention) ; la seconde derrière les écuries.

Se déverse au quartier Notre-Dame, le trop-plein de cette belle fontaine dont M. Sourigues a gratifié la commune d'Anglet, à quelques pas de l'entrée Ouest du Monastère.

De plus, un cours d'eau, à ciel ouvert, venant du dehors, traverse, de l'Ouest à l'Est, le même quartier, dans une longueur de cinq cents mètres environ, pour se rendre à une encoignure dite *Saint-Jean-Baptiste* (1), laquelle réunit les derniers communs de Notre-Dame.

Avant de se jeter dans un immense vivier où il décharge quantité d'humus ramassé sur son

---

(1) Est-ce comme baptiste au Jourdain, est-ce comme délégué d'Elie qui commandait aux eaux, que Saint Jean-Baptiste est invoqué à l'endroit des fontaines ? Nous ne le savons.
C'est évidemment à l'un de ces deux titres, aux deux peut-être, que le fondateur du Refuge a donné le nom du Saint à ce recoin tout aquatique.

parcours, le ruisseau communique à un bassin de vingt-quatre lessiveuses, l'eau nécessaire à celui-ci, alimenté déjà, il est vrai, par de nombreuses sources locales.

A l'un des angles de ce grand bassin, une petite fontaine est réservée à quelques sources vives d'une eau parfaite et intarissable. On y puise pour la boisson.

Les liquides du lavoir se déversent dans un bassin subséquent où se déposent et se mélangent les matières grasses et savonneuses, pour, de là, se répandre, comme trop-plein, dans le vivier, qui réunit ces éléments de fertilité à ses dépôts terreux, fanges et limons.

Puis le cours d'eau, en quittant la propriété, après y avoir fécondé une belle oseraie, fait route sur Bayonne où nous ne le suivrons pas.

— A Saint-Bernard, une pompe, au jardin du cloître, alimente le personnel des Religieuses.

Puis, et c'est là notre objet spécial, l'arrosage du sol se pratique au moyen de deux puits, situés : l'un, non loin de la chapelle, d'où il communique à la serre ; l'autre, beaucoup plus considérable (il ne mesure pas moins de deux mètres de diamètre), fournit à tous les besoins locaux, outre son service au lavoir, flanqué à l'orifice.

L'exubérance des eaux ne saurait être jamais excessive ici, en raison de la nature terroiriale, pour laquelle le plus grand bienfait réside dans cette nappe d'eau que nous avons dit régner au sous-sol.

Les irrigations, ou plutôt la prise d'eau par les plantes à leur base, c'est-à-dire l'équilibre entre l'humectation et la sécheresse par l'élévation et l'abaissement relatifs du sol, jouent un grand rôle surtout à Saint-Bernard ; cette intervention hydraulique forme un des éléments principaux de la culture.

Circonstance toute locale qu'avait parfaitement comprise, très-bien utilisée, le grand agronome de céans.

Cette distinction faite entre Notre-Dame et Saint-Bernard pour les eaux naturelles, toutes les appréciations qui vont être formulées ci-après, seront communes aux deux localités, où se rencontrent les mêmes consommations fertilisatrices, de provenance animale, de manipulation chimique.

C'est pourquoi nous ne prendrons acte que de la scène de Notre-Dame où les rôles se dessinent le plus en grand.

En sus des sédiments de l'étang St-Jean-Baptiste, vase des plus fécondantes après qu'elle a été soumise, un temps voulu, aux influences atmosphériques, la question des vidanges a appelé l'attention de l'agriculteur pratique au Refuge.

Il a fait construire, vers le Nord, trois larges

fosses couvertes : celle des latrines ; puis deux autres en communication au moyen d'un canal souterrain, avec la première, d'où les matières se précipitent en se divisant.

Celle-ci reçoit le résidu intact, se réservant le dépôt des solides, et ne renvoyant à la seconde que l'excédant de ses solides et liquides.

Elle contient donc la substance fertilisante la plus riche.

La seconde, plus fournie de liquides que de solides, renferme l'engrais que nous appellerons purin.

Le contenu de la troisième fosse, bien que le moindre en valeur, isolé désormais des substances fécales, sans autre aliment que la décharge superficielle du liquide voisin, est encore d'une activité assez puissante.

Trois degrés de force, comme l'on voit, à utiliser, selon l'occurrence.

Il est à noter que ces fosses sont, au besoin, désinfectées par le coaltar, le sulfate de fer, comme satisfaction due à la salubrité publique, mais qui ne compromet en rien les propriétés fertilisatrices de la matière soit solide, soit liquide (1).

(1) Quant au sulfate de fer, notamment, cela est vrai, si l'on en juge par l'article suivant que publiait, le 28 avril 1872, le *Courrier de Bayonne* :

« Un agriculteur a observé qu'en arrosant les légumes et les arbres fruitiers avec une solution de sulfate de fer, on

De plus, il existe dans la cour, non loin de là, un bassin vaste, profond, d'eau de goudron, dont on se sert fréquemment, et en diverses circonstances, pour la purification de l'air soit au dehors, soit aussi au dedans des habitations et des bâtisses réservées au bétail.

Dans une exploitation agricole, le fond de l'engrais est toujours le fumier provenant des divers animaux attachés à cette exploitation.

Cinq sortes d'animaux ont été, sous ce rapport, classées dans le système des fumures : les bêtes bovines, les lapins, les porcs, la volaille et les chevaux.

— Dans les étables, on étend sous les vaches et bœufs une forte couche de sable sec que l'on stratifie avec la litière, composés de soutrage, ajoncs, genêts, feuilles de pin, bruyères et mousse. Cet ensemble reçoit les excréments de la bête, tout en retenant les urines. Le fumier qui en résulte est excellent, surtout pour la production du maïs dont il tient les racines dans un état de fraîcheur constante, fraîcheur si favorable, on le sait, à la germination.

— Au clapier, les fumiers sont extrêmement actifs, et se mêlent avec avantage à ceux de bestiaux, qu'ils stimulent et fortifient.

obtenait des résultats excessivement étonnants. Des haricots gagnaient en grosseur près de 60 0/0, et, ce qui vaut mieux, le goût en est beaucoup plus savoureux. Parmi les arbres à fruits, celui qui profite le plus de cet arrosage est le poirier.
« L'expérience est facile à faire. »

— A l'extérieur et en contre-bas de la porcherie, on a établi deux bassins qui reçoivent par écoulement l'urine des cochons.

Le curage des bauges est observé avec la ponctualité scrupuleuse que l'on remarque partout ici et qui contribue puissamment à la bonne tenue de l'exploitation agricole.

— Le poulailler ajoute à l'économie des fumures animales par l'excellence de ses fientes, excellence incontestable surtout dans les contrées qui avoisinent la mer et où, par l'influence des émanations salines, cette fumure a presque la valeur du guano.

— Le fumier d'écurie complète cette série des récollements en vue de l'engrais naturel dans sa généralité.

Des éléments fertilisants que nous venons d'exposer en la ferme du Refuge, tous sont plus ou moins connus, plus ou moins adoptés partout.

Nous avons remarqué néanmoins dans nombre de métairies de ce pays-ci l'inobservance de quelques-uns, de la plupart même de ces moyens.

Il en est un, par exemple, complétement impratiqué, c'est celui de fumier du lapin. Mais, comme pour faire un civet il faut un lièvre, de même pour faire du fumier de lapin, il faut des lapins. Or, l'élève du lapin est en général dédaignée ici et cela ne se comprend guère dans une région où les ressources culinaires ne sont pas tellement abondantes et où la nourriture de cet animal est facile en raison de la multiplicité de légumes (comparativement, du moins, à la viande). Cette nourriture peut être rehaussée en goût par les nombreuses plantes aromatiques que fournit le sol des landes et des bois, plantes susceptibles de communiquer au lapin, en très-peu de temps, le fumet sauvagin et parfumé que l'on se plaît à reconnaître dans son frère des garennes. La chair de lapin est d'ailleurs excellente par elle-même, très-nutritive aussi. C'est enfin un manger qui peut s'accommoder diversement, se varier de sauces à l'infini.

— Voulez-vous acheter ce lapin, me disait un jour (1) certain pauvre à qui j'avais l'habitude de faire l'aumône : — Oui, et le marché se conclut.

— Mais, pourquoi ne vous en nourrissez-vous pas vous-même, pouvant élever ces animaux sans frais aucuns : — Fi ! répond le mendiant, je croirais manger du chat.

Combien, depuis, ont mangé du chat, qui croyaient manger du lapin !

La manière de traiter les fumiers intéresse à un haut degré une bonne direction agricole et cependant, de toutes parts, dans la contrée, on les voit abandonnés sur le sol, à la pluie et au soleil, qui leur font perdre la plus grande partie de leurs qualités.

(1) Avant l'année 1870.

La pluie les lave et entraîne le purin, c'est-à-dire toute leur valeur ; le soleil les dessèche, de sorte qu'après un certain temps, le fumier est réduit à rien comme engrais.

S'il reposait dans une fosse, le système d'exposition serait admissible ; s'il s'abritait sous un hangar, ce serait mieux encore.

Enfin, à défaut de l'un et de l'autre, voici un conseil :

Elever les meules en talus inclinant vers l'Est ou le Nord et couvrir de terre ou sable battu avec le dos d'une pelle. La pente étant rapide, l'eau coule par dessus et le soleil n'y pénètre pas.

— On ne saurait apporter trop d'attention à la méthode du fumier, puisqu'il est l'agent essentiel, unique même dans les terres faibles, de la production.

Outre la négligence que nous venons de signaler, combien, dans le commerce, d'engrais destinés à l'agriculture sont vendus falsifiés !

L'engrais humain — soit à l'état pur, soit à l'état de mélange — joue dans la culture des terres un rôle des plus influents à raison de ses principes azotés et autres. Mais par malheur, en bien des localités de France, des villes même, il est complétement négligé ou imparfaitement recueilli. Par contre, quelques grands centres ont compris sa valeur et l'on sait quel parti l'on en tire journellement à Paris surtout, où le mètre cube qui, autrefois, se vendait soixante centimes peut-être, aujourd'hui, depuis la construction du grand collecteur et la concurrence des acheteurs, est plus que décuplé.

A l'étranger, diverses méthodes sont pratiquées. Nous avons rencontré, entr'autres citations fort intéressantes, ce qui suit dans la brochure récente d'un agronome distingué, M. Félix Labrouche, l'un des grands propriétaires terriens du département des Basses-Pyrénées.

Cette brochure est intitulée :

ENQUÊTE AGRICOLE.

—

APERÇUS

SUR LES

DOCUMENTS RECUEILLIS A L'ÉTRANGER

« Le Danemark, dit l'auteur, est une des con-
« trées de l'Europe où la question de l'engrais
« humain a le plus fixé l'attention des cultiva-
« teurs. A Copenhague, il y a une vingtaine
« d'années, un négociant, nommé M. Owen,
« organisa une fabrique de poudrette au moyen
« des vidanges. Cette fabrique ne travaille plus,
« probablement par suite des faux frais qui
« sont la cause générale des échecs de ce
« genre de spéculation. Aujourd'hui, dans

« la capitale du Danemark, des entrepreneurs
« enlèvent les produits des fosses des lieux
« d'aisances au moyen de barriques et sans leur
« faire subir aucune espèce de préparation. Le
« prix de vente de cet engrais serait d'environ
« 3 fr. le mètre cube, quantité produite chaque
« année par un individu adulte.

« Un moyen de recueillir l'engrais humain,
« presque sans frais de main-d'œuvre, serait
« employé à Valence (Espagne). Cette subs-
« tance fertilisante, envoyée d'abord dans une
« canalisation convenablement disposée, est
« entraînée vers des réservoirs spéciaux pour
« être utilisée d'abord à l'état liquide, puis à
« l'état solide, pour l'amendement du sol. »

Enfin Bayonne doit bientôt prendre part au progrès, si l'on en juge par la note ci-après, insérée dans le *Courrier* (22 Novembre 1872) :

« Nous apprenons qu'à l'une des dernières
« séances d'une des commissions municipales,
« il a été donné lecture d'une lettre de M. Hugel-
« man, représentant d'une grande Compagnie
« anglaise, pour l'assainissement des villes, qui
« propose à notre municipalité de construire à
« ses frais tout un vaste système d'égouts, à la
« seule condition qu'on lui accorde pendant
« 99 ans le privilége d'exploiter le résidu des
« immondices et d'émettre des obligations. Les
« matières fécales, au lieu d'être déversées

« dans nos rivières, dont elles infectent les
« eaux et chassent le poisson, seraient dirigées
« vers un collecteur général, placé en rase cam-
« pagne ; là, elles seraient désinfectées au
« moyen d'un procédé chimique et transfor-
« mées en engrais pour l'agriculture. Déjà, le
« système proposé est en pratique dans un
« grand nombre de cités anglaises.

« Nous espérons que notre Administration
« fera bon accueil à la proposition, si du moins
« elle émane d'une Compagnie sérieuse ; la
« mauvaise installation des égouts actuels est,
« d'après l'avis du corps médical bayonnais,
« ainsi que l'agglomération considérable de
« certains quartiers, le petit Bayonne, par
« exemple, la cause des fréquentes épidémies
« qui ont ravagé notre population. »

— Quant à la combinaison chimique de l'engrais humain, en vue de la fertilisation agreste,
c'est au Refuge d'Anglet qu'est dû son développement exceptionnel et cette assertion, au
besoin, prendra créance dans le sous-para-
graphe suivant.

2°

Agents artificiels.

Ici tout appartient à l'initiative de M. Cestac ;
ici est l'un des secrets de sa grande réussite, de
la fertilisation des sables notamment, innovée
par lui.

A la buanderie que nous avons rencontrée naguère sur notre passage à Saint-Jean-Baptiste, se recrutent deux ingrédients utiles : les cendres et la lessive.

Un bassin cimenté, attenant à cette buanderie, reçoit les eaux lixivielles après le coulage.

Cendres et lessives entrent dans une composition chimique, inventée par le studieux cultivateur, la plus fructueuse de toutes ses expérimentations.

En voici le détail :

Recueillir de la bonne terre et préférablement les terres provenant des curages de fossés ou vasières, des fondements de bâtisses, etc., etc. Les faire sécher, sans toutefois les calciner pour ne pas détruire l'humus, sur une plaque de tôle établie en forme de fourneau ; puis, les faire tamiser sur une autre tôle percée de petits trous, ce qui donne enfin une terre bien sèche et parfaitement divisée.

A une quantité donnée (selon les besoins du consommateur) de cette terre pulvérulente, ajouter :

1/2 de la dite quantité, cendres lessivées ;
1/2 — poussier de charbon de bois.
1/4 — de crasse de sel (déchets de saline).
1/4 — de plâtre cuit de rebut.

On peut y joindre avantageusement de la viande desséchee, du guano de Buenos-Ayres ; des poissons avariés, vieilles sardines, etc. ; des crottes ou boues ramassées le long des chemins ; voire même des vieux chiffons, ceux de laine principalement, etc.

Arroser le tout avec des eaux de lessive et le délayer à l'aide du purin, en le travaillant, le pétrissant, ainsi que l'on fait du mortier, jusqu'à ce qu'il soit réduit à l'état de sédiment des maçons.

Cette manipulation opérée, et à l'abri d'un hangar toujours, observation essentielle, laisser la pile, bien à couvert, se reposer un ou deux mois, pendant lesquels elle s'améliore encore par une densité d'autant plus cohérente de ses parties.

Il est opportun de faire ce travail à l'entrée de l'hiver, afin de pouvoir l'utiliser en son temps ; c'est d'ailleurs l'époque de la cessation des travaux au champ, le retour à l'intérieur de la ferme, en ce moment à l'officine agricole.

Il est fait observer, en outre, que la dite préparation ne saurait être employée pure dans les terres légères et chaudes, sans risque de brûler les plantes ; tout au plus serait-il prudent de la hasarder dans un terroir gras et froid.

Vers février, dans le Midi de la France, vers mars ou avril dans le Nord, on reprend donc en sous-œuvre le *composé Cestac* (je me permets de lui donner le nom de son auteur), pour lui faire subir une transformation nouvelle et définitive.

Cette transformation consiste dans un mélange de fumier ordinaire préparé à l'avance de la manière ci-après :

A une assise plus ou moins épaisse des litières ou éjections mêlées, d'écurie, d'étable, de bauge, de clapier, de volière, etc., faire succéder une élévation relative, même diamètre, des matières fécales, première fosse.

Superposer au tout une seconde couche du dit fumier, puis un second dépôt des dites matières, et ainsi de suite jusqu'à parachèvement, selon le projet du constructeur.

Donner à l'échafaudage le temps voulu pour se bien décomposer, puis se fusionner.

Si, nonobstant les précautions prises, la sécheresse menaçait d'altérer l'ensemble, arroser alors avec du purin par perforation, ou en superficie, selon les conditions de la structure.

Après quoi, rapprochant, s'ils ne le sont déjà, les deux édifices hétérogènes, on les démolit pour les rebâtir en un seul, en procédant vis-à-vis de cette construction définitive, ainsi qu'on l'a fait pour la seconde des deux précédemment décrites.

L'on observera de ne jamais dépasser le quart

proportionnel de l'apport fumier, pour la couche de composé pulvérulent (composé Cestac).

On arrose par le faîte cette œuvre finale, qui, après un certain laps de temps (un ou deux mois environ) se transforme par l'assimilation de ses molécules en un ensemble homogène.

Cet ensemble conserve dès lors jusqu'à son emploi, après aussi, une fraîcheur inaltérable, une humidité continue.

C'est l'auxiliaire le plus puissant de la culture au domaine d'Anglet.

Volontiers encore je prends l'initiative de sa dénomination et l'appelle *Engrais du Refuge*.

Cet engrais toutefois est surtout destiné au terroir de Notre-Dame.

Des sables, ceux dits froids, s'en accommoderaient seuls ; pour les autres il est trop actif, trop brûlant.

Peut-être dans d'autres régions sableuses, en remontant vers le Nord de la France, son emploi serait-il profitable ; nous en conseillons du moins l'expérience.

Ici, et cette dernière remarque va compléter la série des engins fertilisants, on ménage aux sables indistinctement un compost de sable même et de purin, de soutrage, etc., parfois aussi, comme il sera expliqué au paragraphe suivant, avec indication de l'emploi.

§ 5.

MODES DE CULTURE.

Notre-Dame.

Jardins.

Avant de toucher à la terre, c'est-à-dire de lui donner façon aucune, on la couvre d'une couche de fumier de lapins (c'est le meilleur pour le jardinage), ou, à défaut de celui-ci, d'une couche de fumier d'étable.

Ensuite on la fouit et la retourne avec la pelle, à la plus grande profondeur possible.

Elle est d'ailleurs facile à travailler, vu sa nature sableuse.

La terre ainsi disposée, on la divise par planches pour les semis, par sillons pour les plantations. On distribue les graines, au choix desquelles on apporte le plus grand soin, ou l'on pique les plantes en recouvrant, comme toujours, ces sillons au fur et à mesure.

Ici, contrairement à la plupart des autres exploitations qui procèdent par sillons, on pique le chou au cordeau.

Les semis et plantations, pour le surplus, se pratiquent comme ailleurs.

Comme arrosage, de l'eau ordinaire à l'origine; puis, quand le sujet a pris force suffisante pour supporter une immersion quelque peu énergique, déverser dans un trou voisin de chaque pied (un contact immédiat serait dangereux comme trop actif), du purin 2ᵉ fosse, 3ᵉ fosse même par un temps trop sec ou trop chaud.

Pour les oignons cependant l'arrosage se fait par rigole distante de 3 ou 4 cent., et de 3ᵉ fosse seulement ; de plus on étend dans chaque carré du fumier de poules.

Quant aux arbres, dans les deux jardins s'offrent au regard de l'horticulteur de fort belles quenouilles, des espaliers magnifiques ; les quatre murs du second jardin se recommandent, sous ce rapport, par une richesse exceptionnelle.

La conduite de ces arbres, greffe et taille, est confiée aux Sœurs elles-mêmes, car chaque branche de l'agriculture, ici (le jardinage en relève), a ses spécialistes habiles, formées par la division du travail.

Nota. — Que le lecteur veuille bien accepter au passage, la communication que nous aurons l'honneur de lui faire des différentes recettes à notre connaissance contre la destruction des insectes hostiles aux productions de la terre.

Fourmis. — « Pour empêcher les fourmis de monter aux arbres, prendre de l'huile à brûler ordinaire, l'exposer au soleil pendant trois ou quatre jours, ce qui la rend gluante et lui fait prendre une odeur nauséabonde. On trace alors, au moyen d'un pinceau, et à la distance de 50 centimètres du sol, un cercle de 5 centimètres de hauteur autour de l'arbre à préserver, et l'on répète l'opération pendant trois ou quatre jours.

« Ce moyen garantit l'arbre pendant quatre années au moins de l'invasion des fourmis et autres insectes destructeurs, sans obliger à répéter le même procédé pendant ce même laps de temps. »

Destruction des pucerons et des fourmis. — « Les pucerons et les fourmis sont un des plus grands fléaux qui puissent atteindre les arbres fruitiers. Un agriculteur, membre de la Société de Vaucluse, a découvert un moyen simple et peu dispendieux de les détruire.

« Une plantation considérable de pêchers était tellement attaquée par ces insectes, qu'il ne pouvait parvenir à les en débarrasser, malgré tous les moyens employés pour les détruire. Il imagina d'essayer l'*eau de savon,* et le lendemain ces arbres furent complètement délivrés de ces parasites.

« Son procédé consiste à faire dissoudre un hectogramme environ de savon dans un litre d'eau et à en lotionner avec un pinceau toutes les parties des arbres attaquées par les pucerons. »

— Voici un autre procédé des plus économiques au moyen duquel on débarrasse non-seulement les végétaux, mais encore les animaux, des insectes qui les dévorent (1).

« Dans un litre d'eau, on met à dissoudre tout au plus un gramme d'aloès : cette substance est à très-bas prix. Au moyen d'un gros pinceau ou d'une brosse, on lotionne soit les troncs et les rameaux des arbres, soit le cuir des animaux. Quant aux moutons et aux bêtes à long poil, on les immerge dans un bain de cette dissolution. La même eau sert jusqu'à épuisement. Elle sert aussi à immerger les semences, les échalas, les tuteurs et les lattes d'espaliers, et l'on arrose avec ce qui en reste les plates-bandes qui sont infectées de lisettes, de limaces, etc.

Destruction du tigre du poirier. — « Laver et asperger l'arbre avec le mélange suivant : Eau de lessive, 2 kilos ; savon noir, 500 grammes ; chaux vive, 1 kilo. »

Prairies naturelles.

Leur arrosage se pratique, pour celles voisines du groupe Notre-Dame, par un déversoir

---

(1) Au Refuge, le remède n'a pas raison de se pratiquer, parce que le mal ne se produit pas. Nous avons dit avec quel soin l'on y entretient les animaux dans une propreté constante.

des 2e et 3e fosses mélangées. Le liquide coule par irrigation à travers la prairie que, de temps à autre, il inonde en nappe.

Les prairies plus éloignées participent au régime de ces eaux fécales, par transport en barriques.

Celles à trop grande distance ne se trouvent pas mal des fumiers de la porcherie, plus ou moins facilement charroyés. — Ce fumier a l'avantage de communiquer et de maintenir une grande fraîcheur.

Terres labourables.

Le sol qui convient le mieux à la culture du maïs, celle qui va faire l'objet de notre examen ici, est le sol léger, assez profond et humide, sous l'influence d'un climat excitant, d'une température chaude.

Dans un sol trop substantiel la plante se développe surtout en herbe, au détriment des grains plus rares alors, moins nourris.

Une humidité stagnante serait plus nuisible encore au progrès du sujet, puisqu'elle lui deviendrait mortelle.

Ces observations préliminaires posées, passons au fait cultural.

Se présentent d'abord les façons à donner.

Les façons que comporte la terre arable sont, on le sait, d'une importance extrême, et vulgariser les bons procédés est d'intérêt majeur pour l'économiste agricole. C'est pourquoi nous nous permettrons d'entrer ici dans quelques détails sur ce qui se passe au domaine du Refuge.

Le labour se fait de la mi-mars à la fin d'avril. Il y est procédé comme partout. On herse au fur et à mesure du labourage.

A l'opposé d'un usage assez général, on laisse la terre se reposer alors afin que les herbes se pourrissent en la bonifiant.

Dans le courant de mai l'on ensemence, après avoir hersé de nouveau et creusé les sillons.

On procède par fosses à maïs distantes de 0,80 c., et par lignes transversales à 0,60 c. les unes des autres. Ce système est le meilleur, parce qu'il laisse chaque année sans emploi, autre que les récoltes dérobées, une grande partie du sol, dans laquelle on peut, l'an suivant, pratiquer la culture maïsique sans fatigue pour le terrain, sans diminution, en qualité ni quantité, dans le produit (1).

Ce mode d'assolement est fort rationnel, puisqu'il ne laisse jamais la terre improductive.

Les jachères sont inconnues au domaine du Refuge.

(1) En maintes localités, l'espacement entre les jambes de maïs est de 0,50 c. carrés : il est impossible alors, sans engrais considérables, d'exiger de ces terres sableuses, de bonnes et nombreuses cultures intercalaires ; difficile même d'espérer un aussi beau produit en maïs.

De plus, le même champ peut toujours recevoir la même culture, sauf la transposition des espèces, bien que le maïs, celle de ces espèces qui y figure en premier ordre, soit extrêmement épuisant, épuisant au point de ne permettre, là où de pareils soins restent inobservés, le retour de la céréale que par annuités fort distantes parfois les unes des autres.

Le système de la rotation des cultures ou succession des végétaux, est, d'ailleurs, généralement pratiqué partout, mais non partout de la même manière.

A chaque sillon l'on creuse, à une profondeur relative, selon que la terre est forte ou légère, autant de trous que de pieds de maïs.

Dans chaque trou, l'on dépose une poignée d'engrais du Refuge, que l'on saupoudre de terre.

Puis, on sème.

L'outillage vient ensuite, par le renversement des sillons, couvrir le grain.

— C'est, comme l'on voit, un vrai travail de Bénédictines.

Cinq jours après, on promène la herse afin d'unir le terrain et de donner au maïs la facilité de sortir. — Cette opération est dite *découvrir le maïs*.

Le sol ainsi amendé, c'est-à-dire approprié par culture et addition de substance fertilisatrice, au genre de production voulu, la main de l'agriculteur attend, avant d'agir à nouveau, le premier résultat des semailles.

Le maïs une fois hors de terre à 0,10 c. environ, on passe un outil pour le chausser, et, à 0,30 c., on repasse de nouveau pour préparer le piochement.

Le même soin se réitère une troisième fois, lorsque la tige a atteint sa hauteur habituelle avant la formation de l'épi.

L'épi formé, et la paille étant mûre, on rabat cette paille à 0,10 ou 0,12 c., selon les sortes de maïs, au-dessus du nœud d'attache de l'épi, afin de ménager à celui-ci un tuteur naturel fort utile en ces parages venteux.

Cette précaution est assez particulière à la contrée, et nous la recommandons aux cultivateurs étrangers. En général, ils font la coupure à l'aisselle même de la feuille du fuseau, lequel reste suspendu ainsi, sans protecteur, à la merci de toutes les éventualités.

La feuille même, on la détache et la réunit en un petit faisceau appendu quelques jours à l'aiguille de paille réservée au-dessus de l'épi, pour l'y faire se dessécher.

Un mois ensuite, vers la fin de septembre, quand les feuilles jaunissent et que les enveloppes vagissantes laissent entrevoir l'épi, commence enfin à se récolter le maïs, que l'on *dépouille,* selon l'expression vulgaire, c'est-à-dire qu'on le dévêtit, en grange, de sa tunique protectrice.

Tout n'est pas fini pour les gens intelligents, économes (et on l'est ici), le bas-de-jambe du maïs se coupe incontinent pour litières.

On l'expose à l'air et à l'abri pendant quelque temps, afin d'éviter la pourriture, puis on l'étale sous les animaux, après quoi on le jette au fumier, l'ayant utilisé une fois de plus ainsi, — pratique trop souvent négligée ailleurs.

La terre enfin, dépouillée de toutes ses richesses, conserve, comme témoignage de reconnaissance de la part de l'agriculteur, la racine de la plante, — engrais tel quel.

Nous avons négligé les opérations subsidiaires de la récolte du maïs, engrangement, égrenage, etc., parce que ces pratiques, à peu près conformes partout, ne devaient pas figurer dans un narré succinct où les faits principaux, ceux d'exception surtout, ont seuls place obligée.

L'emploi des récoltes faisant nécessairement partie des modes de culture, comme suite du même ordre d'idées, nous devons signaler l'utilisation si multiple du maïs dans toutes ses parties.

Au domaine Notre-Dame-du-Refuge, outre l'alimentation tirée de la céréale farineuse et de son fourrage vert, dont l'importance ressort de pages antérieures, ajoutons ici que les feuilles desséchées et les spathes (1) entrent dans la

(1) *Spathes*, bractées membraneuses qui entourent les parties de la fructification chez les graminées.

confection des literies pour oreillers, traversins et paillasses.

Le fuseau sec devient un combustible ou plutôt un engin à allumer le feu.

— Les besoins du Monastère ne vont pas au delà de ces usages, mais l'industrie commerciale a étendu bien plus encore les ressources à provenir du maïs.

Ainsi, les épis verts, après avoir été bouillis, peuvent être mangés avec assaisonnement quelconque ; de plus, ils peuvent être confits au vinaigre, à l'instar des cornichons, câpres, etc.

Du grain l'on extrait vinaigre même, alcool, eau-de-vie, boissons fermentées ; outre sa conversion, pour certaines parties, en gruau et pâtes diverses. Ce grain, torréfié, donne une liqueur qui a certaine analogie avec le café.

Dans la pulpe, on trouve l'élément d'un bon papier d'emballage, remarquable surtout par son imperméabilité.

La tige, par son liquide sirupeux, est susceptible de fournir une boisson très-agréable, du sucre même, et des plus substantiels, au moyen de certaines préparations, et lorsqu'on a eu soin, au préalable, lors du premier développement végétatif, d'arracher tous les épis qui soutireraient à la plante le principe sucré que nous venons de signaler.

Outre la production céréale, la culture du maïs offre un avantage de grand prix, en ce qu'elle permet d'autres cultures associées.

Donc, en même temps que l'on sème le maïs, on sème volontiers, entr'autres légumes, des haricots qui trouvent dans la tige de leur voisin une rame naturelle toute faite.

Puis, nous l'avons dit, le maïs végète promptement et n'occupe la terre que six mois au plus. Vers août, après les dernières façons, on sème le trèfle incarnat ou farouche, qui, l'automne ayant été favorable, succède immédiatement, comme prairie artificielle, à la récolte du maïs.

Les légumes cueillis, on peut faire pâturer dès lors, et tout l'hiver, cette pousse nouvelle, qui se reproduit continuellement jusqu'au mois d'avril.

Si on préfère la faucher, on attend le printemps.

Mais le fourrage sec est toujours d'une qualité inférieure.

Une troisième manière d'utiliser ce produit, serait de le vendre aux pasteurs qui viennent de la montagne.

Au Refuge, on le réserve aux vaches et brebis.

Malgré l'exigence de tous ces végétaux à suçoirs innombrables, le champ de maïs de Notre-Dame, en raison de sa puissance, voit, chaque année, sans trouble aucun, la main agricole fouiller son sein, le travailler et le dépouiller dans les mêmes conditions qu'il vient d'être raconté.

Il est à remarquer que le maïs dit *quarantain* se sème d'habitude après une récolte de seigle ou orge, vers le commencement de juillet, pour être cueilli fin septembre.

— Le sorgho à balai qui, habituellement dans la contrée, se produit comme emprise sous forme de bordure, ici reçoit aux champs Notre-Dame une culture par sole, espace assez considérable qu'expliquent les exigences de la Maison.

Toutes les parties de cette graminée, en effet, y sont fort utiles : la graine ovoïde et fine pour les poulets (1); la feuille pour le bétail; la tige pour clôture; la panicule rameuse enfin pour balai, — balai d'appartement toutefois, car les cours, étables, écuries, etc., ne connaissent que le balai de bruyère (*brande* et en patois gascon *brane*), beaucoup plus robuste ; celui de genêt est exclusivement réservé pour le nettoyage du four.— En raison sans doute de toutes ces ressources locales, on utilise peu ici le bouleau en balais, ainsi qu'on le fait dans beaucoup d'autres parties de la France.

Quant aux légumes de toutes sortes au champ, leur mode de culture est celui que nous

(1) **Elle est panifiable cependant.**

avons indiqué précédemment au jardin. — Le champ lui-même, il est vrai, par son admirable tenue, n'est autre qu'un vaste jardin.

Et l'on ne doit pas s'en étonner, vu les circonstances locales.

Partout ailleurs, les cultures signalées offrent des difficultés à raison surtout des nombreux travaux qu'elles exigent et de la main-d'œuvre, non-seulement très-coûteuse, mais encore malaisée à trouver, parce que ces travaux coïncident à la fois, et n'ont qu'une saison limitée, saison qu'il faut savoir saisir à point.

Ce qui, pour les autres, est un embarras, est ici un avantage.

Les travaux, en effet, s'exécutent tous, le labour excepté, par les Pénitentes et les Sœurs, — les Sœurs en tête, non-seulement comme surveillantes, mais comme actives compagnes à la tâche, pelle et pioche en action.

C'est une main-d'œuvre assurée, même imposée, puisque les Pénitentes et autres étant reçues par charité, on doit toujours, et en tout état de choses, les nourrir, les entretenir.

Sans entrer dans plus de détails sur les modes relatifs aux plantes potagères, nous terminerons par une remarque qui a bien son utilité.

C'est au sujet de la pomme de terre, la plus essentielle, la plus délicieuse aussi, selon nous, de toutes les espèces légumineuses.

Et ce, en vue de sa préservation contre la maladie.

On trempe, avant de l'enfouir, la semence de ce tubercule dans l'eau goudronnée et l'on a soin de récolter le produit aussitôt la fleur passée, par un temps suffisamment sec, sans attendre, comme le font la plupart, un retard qui favoriserait et propagerait la moisissure.

Nota. — Au Refuge comme ailleurs, et plus même qu'en certains domaines ruraux, à raison de la haute culture, qui exige beaucoup de fumier, le travailleur doit lutter contre des ennemis occultes qui, en terre, accourent à la rencontre des semences, des pousses nouvelles.

Entr'autres insectes rongeurs, la taupe-grillon, plus connue sous le nom de *barre*, tente ici ses attaques d'autant plus furibondes que l'appât y est séduisant.

Or, le barre est d'autant plus redoutable qu'il s'en prend au fond de la culture essentielle, aux céréales.

C'est là un sujet qui mérite de nous arrêter au passage, ne fût-ce qu'un instant, comme danger réel à conjurer sur notre route à travers champs.

— La courtillère ou courtillière ou courtilière, vulgairement appelée taupe-grillon, *grillotalpa* ou *gryllotalpa*, est du genre des orthoptères (1).

(1) Insecte à ailes droites.

Cet être participe des parents dont il porte le double nom : de la taupe par ses instincts, du grillon par sa forme et son organisation générale.

Il est familier de tous pays ; on le rencontre partout. En France, cependant, on n'en connaît, il paraît, qu'une seule espèce.

Fléau des champs, tout aussi bien que des jardins et courtils ou courtilles (1), l'envahisseur ruinerait de fond en comble un espace immense, si on ne l'arrêtait.

Or, de toutes plantes, celles par lui préférée, semble être le maïs.

Laissant de côté ses caractères scientifiques, sa physionomie parfaitement connue, occupons-nous aussitôt de ses mœurs afin d'arriver aux moyens de sa destruction, notre visée à cette heure.

La taupe-grillon se nourrit indifféremment de matières animales et végétales, de larves d'insectes et de jeunes lombrics (2), comme aussi de plantes tendres, et là surtout se porte la voracité du grillon, chez qui la conformation organique indique principalement le caractère herbivore.

C'est en terre que l'animal vigoureux va généralement chercher ses aliments, peu fait

(1) Vieux mot qui signifie grand jardin entouré de murs, et a donné son nom à l'intrus.

(2) Vers de terre.

d'ailleurs pour vivre dans l'air, mal ailé, sauterelle à peine.

Existence toute souterraine, à part quelques sorties, vers le soir, conseillées par l'instinct des amours, ou certains besoins d'alimentation.

En terre, donc, allons surprendre l'hôte redouté.

Sa chasse aux insectes ne nous importe pas essentiellement ici.

Reste sa recherche des racines, racines légumières ou céréales.

On reconnaît la trace du destructeur aux petits trous ou perforations de la terre, qui avoisinent fréquemment les pousses étiolées, maladives, dont il a attaqué la partie enfouie.

Aux terrains travaillés, bien cultivés, c'est-à-dire meubles et très-fumés, la taupe-grillon donne sa préférence.

Là, en effet, avec moins de labeur que dans un sol pierreux, sec ou compact, elle se pourvoit à loisir.

Avec des pattes tranchantes (celles antérieures), admirablement confectionnées en lames de ciseaux, le terrassier, qui va droit à la racine des plantes, se creuse des galeries ou sillons que l'on découvre tout aussitôt après avoir enlevé la couche superficielle du sol.

Ces conduits aboutissent à tous les points que veut l'animal pour ses excursions diverses.

Des lignes courbes aussi mènent à des

terriers, sortes de ronds-points ou plutôt d'ovalaires, nids que la femelle façonne avec solidité, avec art, pour l'heure de sa ponte ; les parois en sont remarquables par leur poli exempt de la moindre aspérité.

Fécondée par le mâle qui, en chantant, l'appelle à lui vers la chute du jour, la taupe-grillon dépose en juillet ses œufs, au nombre de trois ou quatre cents, dans cette chambrée, où elle les abandonne alors, les mûrant même pour les y laisser éclore un mois peut-être après.

A l'état de larves ou de nymphes pendant l'hiver, et changeant cinq ou six fois de peau, les nouveau-nés arrivent à l'état parfait, c'est-à-dire à leur développement définitif, au printemps suivant.

Que l'on juge le dégât à provenir d'une telle fécondité, s'il n'y était promptement apporté remède !

Que l'on juge des moyens d'action chez cet animal, tout à la fois curseur à l'œuvre de ses mines souterraines, sauteur à la superficie du sol, volatile au besoin !

Tous agissements semblent lui être possibles ; toute manœuvre est à la merci de sa volonté.

Et pourtant l'on rencontre des contrées où tout procédé de préservation est inconnu, lesquelles aussi se trouvent parfois ravagées impitoyablement.

Heureux de leur venir en aide, nous nous

13

empresserons d'indiquer à ces régions la découverte faite au Refuge et pratiquée à coup sûr, pour se débarrasser de cette vermine occulte, innombrable, terrible.

Cette découverte est des plus simples comme pratique, des plus économiques comme composition :

Verser tout bonnement dans les fissures, du savon (gros savon noir) étendu d'eau, dans la proportion de un litre d'eau contre cent grammes de savon.

Ce mélange est, il paraît, un poison pour l'insecte qui, aux premières gouttes, s'émeut et bientôt sort de son habitat, se montrant à la surface du sol, où l'on s'en rend maître, où on le tue.

— Un mode de destruction plus expéditif encore est celui-ci :

Enterrer à fleur de terre un pot à résine (du coût de 5 à 6 cent.), dans lequel on répand un tiers ou un quart d'eau. L'animal, attiré par la fraîcheur, descend au fond de ce vase, dont le vernissage intérieur ne lui permet pas de remonter au dehors.

On multiplie ces récipients selon les besoins et l'on arrive ainsi à débarrasser toute une contrée des animaux qui vont d'eux-mêmes à leur perte.

— Autre manière :

Pratiquez en terre une fosse carrée de

25 centimètres profondeur sur 30 centimètres environ superficie, et remplissez-la de fumier.

Bientôt, du soir au lendemain matin souvent, vous trouverez les barres blottis dans ce traquenard, où ils sont venus chercher la chaleur l'hiver, la fraîcheur l'été.

Il est bien entendu que ces fosses peuvent varier de dimension comme de nombre, selon l'étendue ou l'exigence du sol à purger.

Saint-Bernard.

Là est une culture nouvelle, spéciale à la Communauté d'Anglet : la culture des sables.

Le quartier Saint-Bernard, à ce point de vue, devient le plus intéressant de l'œuvre.

Les sables ont une méthode de cultivation à eux propre, et différente de celle des terres.

La prairie, soit naturelle, soit artificielle, se traite de la manière suivante :

A l'aide de l'arrosage au purin, administré l'hiver préférablement, afin d'éviter l'évaporation de l'été, on est sûr d'obtenir au printemps les herbes d'une prairie riche en qualité comme en quantité.

Grâce à ce même arrosage et aux fumures d'engrais du Refuge, on peut espérer aussi les plus beaux rendements en céréales, légumes, etc.

L'hiver, de la Toussaint à Pâques, on prépare, en vue de ces productions, le terrain avec ledit engrais, tantôt par couches, tantôt par enfouissement dans les sillons, tantôt au pied de chaque plante, selon les espèces productibles.

On s'abstient alors du purin, comme l'été on doit s'abstenir du fumier pour les productions de l'été, ainsi que nous le dirons tout à l'heure.

De plus, les sables exigent d'être soigneusement sarclés.

Ces préliminaires établis, on cultive les céréales dans les sables, d'après les errements signalés plus haut à l'endroit de Notre-Dame.

Seigle, orge, avoine, froment, maïs, etc., tout peut être réalisé alors, même avec des récoltes intercalaires : haricots, choux et navets, au champ de maïs.

Une remarque a été faite ici, c'est que le petit maïs, dit maïs quarantain, vient de préférence dans les sables, sans que, toutefois, le grand maïs s'y trouve trop mal à l'aise.

Comme dernière observation au sujet du maïs, soit à Saint-Bernard, soit à Notre-Dame, il faut ajouter que le maïs étant une plante d'été, puisqu'elle végète de mai à octobre, on n'a point voulu, au Refuge, de haies quelconques, ni murs surélevés, afin de favoriser dans les champs l'introduction et la circulation de l'air, si nécessaire à ce produit qui, avec ses larges feuilles, concentrerait la chaleur à son grand détriment, s'il n'y était pourvu par une humectation relative.

Un mot des légumes, dont nous avons succinctement relevé déjà la série.

On provoque et détermine leur production au moyen du purin versé l'été, saison pendant laquelle se dessécherait trop vite l'engrais du Refuge, sans profit de ses sucs pour la terre.

Le purin, l'été, a l'avantage précieux de tenir les racines toujours fraîches et de les fertiliser dans ces sables brûlants.

Si l'on veut économiser l'engrais, ou si l'on en manque, on laisse reposer les sables pendant une couple d'années. Une couche de gazon y a poussé alors, on la retourne à la charrue et sa pourriture communique au sol une fertilité et une fraîcheur qui permettent de récolter les plus beaux légumes. — Cette observation est commune à la culture du maïs.

Elle n'a pas sa raison d'être au Refuge, vu l'abondance des engrais.

Le semis des pommes de terre, qui se fait d'habitude en mars et avril, peut se renouveler dans les sables (non sur le même terrain, bien entendu) fin d'août, pour être soumis aux humectations de l'automne et récolté en novembre, vers la Saint-Martin.

Ce mode si profitable, puisqu'il réalise deux récoltes successives, est assez en usage à Saint-Bernard.

Nota. — « Le frère Bernardien, professeur de botanique au pensionnat des frères de Reims, vient de découvrir un nouveau moyen de reproduction de la pomme de terre, qui, paraît-il, réussit complètement. Il fait de la pomme de terre avec les tiges de ce délicieux tubercule.

« Voici son moyen de procéder :

« Aussitôt que le plant a percé la terre, en donnant une végétation extérieure de dix à quinze centimètres de hauteur, il détache les tiges de la branche mère, et il les repique ; le bouturage est fait et la pomme de terre aussi, car l'extrémité inférieure de la bouture ne tarde pas à former en terre un petit bourrelet au-dessus duquel naissent et s'allongent des racines semblables au germe du tubercule, qui donnent de belles et bonnes pommes de terre.

« On dit avec raison que cette découverte a un grand intérêt pour les jardiniers, qui peuvent ainsi quadrupler le rendement des variétés nouvelles qu'ils n'achètent qu'en faible quantité, à raison de leurs prix élevés. »

Les vignobles ne pouvaient manquer de figurer à Saint-Bernard, cultivés qu'ils ont été, de temps immémorial, dans les sables d'Anglet.

Le vignoble s'y forme par sillons à la charrue, puis on plante le pied des sujets.

Quant à leur gouverne, on suit les errements accoutumés.

Cette culture s'allie, au Refuge, avec la culture potagère, pratiquée dans les interstices non boisés. De cette sorte, elle profite des fumures données aux légumes, et dont la vigne s'assimile les sucs, après que les eaux pluviales les ont infiltrés dans les sables.

On a soin de tailler la vigne, en la saison voulue, plus court dans les sables que dans les terres.

Elle y profite d'autant plus.

C'est le résultat d'une expérience certaine.

Nota. — De même qu'à Notre-Dame nous avons constaté la présence d'hôtes indiscrets, parasites, qui annihileraient le travail du cultivateur s'il n'y était prévu par une expulsion vigoureuse, à Saint-Bernard aussi nous verrions les récoltes compromises, dévorées par des insectes de la pire espèce.

Parmi ces calamités, signalons la larve, à sa troisième année, de l'animal appelé lucane (*lucanus* ou *lucana*), genre des coléoptères (1), section des pentamères (2), famille des

---

(1) Insectes à ailes protégées par des involucres écailleux.

(2) Insectes à tarces de cinq articles.

lamellicornes (1), tribu des lucanides (2).

Les traits physionomiques du lucane ou cerf-volant (*lucanus cervus*) sont trop connus pour qu'il soit utile de les rappeler ici. Qui de nous, enfant, n'a pas admiré, utilisé même pour ses jeux, les cornes (mandibules arquées et dentelées en scie) du lucane mâle, qu'à la promenade on rencontre dans les bois et que l'on apprivoise facilement ?

Les lucanes offrent à l'œil, comme larves et comme nymphes, beaucoup de rapports avec les hannetons, autre fléau de la culture maraîchère et céréale.

La larve enroulée du lucane est cependant plus considérable que celle du hanneton ; elle vit quatre ou six ans au lieu de trois.

A l'état parfait, les deux espèces se distinguent de prime-abord, chacun le sait.

Le cerf-volant se nourrit de feuilles et aussi des liqueurs suintées par la crevasse des arbres, des chênes préférablement ; aussi habite-t-il volontiers les chênaies, bien qu'on le rencontre assez fréquemment dans les bosquets, dans les avenues d'essence autre encore, — l'avenue de peupliers qui avoisine le verger St-Bernard en fait preuve.

(1) Insectes à antennes, c'est-à-dire cornes ou filets de neuf ou dix articles, dont les derniers sont réunis en forme de petites lames.

(2) Insectes de la tribu des coléoptères, mais à caractères spéciaux.

Dans la journée, le lucane reste attaché au tronc des arbres, d'où, le soir, il prend son vol.

On sait de quelle façon il use de ses mandibules énormes, soit pour appréhender et pincer les objets, soit pour porter des poids considérables. — Mandibules qui se bifurquent, nous l'avons dit, à leur extrémité, avec une dent saillante vers le milieu, et un bord crénelé, véritable bois de cerf, en effet.

La femelle, dite biche, ne porte cet appendice qu'en proportions infiniment réduites.

Elle dépose ses œufs dans le tronc des arbres vieux où ils éclosent pour, la larve, descendre aussitôt en terre, soit stationnaire au pied de l'arbre même, soit voyageuse jusqu'à l'étape la plus propice à sa subsistance.

D'habitude, la larve ne quitte sa proie qu'après l'avoir consommée, réduite à l'état de tan, et c'est ainsi que l'on voit, au bout de peu de temps, s'abattre les plantes et arbustes, asperges et vignes principalement, dont elle a fait choix.

C'est pourquoi il est bon, aussitôt que s'annonce la souffrance du végétal, de fouiller la racine où s'est attachée la bête, pour en extraire celle-ci et l'exposer à l'air nu, à l'air vif, où reste inerte pour crever bientôt, l'insecte, car il n'est point suffisamment organisé encore, sa métamorphose n'ayant même pas été opérée en nymphe, qui doit subsister un certain temps dans une coque boiseuse, en vue d'une consolidation organique nécessaire à l'état parfait. — Ce moyen fort simple est celui généralisé au Refuge.

Dans les sables aussi se rencontre la larve du hanneton, dite ver blanc ou man, dont nous avons parlé.

C'est au pied des ceps de vigne qu'il est plus fréquent de le surprendre.

Ses mœurs diffèrent de la larve du lucane, surtout en ce que la larve du hanneton se groupe, se cantonne par centaines, par milliers.

Aussi est-elle plus facile à détruire, surtout aux champs, où elle se répand à profusion, par un labour, un fort hersage, qui la rejettent à la superficie du sol où la recueillent en l'écrasant, soit la main de femmes, comme au Refuge, soit la dent d'animaux qui en sont friands, de chiens notamment.

Si le premier mode est adopté, on laisse à la terre le charnier comme engrais excellent.

On peut aussi attaquer le ver blanc dans son repaire même par la naphtaline, résidu cristallisé des usines à gaz, et cela, sans préjudice, dit-on, pour le végétal.

Quant au hannetonnage, le bec de certains oiseaux (qu'il faut respecter *ad hoc*), ou la main de l'homme peuvent en faire justice aisément.

Les arbres fruitiers prospèrent admirablement à Saint-Bernard, entr'autres les pêchers, figuiers, pommiers, etc.

L'abricotier, le pêcher, le brugnonier et le noyer y viennent de préférence par semis (ils n'y viennent guères bien qu'ainsi), par la raison que le semis donne à la racine de l'arbre plus de force, la tige ne préexistant pas, pour s'enfoncer et pivoter dans le sol.

Le verger se plante en lignes séparées par des plates-bandes de trois à quatre mètres, et, dans ces plates-bandes, comme dans les espaces libres du vignoble, se cultivent les légumes.

Ainsi qu'il a été fait observer pour la vigne, les eaux pluviales pénétrant dans les sables, entraînent avec elles une partie des sucs fertilisants de l'engrais et l'apportent aux racines de l'arbre fruitier qui la rend en beaux et bons fruits.

C'est ici le moment de répondre à une observation que l'on n'a pas manqué de faire sans doute et qui nous paraît assez naturelle : Saint-Bernard n'est pas la seule région sablonneuse où se pratiquent des cultures.

— Cela est évident et, pour sauvegarder le mérite d'initiative dont notre livre prend à cœur la cause, nous ferons remarquer que ces autres régions où se rencontrent une végétation potagère, une végétation viticole (les deux seules à peu près), se révèlent dans des conditions bien différentes.

En effet, sur le littoral même, près des eaux, les sables hument les exhalaisons marines si fertilisantes ; ils s'imprègnent de sels précieux, de varechs, d'algues, etc., de toutes sortes.

C'en est plus qu'à suffire pour déterminer une précocité dont certaines criques voisines ont le monopole.

Tout aussi hâtives, les primeurs du Refuge sur un sol distant déjà de deux kilomètres de l'Océan, et privé des mêmes éléments nutritifs par des accidents de terrain, par des rencontres forestières, les primeurs du Refuge, comme la supériorité générale des produits de toutes espèces, ne doivent leur raison d'être, dans les sables, qu'aux moyens dont M. Cestac reste le promoteur, savoir, outre les modes spéciaux de culture, etc., les deux recettes suivantes :

1º Jeter et laisser séjourner une huitaine, quantité voulue de sable sec (bien sec) dans la fosse d'aisances.

L'en retirer après ce délai, pour le donner à la terre, soit par trous pratiqués, soit superficiellement, selon le genre de culture : légumes, céréales ou prairies.

Rien de plus simple assurément, rien de plus économique non plus.

Comme surcroît de bonification cependant,

un mélange de fumier ne gâte en rien l'assaisonnement. Mais il n'est pas nécessaire et le sable seul, dans ces conditious, est aux sables ce que l'engrais ordinaire est aux terres.

Ce sable a pour effet principal d'entretenir au pied des racines une fraîcheur permanente, tout en leur communiquant une activité fertilisatrice des plus puissantes, toute souveraine.

— C'est la fertilisation du sable par le sable lui-même.

2º Creuser une fosse de proportion relative (chaque agriculteur selon les besoins de sa consommation) ; prendre une fourchée de bruyère, bruch, feuille de pin, chiendent même, si difficile à convertir par lui-même, de soutrage quelconque, en un mot, tremper dans du purin, puis déposer dans la dite fosse, couche par couche, empilée chacune, pressée à l'extrême. Recouvrir la superficie du tout d'une couche de sable arrosée elle-même de purin, afin de ménager au-dessous une fraîcheur propice.

A peine quelques jours, cinq ou six peut-être, suffisent pour convertir ce dépôt en un fumier de la meilleure espèce, exhalant déjà une fumée qui prouve sa transformation complète.

(Cette seconde recette est applicable aux terres ordinaires, de telle nature qu'elles soient).

Les deux recettes, qu'on peut utiliser en en toutes saisons, hiver et été, sont bien supérieures au guano, comme plus substantielles, plus nutritives.

— En ce qui concerne les terres ordinaires, militent, comme on l'a vu, en faveur de l'initiative agricole de M. Cestac : d'abord le fumier d'étable varié ou saturé des fumiers de lapin, de volailles, de porcs, de chevaux, formant un tout d'une grande richesse, y compris leur bonne tenue sous les animaux, dans la confection des meules et à l'heure de l'ensemencement ; puis les vidanges divisées en trois catégories pour les arrosements généraux, pour les fumures locales, et enfin pour la manipulation des terreaux mélangés, formant des composites d'une immense valeur.

Puissent ces révélations profiter à tous, comme elles ont profité au savant expérimentateur lui-même, ainsi que nous allons le voir.

Car, nous voici arrivés à la Production, qui est le dernier terme de toutes les combinaisons, le résultat final de tous les travaux.

§ 6.

PRODUCTIONS.

On le comprend, nous ne pouvons enregistrer ici que sommairement l'excellence des productions réussies, mais non le détail de toutes les espèces.

Cette indication, bien que relativement succincte, suffira au lecteur agronome que le paragraphe précédent a initié déjà aux nomenclatures de la productivité.

Notre-Dame.

Jardins.

Les deux jardins de Notre-Dame et le jardin St-Jean-Baptiste (celui-ci comme annexe de ceux-là), produisent indistinctement bien légumes et fruits : quantités, qualités s'y rencontrent pour toute variété possible.

Comme légumes, peut-être, y a-t-il lieu de citer entre les plus remarquables, pommes de terre, haricots et choux de toute espèce.

Comme fruits, la poire, soit d'été, soit d'hiver, pommes, raisins, pêches, etc.

Des plants de fraisiers se distinguent à Saint-Jean-Baptiste tant par leur étendue que par la qualité des produits : fraises-ananas de la plus belle qualité.

Prairies.

La prairie naturelle donne habituellement trois coupes magnifiques d'herbe excellente. On pourrait même la faucher une quatrième fois, si on ne réservait le regain sur pied comme pâture pour les bestiaux, les volailles.

Pas de prairie artificielle à Notre-Dame.

Labours.

Sans parler des autres céréales, le maïs, qui constitue ici la base des cultures, est supérieur surtout par sa finesse.

Comme rendement, on peut citer jusqu'à 50 hectolitres par hectare.

La physionomie de la plante ne dément pas cette assertion quand on la voit s'élever, superbe et forte, sur une tige de 2 mètres avec deux ou trois têtes, cette dernière n'arrivant pas toujours, il est vrai, à son entier développement; sans être frustre, pourtant, d'une façon absolue.

Du reste, la commune d'Anglet, tout entière, est renommée pour la beauté, pour la qualité de ses maïs, qui souvent font prime sur le marché.

Mais tout champ, en ces lieux, n'a pas le privilége de donner, comme au domaine Cestac, simultanément avec le maïs, quatre produits en outre : haricots, navets, herbes et trèfles, c'est-à-dire cinq produits au total. Une pareille fécondité ne peut être espérée qu'en retour d'un labeur immense et incessant, qu'en retour de sacrifices considérables comme engrais.

Entre les légumes de plein champ, se font remarquer les citrouilles dont le poids atteint quelquefois 50 kilos, tout en offrant une chair jaune des plus délicates.

La pomme de terre y est, comme au jardin,

des plus farineuses et d'un goût exquis. Son abondance est souvent prodigieuse : 6 arpents ont donné 280 hectolitres.

Le navet, sans sa feuille, pèse jusqu'à 6 kilos.

Le chou est énorme aussi et fort tendre. Sa multiplicité n'est pas moins étonnante : un champ de 5 arpents a donné 32,216 têtes.

Saint-Bernard.

Jardin.

Dans ces sables, aussi généreux que les meilleures terres, grâce aux moyens énumérés cidevant, on obtient en légumes des qualités exceptionnelles.

Là poussent à l'envi, dans une exubérance incroyable, choux, choux-fleurs, haricots, oignons, poireaux, piments épicés, piments doux, petits pois, asperges, radis, salades, fraises, citrouilles énormes et giraumonts. Nous avons vu l'un de ceux-ci (moindre en volume cependant que ses cogénères) (1) mesurer jusqu'à 1 mètre 50 de contour, avec une chair fine et sucrée à l'excès, se conservant jusqu'à Pâques. Les tomates y sont recherchées même pour confiture.

(1) *Giraumont* ou *giraumon*, espèce du genre citrouille (courge).

Les farineux surtout excellent à Saint-Bernard, à l'abri, d'ailleurs, de toute maladie. La pomme de terre y est incomparable.

Chacun de ces produits est l'objet d'un soin particulier, tout spécial.

On n'y a introduit que les meilleures sortes.

La précocité de ces productions a droit d'être mentionnée ici : à la suite d'hivers favorables, on cueille, en parfaite maturité, dès la fin de février, asperges et petits pois.

Prairies.

On compte deux coupes pour la prairie naturelle et trois au moins pour la prairie artificielle.

La luzerne surtout prospère dans ces sols sablonneux, où plongent et pivotent à l'aise ses racines.

Labours.

Des céréales, les mieux venantes sont le seigle et le maïs, le petit maïs quarantain notamment, ainsi que nous l'avons fait observer.

Non que l'autre maïs n'y prospère aussi, car nous avons vu là (au jardin et comme spécimen), des tiges de celui de Pensylvanie, le plus difficile de tous, porter jusqu'à cinq épis, dont quatre en voie de maturité, à récolte certaine.

Or, et ceci est une remarque essentielle, les deux rangs de maïs dont nous venons de parler et qui se sont offerts à notre regard, le 6 août 1873, avaient été semés vers le 20 mai. Au bout de deux mois et demi, quelques pieds avaient atteint une altitude de 3 mètres et une périphérie de 0,10 c., outre la dimension prodigieuse de leurs grappes dorées, à 25 c. de pourtour, y compris l'involucre, qui annonçaient un rendement farineux considérable (10 rangs à 50 grains chaque); outre leurs feuilles de 0,12 c. d'envergure sur 1,15 c. de prolongement.

De quels soins, aussi, avait été entouré ce phénomène des sables, maximum de la production en toutes terres, en tous pays! Il fallait voir quelle sollicitude sauvegardait la plante contre les chaleurs tropicales de cet été 1873! comme sa racine devait rester fraiche constamment sous une couche suffisante de feuilles de pin!

Je restai ébloui par la magnificence de cette production agricole.

— Le sorgho sucré se développe admirablement aussi dans ces sables St-Bernard, si chauds, si bien excités et par l'engrais et par l'air ambiant, avec l'équilibre intelligent d'une humectation proportionnelle.

Vignoble.

Le raisin a toutes les qualités habituelles du raisin de sable, des sables d'Anglet entre autres.

Verger.

Les bonnes sortes semblent rivaliser entre elles : pêches et brugnons, abricots, figues, noix de premier choix. Les pommes rappellent assez la Normandie par la finesse de leur chair, par leur goût exquis.

Les poires ne présentent pas ces qualités ; elles sont même très-médiocres dans ce terrain qui n'est pas suffisamment substantiel pour l'arbre.

Groseillers de toutes espèces sont de très-belle et bonne venue.

A part les arbres fruitiers, se comportent fort bien dans ces sables les essences les plus variées : mûriers, peupliers, trembles, acacias, platanes, marronniers. On voit même des avenues entières de ces arbres divers.

Un traité d'agriculture, ou du moins relatif à l'agriculture, quelque succinctement qu'il plaise de le libeller, ne saurait être complet sans l'exposé du bétail, l'un des éléments essentiels, partie intégrante de toute exploitation rurale.

Aussi prions-nous le lecteur de vouloir bien reporter son souvenir sur l'inventaire des animaux à poil, à laine, à plumes, qu'il a rencontrés lors de sa visite aux étables, clapier, poulailler, etc., faisant partie des bâtiments Notre-Dame (lettre VI).

Et ce souvenir trouve place naturellement au paragraphe des Productions, puisque les aumailles, comme la gent porcine, celle lapine, celle ovine et celle galline, sont substantées exclusivement par les produits de la terre, terre qu'en retour elles substantent de leurs détritus — échange incessant, loi admirable du renouvellement perpétuel des êtres, des mondes.

Ce sont donc là de véritables productions du sol, bien que indirectes ou médiates, productions qui comptent elles-mêmes, pour la plupart, des sous-productions dans le rendement du lait, des œufs, etc.

Après avoir raconté aussi méthodiquement que possible, sur quoi l'on produit, avec quoi l'on produit, comment l'on produit et ce que l'on produit au domaine monastique, nous répétons avec plaisir que ce travail est dû à l'initiative de simples femmes, mais femmes intelligentes et vaillantes, chez lesquelles tout bras fournit à la peine, toute chose fournit au contingent, c'est-à-dire chez lesquelles nulle n'est oisive, rien n'est inutile.

Qui maintenant refuserait à la colonie agricole d'Anglet, comme couronnement de ses œuvres, rehaussé par la main de la Charité, une part d'éloges assez grande, une gratitude légitime !

Pour qui hésiterait encore, qu'il nous soit permis de citer les appréciations si justes, à ce même point de vue de l'impulsion agronomique, résultant du rapport fait, en octobre 1871, au Conseil Général des Basses-Pyrénées, par M. le Préfet, — M. le marquis de Nadaillac :

« Vos préoccupations, Messieurs, se sont constamment portées sur l'agriculture, non-seulement parce qu'elle est l'industrie la plus productive du département, mais surtout parce qu'elle est le point de départ de toutes les améliorations et la base la plus solide de la prospérité vraie et durable du pays.

« .... Il reste encore bien à faire pour utiliser dans le département vos riches terres d'alluvion et vos belles prairies. Il faut arriver à un système d'assolement, à des méthodes de fumure plus en rapport avec la science moderne et diminuer par là le prix de revient du blé.

« Il faut multiplier les canaux d'arrosage, changer les contrats de métayage en baux à ferme, améliorer peu à peu par un choix de reproducteurs bien adaptés au pays et votre race de bestiaux et votre race chevaline d'antique renom. Ce doit être là l'œuvre persévérante des associations agricoles. C'est par les conseils, par les exemples de leurs membres, qu'on imprimera à l'agriculture du pays l'essor qu'il est capable de lui donner. Etc. »

LETTRE VIII.

SYLVICULTURE.

Historique des Dunes de Monbrun. — Pignada de Saint-Bernard : Création de la forêt, Physiologie du pin maritime, Exploitation. — Annexe de l'exposé sylvicole.

LETTRE VIII.

SYLVICULTURE.

Historique des Dunes de Monbrun. — Pignada de Saint-Bernard : Création de la forêt, Physiologie du pin maritime, Exploitation.— Annexe de l'exposé sylvicole.

Avant d'expliquer la Sylviculture au Monastère d'Anglet, il est à propos de dire un mot sur l'état primitif des dunes, où elle se produit aujourd'hui si belle et si riche.

Les difficultés de cette production forestière, comme son utilité régionale, ressortiront d'autant mieux de notre exposé.

§ 1.

HISTORIQUE DES DUNES DE MONBRUN.

Et d'abord soyons fixés, si vous le voulez bien, lecteur, sur l'étymologie, par suite, sur l'orthographe du mot *Monbrun,* que l'on trouve çà et là écrit de toutes façons.

Les dunes, qui vont faire l'objet du présent paragraphe, tirent-elles leur nom de la configuration du sol et de son coloris : — *Montbrun ?*

L'ont-elles emprunté de la maison qui le porte sur place et que nous aurons occasion de rencontrer bientôt ; laquelle l'avait reçu elle-même, comme patronymique, de l'un de ses auteurs, ainsi qu'il est d'usage dans ce pays : — *Monbrun,* alors ?

En un mot, les dunes ont-elles donné leur nom à la maison ?

Est-ce la maison qui a donné son nom aux dunes ?

Voilà deux questions, dont nous avons demandé solution et aux écritures et à la tradition.

C'est avoir beaucoup fait, direz-vous, pour peu de chose.

Il est vrai.

Mais, que voulez-vous ! l'humeur de l'étymologiste est assez obstinée, têtue par elle-même ; puis elle attend récompense à la découverte de la vérité.

L'étymologiste, en effet, ne cherche pas seulement dans l'origine d'un nom, le plaisir d'une vaine curiosité ; là est souvent pour lui, là est presque toujours la révélation d'un fait ou historique ou caractéristique, et le point de vue alors en vaut la peine.

Quand il s'agit d'une orthographe variable,

surtout à propos d'un lieu public à écrire, à narrer maintes fois, la recherche mérite bien plus d'initiative, bien plus d'attention encore, et le secret à divulguer devient un privilége assez séduisant.

Des manières diverses d'orthographier les dunes, nous avons cru devoir nous arrêter à la dernière, comme à la plus probable, la plus vraie sans doute, sinon la plus poétique.

Voici pourquoi :

D'abord les actes authentiques, transmissifs de propriété, portent invariablement *Monbrun*.

Puis, et ceci confirme le mode de rédaction ci-dessus, un des premiers possesseurs du petit domaine, le premier même, advenu des Hautes-Pyrénées en ces parages, il y a un demi-siècle peut-être, était, dit la chronique, (1) de visage assez fortement teinté, basané, cuivré à outrance, d'où le surnom, pour l'étranger, de *Monbrun*, qui fut transmis à sa nouvelle demeure et au périmètre de celle-ci.

Cette version trouve créance dans la suscription même d'un poteau indicateur sur lequel on lit aujourd'hui encore : *Route de mon brun*.

Le pinceau a rendu dans toute sa crudité physionomique le dire populaire.

---

(1) Ma principale autorité en ce récit, est un vieillard octogénaire, contemporain et témoin des faits.

Le pronom et l'adjectif ayant eu toute raison de se confondre dans un seul mot, le sobriquet est ainsi passé du maître au logis, par extension à tout le voisinage, voisinage auquel les anciens de la contrée ne connaissaient primitivement aucune appellation propre.

De plus, ainsi qu'il advient souvent ici, la maison a conféré aux successeurs du moricaud, son nom *Monbrun,* soit comme annexe de le leur dans les actes officiels, soit comme sobriquet exclusif dans le langage vulgaire. Or, cette dernière circonstance nous semble encore assez concluante.

— Enfin, si nous nous sommes trompé en l'exploration étymologique, nul n'est forcé de suivre notre voie.

Comme toutes celles du littoral océanien, de la Gironde à l'Adour, où elles figurent une bande de 240 kilomètres de longueur sur 3 à 12 de largeur (1), les dunes de Monbrun qui, sur la commune d'Anglet, en continuent l'extrême pointe, forment une succession de monticules sablonneux, ainsi que l'indique leur nom même, tiré du celtique *dun* ou colline.

A partir d'Anglet, lieu dit la *Chambre-d'A-mour,* règne, à part quelques landes, un plateau

---

(1) La moyenne est peut-être aujourd'hui de 5 à 6 kilomètres. Cette mesure d'ailleurs se modifie chaque jour par les conquêtes de l'homme et les alternatives de la mer.

de terres cultivées (marne et argile), jusqu'à l'embouchure de la Bidassoa, c'est-à-dire jusqu'aux montagnes d'Espagne.

Ces dunes se composent d'un sable quartzeux, mobile, dépourvu de végétation, a dit un géologue éminent, et dans leur composition générale entre, de plus, le grès, le cristal de roche, ainsi que les jaspes, agathes et certaines éjections volcaniques même (1), scories dont on fait un verre très-estimé.

Elles sont dues à l'influence des vents Nord, Nord-Ouest, vents régnants sur ce littoral, qui agitent violemment les flots et leur font soulever des bas-fonds marins cette quantité prodigieuse de sables (1,245,405 mètres cubes par an, de la pointe de Grave à l'embouchure de l'Adour, selon un statisticien), pour l'atterrir au flux et l'abandonner au reflux.

A moins qu'elles ne soient attribuées au courant maritime qui, de la région américaine de Bahama, traverse l'Atlantique pour courir ensuite plus ou moins rapidement le long des côtes océaniques où il déverse les sables surchargés que la mer a reçus de ses affluents, affluents qui les avaient charriés de l'intérieur des terres, terres qui les avaient primitivement recueillis, au moyen de ruisseaux et rivières, des cimes montagneuses dégarnies par les pluies.

(1) Du foyer qui s'alimente dans la chaîne sous-marine du golfe de Gascogne.

Peut-être aussi l'Océan, restreignant ses limites dans nos parages, laisse-t-il sur ses derrières, lorsqu'il abandonne partie quelconque du littoral, ces masses qu'évidemment le géologue reconnaît comme de provenance marine et à la disposition des dunes et à leur essence.

Laquelle de ces causes est la plus efficiente ? Une seule l'est-elle ? Toutes trois, au contraire, concourent-elles au résultat ?

C'est ce que nous ne pourrions, sans trop sortir du sujet, discuter à cette heure.

Acceptons le fait accompli pour en déduire les conséquences.

Conséquences bien regrettables, qu'il faut attribuer surtout à l'action des vents, car le dépôt une fois fait sur le rivage, reste à leur merci sur une pente de 10 à 20 degrés du côté de la mer, sur une de 50 environ du côté des terres.

De quelle époque datent les formations côtières de France ?

Il serait superflu, pour une page d'histoire, de fouiller trop avant dans ces dunes séculaires où se sont accomplies tant de métamorphoses successives sous l'influence du pouvoir envahissant de la mer, de son action incessamment destructive sur les terres.

Et cependant, si l'on y cherchait quelque peu

(plus d'un l'a fait, d'ailleurs) (1), bien des révélations intéressantes se feraient sans doute sous la pioche du géologue, puisque sous les pas mêmes du promeneur, à l'affleurement des terrains d'alluvion, çà et là s'offrent fortuitement les débris, plus ou moins pétrifiés, de substances ligneuses, de coquillages fossiles, d'os de poisson, mêlés à des sols de formation marine, marne et falun, dont les bancs gisent à toutes les profondeurs.

S'offrent à ras de terre des cailloux roulés, conservés çà et là encore dans leur agglomération primitive de bancs monticuleux ; les roches coquillères qui s'étendent au loin même du littoral et les fossiles y incrustés ; les algues marines dont on rencontre la trace dans les carrières pierreuses ; les sables marins enfin qui, par nappes horizontales ou par bandes onduleuses, se rencontrent, fort avant quelquefois dans les terres, dans les landes notamment.

(1) Voir, entr'autres ouvrages récents, la brochure de M. Jacquet, ingénieur des mines, année 1864, et intitulée : *Description géologique des falaises de Biarritz, Bidart et St-Jean-de-Luz.*
Puis, le rapport fait en 1872 par M. le général de Nansouty, au B*ulletin de la Société Ramond.* On y voit figurer parmi les géologues contemporains qui ont exploré nos côtes, MM. Hastings, Anderson, Arnaud Détroyat, de Folin, Daguenet, etc.
Outre ces initiatives individuelles, une Société instituée sous le nom de *Société des Sciences et Arts de Bayonne*, a commencé, cette année 1873, pour les continuer sur une plus grande échelle, des explorations qui aboutiront certainement à des découvertes utiles au point de vue paléontologique, et à bien d'autres points de vue encore.

S'offrent aussi les traces de ports ouverts par les eaux, comblés par les sables.

S'offrent des lits de rivières abandonnés, témoin, ici près, le parcours littoral figuré encore de Bayonne à Capbreton (Vieux-Boucau), par le détournement temporaire de l'Adour au XIV⁰ siècle.

S'offrent des vallons creusés par les eaux océaniques, où coulent à cette heure des ruisseaux, des rivières, où s'étendent, plus ou moins vastes, flaques d'eau et mares, étangs et lacs, autrefois communiquant entre eux, aujourd'hui alimentés par les eaux pluviales, il est vrai, mais dont les plus rapprochés de la mer envoient cependant encore, par infiltration souterraine, même à découvert, une partie de leurs eaux à l'Océan ou reçoivent de lui, par le même mode, des eaux marines que l'on reconnaît au goût saumâtre du liquide, à part la saturation acérienne.

S'offrent des traces indubitables de la nature vivante, des objets à l'usage de l'homme, des vestiges d'habitations. Comme preuve, le nom de cités antiques, aujourd'hui disparues ; non loin d'Anglet, le vieux château-fort de Biarritz, dont quelques bases de tour révèlent l'existence, et une partie du quartier littoral de Saint-Jean-de-Luz, que parfois le mouvement des sables laisse à découvert.

De plus, que l'on songe à ces ilots qui naguère

se dessinaient en relief ou se cachaient sous les eaux et qui aujourd'hui reliés dans les interstices au continent par le charriage et le tassement des sables, forment les plages actuelles.

Enfin, que l'on constate la profondeur extrême et subite de la mer tout près du rivage formé par une chaîne sous-marine en partie dissimulée par les couches sablonneuses (1).

En un mot, il est aisé pour le promeneur quelque peu attentif, de faire, à la simple observation, l'histoire physique du littoral gascon.

L'origine des dunes, leur configuration, leur essence, rentraient évidemment dans la question agronomique. Quant à leur but, comme dépôt par l'Océan, qui affirme, selon les uns, un empiètement ou retour sur les terres ; selon les autres, une renonciation formelle, c'est là un chef de litige que nous nous réservons d'examiner, sinon de juger, dans un autre travail plus spécial au point de vue purement maritime.

Dès maintenant cependant, pour compléter notre aperçu par une dernière considération

---

(1) Il est probable que les recherches utiles faites en ce moment, et avec succès, sur les fonds du golfe, par M. de Folin, capitaine de port à Bayonne et Président de la Société des Arts et Sciences de cette ville, outre leurs avantages à bien des égards, jetteront quelque lumière sur la question sérieuse et plus opportune que jamais, de la provenance et du jeu des sables.

d'ensemble, disons que l'Océan, s'il ménage les côtes latérales du golfe, semble vouloir prolonger son lit au fond Sud que forment et Saint-Jean-de-Luz dont il échancre la baie, et Biarritz dont il bat en brèche les contreforts, chaque année, de plus en plus, au point même de nécessiter une protection murale de dimensions inconnues jusqu'à notre époque.

Il est évident que les flots, en brisant sur la plage, poussés fréquemment par un vent Nord ou Nord-Ouest, agitent les masses de graviers qu'ils rencontrent, pour les transporter aussitôt vers le Sud.

N'est-ce là qu'un phénomène tout fortuit et passager ?

Est-ce, au contraire, le résultat d'un plan logique, persévérant, de la part de la mer ?

Nul, je crois, ne peut le préciser aujourd'hui. Les siècles à venir seuls l'apprendront.

Aussitôt cette digression, exorde utile du travail qui va suivre, prenons donc perspective au temps moderne, celui où un homme de génie entreprit, en arrêtant les dunes ambulantes, de relever de la misère, de sauver d'une dévastation absolue, ces côtes désolées du golfe de Gascogne.

Cet homme est le normand Brémontier, ingénieur en chef de Guyenne, dont l'œuvre providentielle s'est accomplie vers la fin du siècle dernier. — Les essais furent entrepris en 1788, mais dès 1776 le savant y avait préludé par des études qui se continuèrent, pour ainsi dire, jusqu'à sa mort, l'an 1809.

D'autres érudits avaient bien eu déjà, quelques années auparavant, semblable idée, mais sans la réaliser suffisamment, sans la mener à fin. — Cette remarque paraît acquise à la vérité historique.

Sans entrer dans l'économie des procédés de M. Brémontier, ce qu'il y a d'important à noter ici, c'est le résultat qui n'est autre que la fixation même des dunes, de la Gironde à l'Adour (1), par des semis de pins, de chênes-liége, tamaris, arbousiers, etc., et d'une foule d'arbres ou plantes à plus ou moins haute tige.

— De ces dernières, il faut citer notamment le gourbet (*gurbet* en gascon), l'*arundo arenaria* de Linnée, petit roseau des sables maritimes.

Le Vieux-Boucau, Capbreton, Anglet sans doute aussi, furent l'objet de la vigilance du savant, et plus d'un pignada (2) lui doit son

---

(1) Pour ce qui nous concerne, car la main protectrice de Brémontier s'est étendue ailleurs, fort loin encore, en des lieux divers.

(2) Nous conserverons à la forêt de pins sa dénomination traditionnelle (celle consacrée par les auteurs) — *Pignada*, — bien que dans le langage des officiers ministériels ici (annonces judiciaires, ventes d'immeubles, etc.), on emploie assez généralement celle de *Pignadar*.

D'ailleurs, parfois encore, dans les landes de la Gironde, on dit *Pignède* ou *Pinède* pour exprimer le même objet.

existence, aux abords du moins de la mer, dans nos parages.

Car, plus avant un peu dans les terres et du côté de la barre, sur les deux rives du fleuve (Boucau Nord, Boucau Sud) (1), existent, de temps immémorial, des forêts pinières dont l'origine remonte à bien des siècles déjà, si l'on en juge par les archives mêmes de la ville de Bayonne.

Est-ce à l'abri des plantations que furent créés les vignobles si renommés de Capbreton et d'Anglet ? qu'ils devinrent si fameux, du moins, car leur création semble plus lointaine ?

Durant la période anglaise, les environs de Bayonne avaient été plantés de vignes et de vergers. Place était à peine réservée à quelques céréales (millet, seigle et froment alors), parce que l'Angleterre, appréciatrice de nos vins (comme de ceux du Bordelais), en avait soif au point de restreindre le sol, pour ainsi dire, à ce seul produit d'un transport facile, fructueux, il est vrai aussi, pour la contrée.

Mais depuis le retour de Bayonne à la couronne de France, il n'en fut plus de même. Et pourtant l'on retrouve dans les archives du temps, deux siècles après, plus tard même encore, la dénomination de *vignerons* donnée

(1) *Bucoo* ou *boucault*, en patois, d'où le mot boucau qui signifie *bouche* ou *embouchure* du fleuve.

aux habitants de la campagne (campagnards ou paysans aujourd'hui), tant leur rôle avait été spécial, exclusif.

Quant à la région qui nous occupe, les Anciens se rappellent avoir vu encore, sur le rivage, des bouquets de pins faisant çà et là obstacle à l'impétuosité corrosive des vents, protégeant par suite quelques vignobles encore.

Dans les premières années de notre siècle, ils ont disparu et, sans avoir à en discuter, ou même constater le motif, disons, pour revenir sur place, que, par suite de cette disparition, par suite peut-être aussi du déplacement des dunes, pour ces deux causes à la fois probablement, l'une étant la conséquence assez logique de l'autre, le quartier Monbrun se trouva désormais exposé en plein à tous les éléments destructeurs.

— Les dunes, abandonnées à la protection communale, entrèrent par suite dans le domaine commun dont elles font encore partie, sauf quelques points, outre les revendications.

Le néant réapparut dans cette contrée avec son cortége stérile, avec sa désespérante physionomie.

L'Océan y envoya ses rafales et, sous ces rafales, les sables, devenus mouvants, se groupèrent en monticules comme les réserves d'un parc d'artillerie où se voient monceaux de poudres, de boulets et d'obus — artillerie moins redoutable, certes, beaucoup moins que celle de la mer.

L'engin de l'artificier souvent manque son but ; celui que lance le typhon marin toujours atteint et ravage.

C'est la cendrine du fusil qui s'éparpille en grand et d'autant mieux frappe et tue.

C'est bien aussi parfois, quand s'y mêlent des galets, la catapulte des anciens guerriers, machine qui lançait pierres et décombres de toutes sortes.

Et puis l'arsenal des eaux sans cesse pourvoit aux besoins de la lutte ; la mer, à des fournitures épuisées, ajoute des fournitures nouvelles, inépuisables celles-là, sur ces bords océaniques du Sud-Ouest de la France.

En un mot, la tactique se fit complète, de concert entre les flots et les vents.

Le grand moteur des sables Monbrun, courant aérien de l'Ouest et notamment du Nord-Ouest, ramassa sur son passage les munitions à lui desservies par les lames de fond, et se faisant bourrasque, tempête, ouragan, selon la portée de projection, il se mit à foudroyer les terres aussitôt couvertes, aussitôt anéanties sous ses couches successives ; les cimes s'écroulant alors pour remplir les vallons, puis se reformant plus loin pour opérer stratégiquement comme une légion d'assaillants.

— Vrai Zah'rah que ni bêtes ni gens ne pouvaient traverser sans danger pour les pieds, vu l'inconstance et les fondrières du sol aux formes incessamment changeantes, sans danger pour les yeux sous une pluie continue de sables volants.

Tout disparut sous l'avalanche qui toutefois engloutit sans ruiner, sans défigurer les objets, vu la ténuité du sablon. Nul végétal ne put échapper. La demeure des hommes elle-même se vit assiégée, circonscrite peu à peu, bientôt ensevelie sans doute, comme le reste, sans un secours imprévu qui advint fort à temps.

Le prix du bienfait s'apprécie aujourd'hui à la vue de deux habitations entre autres, dans le quartier même du Refuge (1) : celle de Monbrun (2) et celle de Millet, toutes deux voisines l'une de l'autre, cachées dans les pins et distantes, sur la droite, en allant à Bayonne, d'un demi-kilomètre, du point de jonction de la route des dunes de Monbrun avec l'avenue conduisant de Notre-Dame à Saint-Bernard.

La dernière, presque complètement enfouie, a été dévorée par un incendie et relevée ces dernières années ; sa base a disparu sous l'inondation des sables. Elle sert aujourd'hui de com-

---

(1) La commune d'Anglet est divisée en huit parties.

(2) Du nom de l'un de ses propriétaires, comme nous l'avons dit déjà. L'ancienne route de Bayonne à la Chambre-d'Amour, qu'a remplacée celle actuelle, dite des Dunes de Monbrun, passait autrefois devant ce logis.

mun à la maison de maître nouvelle, qui s'éloigne de quelques pas seulement.

Quant à la construction Monbrun, elle est restée comme un spécimen du désastre et, à cette heure qu'elle est hors de tout péril, on observe avec curiosité son toit Nord-Ouest, atteint par la masse sablonneuse, couvert en partie autrefois, maintenant dégagé en talus de quelques mètres.

Ce furent de terribles années, racontent les propriétaires, vivants encore, que celles où cette force irrésistible des éléments ajoutait chaque jour au progrès du mal, où la dernière trombe fut la dernière escalade.

Aussi, combien le cœur de ces malheureux, si fort resserré à ces heures suprêmes, se dilate aujourd'hui, plein de gratitude, au souvenir de la main secourable qui arrêta le cours d'un assaut menaçant les autres façades de l'édifice, d'un revêtement semblable, c'est-à-dire d'une disparition complète et prochaine !

L'abbé Cestac est pour eux un Sauveur, et, en effet, par les ensemencements qu'il entreprit alors, il conjura tout projectile, toute hostilité perfide.

Les eaux qui, nous l'avons dit, s'étaient mises de la partie, non contentes de fournir aux besoins de l'assiégeant, s'étaient d'elles-mêmes, et sous la protection de celui-ci, portées par masses plus ou moins considérables, aux alentours de la place, en vue d'une inondation générale.

Témoins aujourd'hui encore, ici près même, à 1 ou 2 kilomètres, du côté de la mer, le grand lac de *Chimberta,* communément appelé Gibraltar ; les deux petits lacs du Boucau Sud, près la Barre.

En outre, de nos jours aussi, çà et là apparaissent sur le terrain des lagunes plus ou moins considérables, jadis flaques d'eau, marais, étangs, lacs, etc., dont le pouvoir submergeant fut comprimé, grâce au même procédé de l'homme.

Beaucoup ont été, par suite, desséchés complètement.

On sait que par sa force d'endosmose et de capillarité, le chevelu radicaire pompe l'humidité, absorbe les eaux, et que l'atmosphère, rénovée bientôt par des quantités d'oxygène, se dégage de tous miasmes pestilentiels et fiévreux (1).

---

(1) Si, au long de nos rivages montagneux, où l'air est si pur et l'action des nombreux pignadas si efficace d'ailleurs, l'intervention d'une culture arboricole autre que celle du pin n'a nulle raison d'être, il est bon cependant, au point de vue des marais, de signaler une essence exceptionnellement accélérée dans sa marche végétative et réalisant, par conséquent, beaucoup plus vite que n'importe laquelle, le desséchement des terres que l'on voudrait purger des eaux stagnantes, toujours inutiles, toujours malsaines.

« M. Gimbert vient de signaler à l'Académie des sciences l'efficacité de l'*eucalyptus globulus*, arbre originaire de l'Australie et récemment importé en Europe, pour l'assainissement d'un sol marécageux et de l'air d'une contrée. D'après des renseignements émanant de sources très-diverses et très-sérieuses, la fièvre intermittente disparaît là où prospère

Le visiteur au Monastère ne se doute pas, quand il admire le pittoresque et vigoureux pignada du Refuge, qu'à la route séparative de Notre-Dame et Saint-Bernard, l'excavation qui forme le rectangle de droite, charmant petit vallon aujourd'hui, était jadis et alors un réservoir dont le trop plein, quelques jours de plus, aurait infailliblement englouti tout le plateau.

Si aucun vestige lacustre n'existe plus, que la mémoire de l'habitant soit fidèle, du moins, à la tradition pour comprendre bien une quiétude à lui ménagée ainsi.

Le quartier Monbrun n'a pas été seul à recueillir le profit de l'intervention, tout Anglet lui-même y a participé dans une proportion relative.

On pourrait ajouter que Bayonne même ne dut pas voir sans une vive satisfaction l'entreprise et le résultat de l'innovateur, quand cette direction pouvait être prise, un jour ou l'autre, par la tourmente sablonneuse, immigration formidable qui, à un moment donné, eût atteint nécessairement la cité, après avoir effacé au regard ses abords.

---

cet arbre qui pousse avec une rapidité incroyable. Ses propriétés ont été reconnues par des essais faits dans les colonies anglaises, à Cuba, en Algérie et en France ; d'immenses étendues de terrains où régnaient les fièvres paludéennes, ont été mises dans d'excellentes conditions de salubrité pour les habitants ; en outre, les marécages qui existaient ont disparu et le sol a été complètement desséché en moins de cinq ans. » (Octobre 1873).

Le progrès des sables lorsque, sans obstacle, ils roulent comme de grandes ondes, n'est pas moins de 20 à 24 mètres par an, — dans les grandes landes de la Gironde, du moins, au renflement central de la ligne des dunes dont les deux extrémités Nord et Sud vont en se retrécissant. Or, nous sommes à l'extrémité Sud où la marche des sables n'aurait plus qu'une vitesse relative.

En admettant que, par suite de quelques abris, de certaines circonstances météorologiques aussi, cette marche vers Bayonne n'eût pas été aussi rapide, n'en restait pas moins l'imminence d'un danger plus ou moins lointain.

C'est en 1850 que M. Cestac, après avoir acheté de la commune d'Anglet quelques hectares du terrain stérile et dangereux au rivage, commença la culture des pins, et les semis se firent de 1850 à 1855.

« Le Bon Père, disaient les paysans, achète des sables pour amuser les vents. »

Témérité grande et fatale, il est vrai, sans une persistance extrême, sans des sacrifices considérables ; mais entreprise judicieuse et certaine au souffle d'une intelligence tenace et désintéressée.

Les vagues de sable, en effet, qui sous la main des détracteurs étaient devenues et restées le jouet des aquilons, furent vite immobilisées sous la main nouvelle qui devait, par une force de résistance supérieure à celle de projection, arrêter le fléau dans sa course folle, qui devait même un jour lui faire rendre par une fertilisation ingénieuse les richesses dont il avait, dans l'origine, dépouillé la contrée.

Dès la première heure du succès, l'avantage pour cette contrée fut doublé d'un bienfait nouveau, car, au vu des réussites de l'agronome religieux, à sa recommandation peut-être bien aussi, des capitaux, 40 à 50,000 fr., furent généreusement donnés par le chef de l'Etat à la commune d'Anglet, aux fins de plantations semblables sur les dunes communales.

De plus, les dunes particulières furent, par les soins de l'administration des Ponts et Chaussées, ensemencées d'office, pour être rendues ultérieurement à qui de droit, sur remboursement des semis.

Il ne nous reste plus qu'à narrer, au point de vue de la Sylviculture, les procédés de l'exploitation du Refuge, avec quelques explications générales, au besoin, sur la culture forestière des pins maritimes (ceux qui se cultivent sur toute la lisière des dunes), et autres essences appropriables aux dunes.

A cet effet, nous avons consulté, avant tout, les hommes pratiques, entrepreneurs et ouvriers, que nous avons vus à l'œuvre; les documents puisés à cette source ont été ensuite confirmés, complétés par les opinions diverses d'auteurs plus ou moins recommandables.

§ 2.

PIGNADA DE SAINT-BERNARD.

1°

Création de la forêt.

Si les Bernardines avaient eu le courage, pour former la zône cultivable des plantes légumières, des vergers et vignobles, de niveler le sol en déplaçant à bras, par corbeillées, les sables inégalement répartis, elles ne jugèrent pas qu'un tel travail fût nécessaire à la réception du pignada.

En effet, la surface unie n'est pas une condition d'existence pour celui-ci dont les inégalités territoriales au contraire semblent favoriser la végétation par des prises d'air à différentes hauteurs, des prises d'eau aussi à des profondeurs variées, par des convenances de racines, etc.

Acceptant donc les conditions géologiques de leur quartier, vierge encore, pour ainsi dire, de tout contact humain, elles jetèrent simplement par poignées les semences de peuplement sur la superficie, au préalable nettoyée, hersée,

(1) des sables qu'elles retournèrent tout aussitôt, soit à la herse, soit au rateau, selon l'étendue et la configuration du sol.

Elles semèrent drû, les intelligentes femmes (sauf à éclaircir plus tard), afin de protéger le semis par sa propre densité contre le balaiement des vents, contre les ardeurs du soleil, etc. (Il est préférable toutefois, sous bien des rapports, de semer simultanément des plantes herbacées qui, poussant plus vite, consolident le sol par leurs racines, et abritent, rafraîchissent par leurs feuilles, leurs rameaux, leurs tiges).

Ce mode d'ensemencement dit à la volée, leur parut le plus rationnel vu l'épaisseur d'un sable essentiellement perméable pour les radicelles pivotantes, — vu aussi le terrain dont le sous-sol est en général moins fertile que la surface.

Car la formation des semis n'a rien d'absolu dans sa méthode et les façons varient selon la nature des terres.

Ainsi, aux terres fermes et profondes, quand elles sont garnies surtout de plantes traçantes, il faut la pioche, la bêche ou la houe, puis le sillon; comme à celles meubles, un peu sableuses, il faut le labour, puis aussi la bande; comme aux sables purs et légers enfin, d'une ténuité

(1) On peut enlever ou enfouir les herbes à volonté, d'après la nature du terrain, c'est-à-dire le besoin d'engrais ou de fraîcheur.

extrême, tels qu'à Saint-Bernard, une distribution superficielle de la semence suffit.

Les différences de procédé s'expliquent d'elles-mêmes.

Le système des bandes alternes est généralement pratiqué dans les Landes.

Outre le système du semis en plein, restent celui à la pelle, par potets et quelques autres encore dont la nomenclature serait trop longue ici.

Ces différents semis sont dits artificiels, par opposition au semis naturel, c'est-à-dire à la reproduction de l'arbre ou plutôt de la forêt par le pin lui-même, au moyen de la dissémination spontanée.

Les semences enfouies, comme nous venons de le dire, au moyen de l'instrument aratoire, les Religieuses prirent soin de les protéger contre l'action des vents, la voracité des oiseaux, des insectes, etc., par un recouvrement, à moitié ensablé, de branchages de toutes sortes, ceux du moins à leur portée, car elles n'étaient pas richement pourvues, les pauvres Sœurs, dans ces premiers temps de leur solitude, où, faute de protections suffisantes, elles renouvelèrent jusqu'à huit ou dix fois les mêmes semis.

Persévérance toute bernardine, promue à son comble par le caractère valeureux de la Sœur directrice, la tête créatrice, nous le répétons, du quartier Saint-Bernard. — Toute initiative, toute liberté d'allure, pleins pouvoirs enfin, lui avaient été remis, dès le premier jour, par le Supérieur même de l'établissement Notre-Dame-du-Refuge.

Un pas en arrière, s'il vous plaît, lecteur, pour donner place à des observations préalables touchant la culture du pin maritime, en vue de laquelle nous n'avons encore indiqué que la préparation du sol et les modes d'ensemencement.

Une suite méthodique est indispensable ici, bien que notre prétention ne soit pas de traiter *ex professo* cette matière qui n'est pour nous que de rencontre.

Le pin maritime est une essence tellement rustique, tellement vivace, que tous les sols paraissent lui convenir, qu'il semble pousser et fructifier sans condition.

Aussi sa générosité est-elle habilement exploitée par l'homme qui l'a fait auxiliaire des terrains infertiles et demande à l'arbre ce que l'arbre lui-même n'a pu demander au sol.

Comment, en effet, cette sève abondante et onctueuse, la gemme, peut-elle provenir de substances aussi sèches, aussi arides que le sable, alors surtout que le nourrisson a l'air d'autant plus planureux que la nourrice est maigre ?

La configuration du terrain lui importe peu : montagnes et plaines le voient également prospérer, à toutes les altitudes.

Il s'accommode de toutes les expositions, même de tous les climats.

Cependant, si on le consulte, il vous répond, en montrant sa structure supérieure en force et en produit, que les climats chauds sont ses préférés ; que les expositions abritées sont, dans les pays froids du moins, ses sauvegardes.

Il vous répond que la profondeur du sol, sa perméabilité et son humidité relative, lui agréent pour ses racines longues et glutineuses ; que le voisinage de la mer le réjouit de ses sels vivifiants ; et qu'au terroir calcaire, au terroir crétacé (ses ennemis ceux-là), il préfère de beaucoup le quartzeux (celui des côtes de Gascogne), voire même le glaiseux et l'argilo-siliceux.

Ces instincts une fois connus, la qualité respective des terres devient appréciable pour le sylviculteur. — Pourquoi nous nous abstiendrons d'en donner plus longuement le détail.

Pour sa venue, le nouveau-né, grêle dans sa forme, lent dans sa croissance, quand il a échappé, par l'entourage de broussailles, à l'avidité des volatiles et autres, n'exige rien, dans ses premières années, qu'un tuteur contre l'impétuosité des vents aux abords de la mer, contre le déchaussement à redouter des avalanches sur une déclivité trop sensible.

Et encore ! la plupart du temps se contente-t-il de réclamer de son voisin naturel, mais trop rare voisin, le chêne-liége, l'appui que l'homme trop égoïste lui refuse......

Comme toutes les semences, et plus encore que celles des plantes potagères, parce qu'elle est plus compromettante, la semence du pin maritime veut un grand discernement dans son choix.

Cette semence peut se développer, pour ainsi dire, instantanément ; elle peut languir à germer ; elle peut même se refuser à reproduire, selon sa qualité.

Elle doit être fraîche autant que possible (1), saine et de bonne provenance.

Elle doit, en outre, offrir au toucher de la consistance, à la vue une plénitude complète, à l'odorat une saveur résineuse.

On peut augurer bien, dès lors, de son germe qui en forme la partie intérieure, qui en est l'axe.

C'est aux pommes les plus grosses et les plus mûres, provenant d'arbres suffisamment jeunes et vigoureux, qu'il faut toujours demander la graine ou amande, — ce fruit véritable de l'arbre, son organe de reproduction.

La maturité de la graine est essentielle. Elle est complète fin de décembre, mais en avril ou mai seulement, après que le cône où elle est contenue a passé par les gelées d'hiver, puis les pre-

---

(1) Au bout de trois ans, elle ne vaut plus rien : même avant ce délai.

miers rayons solaires du printemps, alors seulement on peut cueillir ce cône. D'elle-même l'enveloppe s'ouvre à cette époque, pour laisser échapper ses dépôts reproducteurs.

Il faut se garder de prendre les pommes pendantes à l'extrême sommet des branches ou dans le voisinage du tronc, les premières n'étant pas mûres et les secondes étant vides.

C'est à l'extrémité des branches latérales, sur l'avant-dernière sève, que l'on doit porter la main.

Nous avons dit la main, car ce serait le moyen le plus sûr de n'altérer ni l'écorce, ni le jet nouveau de l'arbre, que la gaule à crochet pour harponner ou la perche pour secouer, ainsi que tous autres moyens analogues, trop en usage dans cette contrée, altèrent toujours, s'ils ne les détruisent complètement.

— Mais nous oublions qu'un travail de nonne n'est pas loisible à tout le monde, et nous conseillons au forestier, comme expédient facile et sûr tout à la fois, de monter à l'échelle et d'abattre les pignes avec la barre à trident dont se servent les propriétaires soigneux des Landes.

La récolte faite, reste à en tirer profit.

Deux méthodes se présentent alors pour l'extraction des semences : 1º le moyen naturel, — par le soleil ; 2º le moyen artificiel, — par le feu.

De là, deux semences distinctes :

L'une, toujours bonne ;

L'autre, chanceuse et généralemeut mauvaise, à moins de soins extrêmes.

La première méthode consiste à déposer sur aire les pignes que le soleil d'été vient chauffer pour les faire éclater en épanchant les graines.

Mais, ici, une double difficulté :

Insuffisance d'emplacement pour des quantités considérables; perte d'une année d'ensemencement.

Nonobstant, nous persistons à prôner le moyen au propriétaire plus envieux de beaux produits que pressé de jouir.

Ou plutôt nous lui conseillons un moyen autre encore, décisif, celui-là, ce nous semble, comme le plus ingénieux et le plus simple à la fois.

Il se pratique au Monastère d'Anglet ; voici comment :

Planter ou asseoir dans les sables et aussi isolément que possible, toujours en plein soleil, les pommes de pin par leur base. Les y laisser jusqu'à ouverture des écailles (4 ou 5 jours environ), puis récolter la graine en renversant le cône sur un drap où elle tombe d'elle-même.

Si l'égrénage n'est pas complet, frapper l'une contre l'autre les pignes récalcitrantes à rendre leur dépôt ; et au besoin, les repiquer en terre jusqu'à parfaite dissémination.

Eviter la pluie, bien entendu ; encore la nature

se charge-t-elle de ce soin en avertissant le fruit (1) qui aussitôt se referme pour sauvegarder son trésor.

D'après la seconde méthode, les cônes sont confiés au four pour leur éclatement séminal.

A l'Industriel qui fait commerce de la graine à semis, nous nous permettons, bien qu'il le sache sans doute s'il ne le pratique pas, de lui donner avis que, de tous les procédés factices de dessication, les moins préjudiciables encore sont les appareils spéciaux, les sécheries *ad hoc,* établies d'après les systèmes que la science moderne a inventés pour concilier plus ou moins heureusement les deux méthodes ci-dessus.

Mais que jamais, au grand jamais, il ne s'avise de chauffer au four, s'il ne veut livrer à son acheteur des semences le plus souvent torréfiées, dépourvues de toutes facultés germinatrices (2).

Il a été reconnu à Saint-Bernard du Refuge que l'époque la plus favorable pour les semis, vu la nature du sol et les circonstances atmosphériques, outre les conditions climatériques, était celle d'automne.

On commence même à semer dès la fin d'août pour soumettre le semis à l'action humide et fertilisante de la saison.

(1) Le tout pour la partie.

(2) Il suffit pour cela, dit-on, d'une température supérieure à 43° centig.

Sous cette influence, la coque de l'amande se ramollit aisément, l'embryon s'enfle et s'émeut, la graine germe, puis bientôt, sans atteinte toutefois de fortes gelées, très-rares ici, elle exhibe sa plantule herbacée ; et ce au bout d'un mois, dès que la racine pivote.

On gagne ainsi une année entière.

Car, habituellement, les semis se pratiquent au printemps et, en effet, cette date est préférable pour les terrains humides, pour les régions septentrionales.

Le pin ne vient que par semis, non par bouture.

Seulement, il peut être transplanté d'une pépinière à un emplacement définitif, ce qui constitue le repiquage ou la transplantation — ainsi qu'il a été fait d'ailleurs à Saint-Bernard dans certaines parties du bois trop exposées aux vents de mer qui enlevaient les graines, nonobstant tous abris.

On ne peut guère opérer de la sorte que sur un espace relativement assez minime, en raison des difficultés et des frais de main-d'œuvre, en raison surtout des dangers pour la végétation.

Mais ce sujet est hors de propos ici.

Nous devons constater cependant que les résultats du semis et ceux de la plantation sont bien différents.

Il est de principe que tout être organisé se développe mieux dans le lieu où il a pris naissance, quand ce lieu lui est salutaire, bien entendu, que dans tout autre, fût-il identique, où il puisse être déporté.

La nature si vigilante ne peut être que contrariée d'un changement en vue duquel elle n'avait point, jusqu'alors, opéré.

Un temps d'arrêt se manifeste dans les fonctions de la vie, s'il ne se fait un pas en arrière, si le sujet ne meurt.

Voyons, en effet, comment se comportent l'un et l'autre de nos pins dans ces phases distinctes ; de quelle façon rémunératrice chacun répond aux soins de l'homme, tous deux étant supposés dans des conditions normales, notamment dans un terrain approprié qui permette aux racines de pivoter profondément, au lieu de serpenter à la surface comme elles le font à la rencontre d'un sous-sol contraire, de l'alios, par exemple, dans certaines parties des Landes.

Le pin semé, qui a pris possession du sol par le jet libre, continu, de ses racines, s'élève et grossit avec une énergie toute luxuriante sur le terrain qui lui est destiné à demeure, et les produits en résine, son rendement en bois, témoignent de sa béatitude.

Le transplanté, au contraire, que l'arrachage, et trop souvent un arrachage anticipé, a surpris dans sa pousse, a lésé plus ou moins dans sa substance, que le parcours, fût-ce même en motte, a fatigué par des secousses, des pressions, par un courant aérien insolite, le transplanté, à qui d'ailleurs est imposée une alimentation nouvelle, un isolement funeste, celui-là subit fatalement la dépréciation de tous ses organes et la perte de ses forces. Si la vitalité ne lui échappe pas d'une manière complète, la souffrance bientôt se témoigne par un étiolement général, un rachitisme absolu.

Que la main qui s'est appesantie sur lui, ne se présente pas à l'heure du bienfait : le cœur du malade s'est affaissé comme son corps.

Nous avons été extrême peut-être dans le parallèle, mais reste toujours une conséquence d'opposition parfaitement accusée et qui donne lieu, du moins, à réfléchir.

Enfin, pour terminer ce paragraphe relatif au semis, nous dirons que s'il s'agit de rétablir un **pignada** détruit par l'exploitation ou un incendie, par telle cause que ce soit, en un mot, son renouvellement spontané par semis se réalise à la condition d'en éloigner les bestiaux, chèvres notamment, pendant quelques années.

On a vu le pin maritime au premier acte de sa vie, la germination ; les paragraphes suivants doivent le montrer successivement dans les deux autres actes qui constituent la croissance, la décrépitude, et complètent l'ensemble de ses évolutions vitales.

A cette heure, où le jeune plant, d'un jet (la radicule) (1), s'est fixé en terre, où, de l'autre (la tigelle), il s'est produit à l'air, rien ne sera plus intéressant que de l'envisager sous ses aspects physiologiques, c'est-à-dire détailler sa constitution, surprendre le jeu de ses organes généraux, et le suivre jusqu'aux dernières pulsations de son cœur (2).

2º

Physiologie du pin maritime, et son utilisation.

— Sous la dénomination de *Pin Maritime*, nous comprendrons le pin dit *des Landes,* celui dit *de Bordeaux.*

De nos recherches, il résulte que les trois appellations ci-dessus désignent le même sujet,

---

(1) On nomme radicule le pivot de la racine, et radicelles les racines secondaires qui sont procréées par ce pivot principal lui-même.

Les radicelles, enfin, organisent un groupe de filaments qu'on appelle le chevelu.

Le tout est muni de spongioles, ou suçoirs par lesquels ces organes, composés de tissus essentiellement perméables, pompent, dans le sol ambiant, et successivement aux alentours, les eaux chargées de substances solubles.

Ils ont pour mission complémentaire d'implanter l'arbre solidement dans le sol

(2) Le cœur de l'arbre est sa partie centrale qui participe, dans le jeune âge, à la vie du sujet. Moelleuse dans l'enfance, plus tard elle s'épaissit, se solidifie sous forme d'un cercle de couleur plus ou moins foncée. — Sa fonction alors est confiée à l'aubier.

De même que l'arbre a un cœur, il a des poumons qui sont les feuilles.

à savoir le *Pinus maritima* de Lam...., ou *Pinus syrtica* (1) de Thore, ou *Pinus pinaster* de certains auteurs.

La physiologie du pin maritime ne doit pas nous entraîner dans des explications trop intimes, trop détaillées. Nous le répétons, c'est assez légère que voltige notre plume à travers les fourrés boiseux, assez consistante cependant pour se fixer sur les sujets essentiels, ceux qui répondent nécessairement au titre de notre travail, ceux qui s'offrent à la vue du visiteur étranger comme nouveaux pour lui, dont la contrée peut ne pas produire les essences arboricoles traitées ici.

Laissant donc de côté la série des lois de la végétation, et sans entrer dans l'analyse des cellules, des fibres et des vaisseaux, puis des tissus internes et externes, nous dirons que l'arbre vit par ses racines, ses feuilles et sa tige :

Par ses racines, comme agents d'absorption d'aliments terrestres ;

Par ses feuilles, comme agents d'assimilation de principes aériens (gaz appropriés) ;

Par sa tige, comme agent de transmission pour l'un et l'autre organes, de ces ingrédients nutritifs, respectivement élaborés (sève ascendante, sève descendante).

(1) De *Syrtes* sans doute, partie du littoral nord africain.

Une corrélation merveilleuse et continue, sans dépendance absolue néanmoins, existe entre ces parties, au moyen de canaux chargés de la distribution des liquides partout à l'intérieur (1).

Quant à la composition chimique de la moelle et de la sève, du cambium,— tissu séveux entre l'écorce et le bois ; quant à la formation du bouton (rudiment du bourgeon), bouton terminal, bouton latéral, etc. (tige et branche), nous les laisserons concourir, au moyen d'auxiliaires, à la structure et au développement de l'arbre, que, sans plus d'examen préliminaire, nous acceptons comme un fait accompli, comme un être désormais parfait.

Le pin maritime se présente donc, ensuite de ces évolutions premières, sous l'aspect suivant :

Sa tige droite et conique, qui croît plus vite et moins haut que celle du sapin du Nord, s'élance volontiers dans les airs jusqu'à une hauteur de vingt à trente et quelques mètres, sur une circonférence — la plus extrême — de trois à quatre mètres.

L'élongation se produit par aiguillée (ou plutôt par verticille) de un mètre en moyenne par

---

(1) De cette corrélation dépend la formation de la plus grande quantité possible des matières ligneuses. — Et le forestier ne doit jamais l'oublier dans ses modes de culture.

an (1), ce qui laisse la faculté de toujours apprécier l'âge du sujet.

Des cellules ponctuées distinguent le bois, dont l'écorce, assez lisse au jeune âge, s'ouvre par fentes, se couvre de rugosités, par suite d'un défaut d'équilibre entre la croissance du tissu ligneux et celle du tissu cortical ; c'est-à-dire que le contenu, par son trop-plein, a fait éclater le contenant.

Le pin se ramifie dès sa base à l'origine (2), en couronnement horizontal, par jets annuels.

Une corrélation parfaite subsiste entre les branches et les racines — ces deux organes principaux de l'arbre, que nous avons vus : l'un puisant au sol, l'autre dans l'atmosphère.

La ramure donne idée de l'état normal de l'individu.

Sur la pousse nouvelle, en avril, naît et se développe la feuille par accouplement binaire, soudé à la base.

Sa longueur est de 15 à 20 centimètres en moyenne, et sa largeur de 3 millimètres seulement. Elle est cintrée ou bombée à sa face externe, plate à sa face interne. Son extrémité, qui va en se rétrécissant progressivement, est

---

(1) L'inégalité des pousses provient surtout des conditions atmosphériques où se rencontre chaque branche à certaines altitudes : aération, rayonnement solaire, etc.

(2) Ces premières branches périssent bientôt en laissant au bois l'empreinte plus ou moins accentuée de leur attache.

ornée d'une petite pointe, espèce de dard rougeâtre. De fines rayures parcourent toute la feuille dans le sens vertical de ses deux côtés.

Cette feuille, en forme de lance, ou plutôt d'aiguille, semble en parfaite harmonie avec la structure générale de l'arbre.

D'un vert qui varie du jaune au brun, — de la naissance au développement, — la feuille vit deux étés et meurt à l'entrée du troisième hiver, conservant, par une succession non interrompue, cette verdure éternelle qui fait donner au corps le nom d'arbre vert.

Le fruit, communément appelé *pigne* (1), n'est autre que la fleur (chaton) femelle. La fleur mâle est de moindre volume, de configuration différente aussi.

— Voici la description scientifique qu'un naturaliste donne de l'une et l'autre fleurs :

« Chatons mâles, enveloppés avant la florai-
« son par une couche d'écailles lancéolées (2),
« imbriquées (3), à sommet rejeté en dehors,
« et bordées de longs cils crépus, rougeâtres
« dans la maturité, disposés en bouquets très-
« fournis et extrêmement abondants en pous-
« sière séminale couleur de soufre, avec lequel
« on l'a confondue quelquefois.

(1) En espagnol, *piña ;* pin, *pino ;* et bois de pin, *pinar.*
(2) En fer de lance.
(2) Disposées en tuiles de toit.

« Chatons femelles, tantôt sur la même
« branche, tantôt sur une branche séparée;
« **disposés** par verticilles de deux à quatre,
« **rarement six**; d'un rouge de vin; droits d'a-
« bord et arrondis; se renversant ensuite vers
« la terre, et alors sensiblement pédonculés (1),
« quoique à pédoncule très-court. Peu à peu
« ces cônes s'allongent, grossissent et acquiè-
« rent de 10 à 16 centimètres de long (5 à
« 7 pouces); presque séssiles (2) dans la matu-
« rité; d'un rouge de brique vernissé; constam-
« ment renflés vers les deux tiers supérieurs,
« et sensiblement courbés vers la pointe; hé-
« rissés d'écailles pointues, pyramidales, et
« placées en colonne torse, et persistant plu-
« sieurs années sur les arbres, quoique privées
« de semences. »

Le cône ou pigne met vingt mois au moins pour croître et mûrir. — Venu en mars ou avril, il n'arrive à sa maturité qu'en automne de la seconde année, et se dissémine le printemps suivant, vers mai.

De 15 centimètres en moyenne, il atteint jusqu'à 16 et plus de longueur, sur 25 à 30 de contour (à son plus fort renflement).

La pigne se compose donc d'écailles ligneuses, agglutinées par superposition et ne laissant

(1) Portés par un pédoncule. (Pédoncule, — tige supportant la fleur et le fruit.)

(2) Sans queue.

voir que leur extrémité. Toutes se rattachent à un axe commun.

Entre ces écailles est logée la graine. Chaque pigne contient, en moyenne, cent quarante graines, qui constituent autant de fruits; car là est le fruit véritable, nous l'avons dit.

Les chatons poussent tantôt, et le plus souvent, isolés; tantôt par groupes, même nombreux.

A huit ou dix ans, le pin commence à porter des fruits; mais, c'est à l'âge de trente à quarante qu'il offre ceux bons à reproduire.

Au même âge (de trente à quarante ans), époque de toute sa force vitale (sinon de son entière croissance), le pin maritime est exploitable soit par le résinage, soit par l'abattage, en certains cas.

Si, à vingt-cinq ans déjà, le pin est bon à résiner, selon que le pratiquent la plupart, mieux vaut, cependant, attendre la trentaine, surtout pour les arbres à débiter plus tard, car l'opération nuit fort à son développement, elle compromet même parfois son existence.

Enfin, dès vingt ans, certains sujets sont résinés, quand, lors de la dernière éclaircie de la forêt, on veut les faire disparaître pour laisser place aux pins de réserve.

Ces premières victimes, incisées pendant deux ans, même trois, si elles ont force suffisante, sont ensuite abattues pour le chauffage ou le débit en supports télégraphiques, en échalas (1).

Leur résine est, on le conçoit, de beaucoup inférieure à celle des épargnés, la sève n'ayant pas eu le temps encore de s'enrichir de tous les éléments voulus.

Voici comment procède le résinier :

En février, de manière à terminer pour mars, moment où les vaisseaux résinifères doivent donner leurs sucs, il se met à la besogne et choisit ses sujets (nous aurons occasion de les désigner bientôt). Puis, avec sa *pousse* et sa *barrasquite* (petite houe) (2), il écorce l'arbre en évitant bien de l'entamer.

Cet écorçage se pratique sur une longueur et sur une largeur excédant quelque peu, en tous sens, la quarre à innover et à grandir progressivement jusqu'au terme de l'année de résinage.

Cette opération préliminaire a pour but de faciliter l'écoulement régulier des résines, de préserver la récolte de toutes saletés et déchets d'écorce ; enfin, d'exposer mieux l'épiderme du bois saigné à l'action solaire, qui influe sur l'exsudation des matières à gemmer.

---

(1) Dans le Bordelais, on forme des échalassières, massifs ou taillis, que l'on exploite à l'âge de dix ou douze ans.

(2) Ces deux instruments sont en fer et à lame acérée.
Chez le premier, cette lame est légèrement inclinée ; chez le second, elle est recourbée.

Quelques jours après, l'ouvrier, à l'aide de son *habchot* ou *abschotte* ou plutôt *hachot* (petite hache), incise l'arbre à un centimètre de profondeur et longitudinalement, en ménageant, au milieu de l'entaille, une petite rigole tracée par l'instrument tranchant à forme concave, en ménageant à la base aussi un rebord figuré par l'écorce même.

Un zinc est enfoncé à 5 cent. au-dessus de ce rebord.

La cannelure totale est d'une longueur de 60 à 80 cent., d'une largeur de 10 à 15 cent., d'après l'inégalité périphérique des troncs, mais de 12 cent. en moyenne, à une élévation de 15 à 20 cent., selon les circonstances du sol, et juste pour donner place à un récipient qui repose à terre.

Cette pratique de la saignée une fois faite pour l'année d'exploitation, sur toute la surface de l'écorçage, peut être bonne quand il s'agit d'économiser le temps, c'est-à-dire de prévenir, pour certaines régions, les courses longues parfois et dispendieuses d'ouvriers spéciaux ; mais une autre pratique bien préférable, ce nous semble, et qui s'observe au pignada St-Bernard, comme en beaucoup d'autres lieux, du reste, est l'agrandissement progressif de la plaie sudorifique. On évite ainsi la perte assez notable de sève qui résulte de l'évaporation, de l'extravasion, de la concrétion surtout, par suite d'une ouverture trop béante.

17

Après écorçage complet, dans ce second cas, et de mêmes dimensions qu'au premier, les saignées successives s'opèrent de la manière suivante, pour chacune d'elles : hauteur, 10 c.; largeur, 10 c.; l'entaille est légèrement cintrée à sa tête, cintrée aussi, mais en sens contraire, à sa base, que constitue l'écorce en relief.

Cette plaie faite à l'arbre a besoin d'être ravivée de temps à autre, selon le rendement de l'opéré.

Mais, ici encore, nous ne saurions poser de règle fixe quant à la multiplicité de ces opérations subsidiaires que peuvent seules indiquer les conditions végétatives.

L'opérateur, du reste, sait bien apprécier l'opportunité du scalpel réitératif, quand il voit obstrués par la concrétion, les réservoirs détenteurs et aussi conducteurs de la gemme.

A l'avenir, il procède de la même façon ; d'abord, sur les quatre faces de l'arbre, ensuite dans les intervalles laissés libres par les raies, jusqu'à ce que le corps soit partout régulièrement zébré.

Lorsque l'échancrure, par suite d'attaques annuelles, se trouve atteindre certaine élévation, le gemmier se sert d'une échelle nommée *crabe* (c'est-à-dire chèvre).

Enfin, et pour revenir à l'économie du travail, c'est-à-dire aux détails complets de l'opération, ajoutons que la sève descend et tombe, dirigée au terme de son cours par la lame de zinc, dite *crampon* (1), signalée déjà, dans un vase mobile, pot en faïence légèrement verni à l'intérieur et suspendu à la base du tracé résineux, au moyen d'une pointe sans tête, ce qui permet d'élever le godet à mesure que la quarre s'élève elle-même. — Système habile, de date assez récente, et dont s'honore la mémoire de l'inventeur Hugues.

Des améliorations de détail, toutefois, nous semblent à désirer encore, et le temps sans doute se charge de répondre à ce vœu complémentaire, qui prend importance dans cette considération que la récolte des matières premières est la base de tout progrès.

Le liquide coule pendant neuf mois environ, pour s'arrêter à l'entrée de l'hiver, en novembre, époque où la circulation commence à s'engourdir.

Quant à la cueillette, le mode en est fort simple : du réservoir, l'industriel fait passer le contenu dans un seau (*couarte*) par versement ou avec la pelle (récurée elle-même, au besoin, par une lame en fer), selon la compacité des sucs.

Le gemmage soumet l'arbre à une exsudation, nous voulons dire une souffrance de vingt à

---

(1) Cette lame, cintrée de bas en haut dans l'inclinaison du pot, est, à sa partie supérieure, garnie de dents que l'ouvrier enfonce dans le bois, — d'où, sans doute, le nom de crampon.

trente années, ou même de cinquante à soixante, si le sujet a été entrepris tard et suffisamment bien opéré. Après quoi il dépérit et mourrait si l'homme ne prenait soin de l'abattre. — Car il a été *saigné à mort,* ou *taillé à pin perdu.*

Cette opération dernière, *in extremis,* alors que le patient a enduré toutes les amputations possibles, se fait à son heure d'agonie, et sans plus de ménagements aucuns. L'avidité de l'homme cherche les quelques parties intactes encore du cadavre et rouvre les anciennes blessures (ourlis); elle s'acharne sur le moribond, jusqu'à ce qu'il cesse de donner une goutte de son sang, de rendre un dernier souffle.

Les débris passent au bûcher, et leur crémation devient encore un nouveau bienfait, le bienfait suprême.

— Admirateur du martyr, nous avions bien dit que nous le suivrions jusqu'au dernier supplice, jusqu'à la dernière pulsation de son cœur.

La sève combustible du pin est la résine elle-même, ou gemme, qui, limpide à sa sortie, aussitôt son coulage se condense au contact extérieur, en gouttes visqueuses, blanchâtres (1).

Outre ce résidu, il en est un autre appelé *barras* ou *galipot,* qui se distingue à sa concrétion sur la tige à laquelle il adhère indéfiniment. — Il est bon de le détacher de temps à

(1) La sève se résinifie ainsi à l'air par une grande absorption d'oxygène.

autre avec la barrasquite, afin de le préserver des effets de l'évaporation.

Beaucoup moins chargée de térébenthine que la première, cette essence est aussi de moindre valeur.

En confondant le rendement général, on estime qu'annuellement, à Anglet, chaque pin rapporte net, au propriétaire qui l'afferme, selon l'usage du pays, 25 à 50 c. (1) ; soit, à raison de 400 arbres par hectare, un total de 100 à 200 fr. l'hectare.

Ces chiffres n'ont rien d'absolu ; loin de là, ils varient suivant la quantité et la qualité de production, suivant les besoins du commerce, les fluctuations du marché.

Nous n'avons fait qu'indiquer une base.

Mais, on le comprend, le revenu du pin, s'il tarde quelque peu à venir, compense, et bien au delà, une fois établi, par sa sécurité, sa certitude, celui de toutes les plantes potagères ou céréales, celui de tous arbres fruitiers, qui ont sans cesse à compter avec les influences atmosphériques, si désastreuses parfois.

Aussi voit-on convertir vite en forêt, le moindre terrain appropriable, alors surtout que les autres cultures se refuseraient à son sol. — Nouvel avantage qui affirme la qualification

---

(1) Le moins que l'on y ait affermé a été 15 c.; le plus a été 60 c. En 1872, l'affermage était de 35 c.; ce prix semble assez être une moyenne.

donnée au pin dans notre contrée maritime, celle de l'*arbre d'or*.

Ajoutons, comme complément au gemmage ou résinage, que la résine, dont le prix est basé sur la moyenne du rendement acquis par la fabrication, se répartit, au moyen de la distillation, en liquide dit essence de térébenthine, et en solide dit résidu solidifié.

L'essence est employée à la confection des peintures, vernis, mastics, etc., outre les destinations multiples que lui donne la science : médecine ou pharmacie, etc., la chimie, en général.

La résine solidifiée entre dans la préparation des torches, bougies stéariques, cires à cacheter, colles végétales, etc. Elle est utilisée, comme brai gras, pour le calfatage des navires et la manipulation d'industries diverses.

Du résidu de la distillation, on distingue les matières connues sous le nom de résine jaune, de colophanes ou brais secs, de poix, etc.; cette dernière matière, terreuse, et à peine dégagée par la première clarification, est la plus infime partie du résultat.

Quant à la *cuite* des sucs, à l'épuration et à la fabrication des produits, ces modes divers ne peuvent entrer dans notre narration, qui a pour objet unique la culture.

Nous nous bornerons à dire qu'à cette heure même, la science chimique, saisie de la cause, examine et juge les errements du jour, prête à faire justice de certaines routines, pour décréter les améliorations plaidées à sa barre par des esprits sagaces, pratiques et innovateurs.

Or, beaucoup de ces esprits ont surgi depuis quelques années, depuis l'époque où nos produits se trouvèrent alimenter seuls, à un jour donné et pour certain temps, les besoins de l'Europe, à qui l'importation américaine fit défaut (1862). Les fabricants, excités par les exigences de l'acheteur, enhardis par les prix de vente, se préoccupèrent de leurs systèmes qu'ils durent améliorer, sinon perfectionner encore.

Dès à présent, et c'est là un fait incontestable, la France n'a rien à envier à l'Amérique, sous le rapport industriel de la fabrication, car les procédés sont à peu près identiques; rien à envier, non plus, sous le rapport commercial de la production, puisque l'encombrement des produits américains n'aura désormais, espérons-le, aucune raison d'être sur les marchés d'Europe (1).

---

(1) Par suite de la guerre de sécession, c'est-à-dire d'un arrêt dans le débouché industriel, les produits résineux, après avoir stagné forcément dans le Nouveau-Monde, furent tout-à-coup précipités comme un flot sur nos transactions commerciales.

La différence du coût de main-d'œuvre ; les défrichements aussi, notamment près des ports, en Amérique ; d'autre part, les boisements résinifères qui tendent à se multiplier en France aux abords du golfe de Gascogne ; ces causes, outre bien d'autres encore, nous font espérer de ne plus voir le retour des cumuls étrangers venant avilir chez nous le taux des produits.

La rivalité, la concurrence, se présentent donc avec les chances d'un équilibre normal.

L'exportation des matières résineuses prend, en particulier, dans la région bayonnaise, une importance que constatait dernièrement (17 janvier 1873) la presse locale :

« Notre port doit aux nombreux steamers qui le visitent, de rester l'un des principaux débouchés des produits des Landes, qui prenaient autrefois Bordeaux comme port de sortie. Tant en matières grasses que sèches ou distillées, il a été exporté par Bayonne, en 1872, 119,753 quintaux métriques de produits résineux sur les marchés de Liverpool, Anvers, Hambourg, etc. »

En plus des sucs définis plus haut et transformés comme il vient d'être expliqué, le pin généreux, on pourrait dire prodigue, offre à l'homme, dans son écorce, cette décoction dont on enduit les filets, comme préservatif des tissus, comme appât aromatisé; dans sa racine, il offre des lanières utilisées par le vannier, plus des goudrons précieux; dé la tige aussi, chez les plants fort âgés, et ce, de la voûte des quarres au collet de l'arbre, s'extraient des résines propres à la fabrication de cette matière, le goudron.

A y joindre le produit de tous le plus utile, sinon le plus rémunéré, celui du bois.

L'abattage se pratique au moment de la

morte-sève, en hiver, à part les jours de trop fortes gelées, soit par la cognée, soit par la scie.

On doit observer une coupe nette, autant que possible, nivelée au besoin, et de bas en haut, avec la serpe, afin que l'eau ne s'infiltre pas dans le bois par des cavités. — La forme du cône est la plus rationnelle contre ces infiltrations qui pourraient atteindre de pourriture les essences même résineuses.

Le rez terre, conseillé pour les bois à rejets, n'a pas sa raison d'être, on le comprend, pour les résineux. La section de ceux-ci doit se faire à certaine distance du niveau du sol, en observant pour l'étoc les conditions ci-dessus.

Les racines restent en terre quelques années, pendant lesquelles elles se préparent au rendement du goudron.

Les pins sont abattus à différents âges, selon leur destination à venir, selon leur destinée accomplie.

Ici, encore, l'on ne peut avancer de règle fixe, une trop grande divergence existant dans le développement des sujets, outre la diversité des demandes pour la consommation, outre le but du débit, outre enfin la hâte que peut avoir le propriétaire de réaliser son capital. — La question est toute relative.

Nous ne pouvons que hasarder certaines notions générales.

Ainsi, le pin à bois d'œuvre, celui non gemmé,

ou du moins non exsanguiné, plus vivace par conséquent, parait-il présenter, comme point de départ de son exploitabilité, l'âge de soixante ans; et comme terme, l'âge de cent ans.

Tandis que le terme d'exploitabilité du pin au gemmage *à vie* se calcule de soixante-dix à quatre-vingts ans.

L'heure de la maturité doit fixer le choix du bûcheron (1).

— L'existence du sujet laissé à lui-même, sans atteinte de la main de l'homme, peut se prolonger de cent cinquante à deux cents ans.

A noter ici que, des deux exploitations, résinage et abattage, la première est, de beaucoup, la plus lucrative.

D'ailleurs, on concilie généralement les différences dans ce pays-ci, en gemmant, pour une période déterminée, les arbres même destinés à l'abattage.

Est-ce à tort? Est-ce à raison?

Nous ne nous croyons pas apte à résoudre le problème.

Quelques réflexions, voilà tout ce qu'il nous est permis d'énoncer ici.

L'avantage d'un double produit (les résineux et le bois) se présente d'abord en faveur du système.

---

(1) On sait que, durant la maturité, l'arbre cesse de croître en élévation pour croître en volume.

Puis, une autre considération, qui rentre implicitement dans la même pensée, c'est que le pin gemmé — un certain temps, bien entendu — est fort requis par le commerce qui trouve dans son bois une consistance, une densité, que lui a communiquées la concrétion résineuse.

Nonobstant, il paraît naturel de croire que, pour certaines pièces, du moins (le lecteur va les juger à l'instant), toute la période végétative du pin doit être respectée en vue de parfaire le complet développement du sujet, en ayant bien soin toutefois de devancer l'heure de sa décrépitude.

Les fibres du pin étant comme agglutinées par les résines, leur désagrégation est fort difficile, et rarement la pourriture entame le bois.

Aussi cette propriété a-t-elle fait rechercher le pin et le fait-elle préférer à toutes autres essences pour les constructions exposées à l'humidité, au contact des eaux ; la mâture des vaisseaux, les jetées des ports martimes, le pilotis des ponts et édifices quelconques, en sont un exemple, outre, sur terre sèche, les traverses de la voie ferrée, les piquets, pieux, lattes et planches, outre les pièces de charpente, les parquets, portes et fenêtres, voire même les meubles d'habitation, etc.

Aux premières de ces destinations (celles

soumises aux influences hydrauliques), on ajoute un enduit ou une injection de goudron, de coaltar, et autres matières préservatrices.

« Un correspondant vient de transmettre à l'Académie des sciences, un moyen simple de conservation du bois : pieux, piquets, etc. Il suffit de prendre de l'huile de lin cuite, d'y délayer du poussier de charbon jusqu'à ce qu'elle ait la consistance d'une couleur préparée pour la peinture ; on passe sur le bois à conserver une couche de la matière ainsi préparée et l'opération est terminée. Des piquets de bois mou préparés de cette manière, après être restés pendant sept années en terre, ont été trouvés aussi sains que lorsqu'on les y avait mis. Il faut seulement avoir la précaution de faire avec du bois sec les piquets que l'on se propose de recouvrir de cette peinture (1873). »

Qu'il nous soit donné d'extraire, pour l'insérer ici, un passage du rapport très-remarquable, sur *les Landes de Gascogne*, fait par M. Alexandre Léon, à l'*Association française pour l'avancement des Sciences* : (Bordeaux, 1873) :

« Le bois de pin se détériore rapidement et les traverses n'auraient pas duré plus de deux à trois ans, si la science, venant au secours de l'industrie, n'avait fourni les moyens de les conserver. C'est dans les Landes que le docteur Boucherie a commencé ses expériences d'injection des bois par l'aspiration ascensionnelle, et son procédé, parfait dans ses résultats, serait encore le seul employé si la difficulté d'injecter assez rapidement des quantités considérables de bois en sève n'avait fait préférer le procédé mécanique de l'injection en vase clos qui permet d'opérer sur des bois débités et secs.

« C'est dans les Landes et pour le pin maritime que les procédés théoriquement connus depuis longtemps pour l'injection des bois ont été étudiés, perfectionnés et conduits à un degré d'application suffisamment simple et pratique pour qu'il soit possible d'injecter maintenant chaque année, entre les ateliers de Morcenx, Labouheyre et Bordeaux, plus d'un million de traverses. L'injection se fait au sulfate de cuivre; elle ne donne pas seulement au bois de pin une conservation indéfinie; mais elle lui donne aussi de la dureté, de la ténacité et une incombustibilité qui a son importance pour les travaux de construction. L'incombustibilité n'est pas complète, mais l'inflammabilité est parfaitement constatée. Quant à la ténacité, c'est une qualité spéciale au pin maritime et qui manque complètement aux pins du Nord. Il la doit peut-être à la lutte constante qu'il a dû soutenir contre le vent violent de la mer, et, comme cela arrive pour l'homme, l'adversité l'a rendu fort. Le clou ou la cheville ne résiste pas aux vibrations dans le pin du Nord, le pin maritime a la fibre solide et retient le clou et la cheville.

« Ce n'est pas seulement la Compagnie du Midi, mais depuis plusieurs années les Compagnies d'Orléans, du Nord, de l'Ouest, de Lyon-Méditerranée, des Charentes et les Compagnies étrangères qui emploient nos traverses à l'entretien de leurs voies principales, et il en a été expédié en Algérie et même dans l'Inde.

« Mais dans le bois de pin, l'aubier seul s'injecte ; la science nous donnera peut-être un jour le moyen de faire pénétrer dans le cœur le liquide antiseptique. Ce serait d'autant plus intéressant qu'il semble que la durée du bois puisse être prolongée au delà de toute prévision par une suffisante pénétration du sulfate de cuivre. On a trouvé naguère dans les mines de Tharsis, en Espagne, des roues de puits faites par les Romains, dont le bois, imprégné naturellement du cuivre de la mine, a pu se conserver près de deux mille ans.

« Le pin injecté a bien d'autres emplois que les traverses ; — je citerai un des principaux, les poteaux télégraphiques pour l'administration et pour les chemins de fer français et aussi pour les pays étrangers, pour l'Espagne, l'Italie et même le Brésil. »

Enfin, et pour clore la série des bénéfices à retirer de l'exploitation du pin, on peut compléter le récit par l'utilisation de la feuille.

Au Monastère du Refuge, on utilise cette

feuille de trois façons : comme combustible à la buanderie, comme litière pour les bestiaux, comme engrais sur place.

Cette dernière façon est générale en tous lieux, car la chute des feuilles, mêlée aux végétaux divers qui garnissent les milieux boisés, forme avec ceux-ci un ensemble de composés organiques dont la décomposition constitue l'humus le plus fertilisant, après que les pluies, les cours d'eau accidentels, les ont transmis, par infiltration, à la terre, dans leurs parties solubles.

C'est ainsi que le sol se fait inépuisable et que les végétaux renaissent de leurs propres débris.

La pigne, outre sa fonction d'allumoir au feu (pratique commune à toute la contrée), quand elle a été préparée par le desséchement à cet effet, se voit remplir au Refuge un rôle tout autre encore.

Le cône, non plus celui mort et vide, mais celui jeune et vivace, vert et gluant, est mêlé au bois du foyer pour se convertir en un charbon ardent et consistant que le réchaud ou fourneau lui-même ne dédaigne pas. — Cet usage nous a paru particulier ici.

3°

Exploitation du Pignada.

Après avoir passé en revue les phénomènes principaux de la vie du pin à ses trois âges : jeunesse, maturité et vieillesse, trois périodes aussi distinctes dans le règne du végétal que dans le règne de l'animal, avec des analogies parfois assez caractérisées, il nous reste à raconter le rôle d'ensemble du sujet, sa conduite en société.

Et alors, nous aurons terminé en toute parole, l'espérant du moins, notre tâche quelque peu laborieuse sur la sylviculture St-Bernard ; par extension, sur la sylviculture pinière en tous lieux.

Pratique de l'Aménagement.

Comme fait acquis, le pin maritime ne vient pas de bouture et ne drageonne pas ; il ne se reproduit que par semis.

L'ensemble des semis constitue la futaie (1) ou forêt de pins — Pignada.

L'aménagement du pignada est de la plus haute importance, car de là dépend tout le sort de la création.

---

(1) « On appelle *futaies*, a dit un savant économiste forestier, les forêts dont la régénération est exclusivement basée sur la faculté que possèdent tous les arbres de se reproduire au moyen de graines. »

La conduite de l'aménagement exige les connaissances les plus spéciales ; elle exige surtout une sagacité grande, puisque, là encore, il n'y a rien d'absolu, et que l'aménagiste doit, avant tout, avoir égard aux conditions du milieu dans lequel il se trouve.

L'aménagement a en vue les rendements divers, la rectification des pousses, la viabilité même de l'arbre.

Rendement. — Le pin maritime est d'une exploitabilité complexe : résine et bois.

Chacune d'elles a fait l'objet des études précédentes.

Il n'est plus besoin que d'examiner les modes d'initiative, propres à l'une et à l'autre de ces productions.

Ces modes, comme les productions elles-mêmes, diffèrent essentiellement.

Au premier cas, on favorise la ramification de l'arbre et l'on ne dégarnit le peuplement que par une gradation très-circonspecte, afin de réserver au sujet tous ses principes séveux.

Au second cas, l'élagage et l'éclaircissage se pratiquent en grand, pour reporter sur les zônes d'épaississement de la masse troncale, les influences végétatives.

Un moyen terme existe dans la formation des sujets mixtes — ceux destinés tout à la fois au résinage et à l'abattage. — C'est l'équilibre bien compris, de la taille et de l'éclairci.

Rectification des pousses. — Après avoir passé en revue les théories de la crue du végétal depuis sa naissance, il est à propos d'exposer ici, brièvement encore, celles de sa décroissance tant partielle que totale, et le moyen d'y parer par la culture.

Le pin isolé, en parterre et même en avenue, dont toutes les faces aérées sont soumises à l'heureuse influence de la lumière, qui régit le principe d'assimilation, le pin isolé se développe, dans sa ramure surtout, au détriment du tronc, lequel grossit sans s'élever beaucoup.

Le pin de massif et notamment de haute-futaie (celui-là même qui s'offre à notre perspective), dont la tête plonge dans une atmosphère toute lumineuse, alors que ses rameaux étouffés restent dans la pénombre du sommet branchu, le pin de haute-futaie s'accroît dans le sens contraire, et les pousses inférieures dépérissent, se sèchent, pour mourir successivement.

Dans ces deux hypothèses, la pondération n'existe plus et, selon qu'il est besoin de la maintenir ou de favoriser le développement de l'une ou de l'autre des parties de l'arbre, on ne le peut guère efficacemeut (1) qu'au moyen des expositions par éclaircies.

Viabilité. — A l'état normal, la force de végé-

---

(1) La taille est insuffisante à cet effet.

tation se porte de préférence vers l'extrémité supérieure, au bourgeon terminal qui prolonge l'arbre chaque année dans une proportion relative, effet remarquable surtout chez le jeune plant, et cette marche ascendante de la nature est fort rationnelle. Aussi faut-il se donner garde de ne point la contrarier, faut-il laisser toute liberté d'allure au sujet.

Mais, bien des négligences dans les soins de culture, bien des attaques de la part des éléments, de la part des animaux, viennent surprendre, assaillir l'arbre dans le cours de son existence, et le dépérissement alors signale sa souffrance.

L'aménagiste vigilant répond aussitôt à l'appel. Par l'une des méthodes à sa portée, par les deux, en certains cas, il peut soulager, guérir le malade.

Enfin, un jour vient où la nature semble se lasser de la vie du végétal, comme elle se lasse de toute vitalité chez les êtres en général, soit organiques, soit même inorganiques ; à cette heure donc, poussée par ce besoin de détruire pour reproduire, qui régit, on le sait, comme loi suprême, la succession des mondes, la nature refuse partiellement ou en totalité sa coopération à l'arbre qui s'achemine par l'agonie vers une transformation fatale.

S'il ne périt de faim, de vétusté ou désorganisation quelconque, son ennemi-né (chaque être, ici-bas, a le sien) se charge d'en faire justice. — Nous le signalerons tout à l'heure.

Comme symptômes se présentent la décoloration, l'appauvrissement et la caducité des feuilles, des branches, de la tige.

Là même encore l'intervention de l'homme peut être propice à un moment donné et prolonger plus ou moins le sursis d'un arrêt de condamnation.

Des branches mortes ou mourantes par accident ou loi de nature, l'abattage est d'autant plus urgent qu'elles pourraient, d'un instant à l'autre, se trouver entraînées, par leur poids, sous l'influence du vent, vers une chute intempestive, qui endommagerait, en l'éclatant ou déchirant, le fût même du pin.

D'ailleurs, le chicot inerte, décomposé, forme dans le nouveau bois des nodosités qui gênent et empêchent fort les fibres longitudinales. — Ces nœuds plus tard, lors du débit du tronc, donnent à la vente, surtout pour la menuiserie et la charpente (planches et madriers (1), une dépréciation notable. — En tout cas, ils rendent l'exploitation très-difficile pour l'ouvrier bûcheron, le chicot acquérant, par l'exsudation de la résine, une consistance des plus fermes.

Des branches vivaces, des plus vivaces même,

---

(1) La solidité, autant que la beauté de la matière sont toutes deux compromises par la présence de ces bourrelets maintenus ou évidés.

l'élagage aussi est pressant quand la surabondance des verticilles nuit, par une participation inéquilibrée, à la croissance de la tige qui est pour le sylviculteur la partie essentielle du sujet, celle dont la valeur lui importe le plus.

Nota. — Nous avons dit que chaque être, ici-bas, avait son ennemi-né, nous réservant alors, pour ne point détourner le cours de nos idées, de signaler, au temps d'arrêt voulu, l'ennemi-né du pin, et d'indiquer aussitôt les moyens connus de sa disparition.

Or, le fléau principal du pin est la chenille.

Les chenilles (chenilles processionnaires — bombyx), par exemple, dont le nid se fait si haut sur les arbres les plus élevés, qu'il est bien difficile, sinon impossible, de les atteindre. Aux oiseaux dits *de passage*, à certains insectes parasites ou carnassiers, à l'intempérie surtout, est laissé le soin d'en débarrasser les pineraies. A moins, et peut-être est-ce le meilleur moyen, à moins de surprendre les chenilles et de les détruire en partie lors de ces longues chaînes ou traînées que tracent les animaux sur la terre quand, vers le mois de mai, ils sont descendus des arbres pour confier à un sol subjacent, mais peu profond, le soin de leur ponte ; ou bien encore, d'aller les chercher dans leur terrier même avant que les chrysalides se soient envolées comme papillons. Ce moyen est employé au Refuge, outre l'incendie des nids abattus des arbres avec la faucille.

On peut faire mieux encore : les asphyxier. Une seule goutte d'huile, et surtout d'huile de noix, déposée avec une barbe de plume sur un paquet de chenilles, si gros qu'il soit, les frappe de mort instantanément jusqu'à la dernière. Il n'est pas nécessaire que l'huile atteigne les chenilles ; il suffit de toucher l'endroit où elles se sont réfugiées.

Voici, en outre, une manière indiquée par le *Nouveau Journal d'Agriculture* :

« Placez sur un arbre où vous aurez remarqué des chenilles, des chiffons de laine. Chaque matin vous en trouverez dans ce piége et vous les détruirez toutes. »

Plus redoutable encore pour les pins est le bostriche et pire que lui est l'hylésine, coléoptère comme le premier.

Ces deux lignivores s'attaquent de préférence aux sujets malades qu'ils minent à l'intérieur. De là aussi la nécessité d'abattre sans retard les branches et les pieds en dépérissement.

— Ces destructeurs n'ont pas fait invasion encore dans la forêt St-Bernard.

Pratique de l'Elagage.

L'élagage du pin maritime se fait rez tronc ou par raccourcissement.

Par rez tronc on abat la branche dès sa naissance ; par raccourcissement, on la coupe à une longueur déterminée.

Des deux modes, le rez tronc est le plus rationnel, nous dirons même le seul praticable, attendu que l'attache de la branche, inappréciable dès lors, se perd bientôt dans le fût lui-même, s'y fond au fur et à mesure que celui-ci se développe en grosseur.

Le raccourcissement, au contraire, produit tous ces accidents que nous avons déplorés déjà pour le chicot ; il nous paraît illogique.

Nonobstant, celui qui persévère dans ce système (et peut-être y a-t-il parfois nécessité d'y recourir), celui-là ne doit point oublier que le raccourcissement s'effectue vers le tiers ou la moitié de la longueur et, bien entendu, au delà des branches secondaires à réserver comme branches d'appel.

La taille rez tronc se pratique par couronnes, avec une serpe à lame droite, bien tranchante, lourde un peu et en forme de couperet.

La hachette, la scie même, peuvent devenir indispensables pour les trop fortes pièces, pour les pièces dures aussi, telles que chicots, excroissances, protubérances, etc., mais leur emploi exige une circonspection extrême, celui de la scie principalement.

L'élagueur intelligent a soin de préparer le détachement net et régulier de la branche par une amputation verticale, autant que possible, faite en entaille sous l'aisselle, à la profondeur du milieu de cette branche ; ensuite il procède de même en dessus et plus loin un peu du tronc, afin de prévenir les éclats. Il a observé d'ailleurs, si le bras à abattre est assez gros, de le couper au préalable en deux ou trois parties, en vue de diminuer son poids et aussi sa portée lors de la chute. Que d'accidents, en effet, résultent de l'oubli d'une pratique aussi simple, soit pour le sujet amputé, soit pour ses voisins, soit pour l'ouvrier lui-même !

Après quoi, la serpe, faisant office de plane, dégage et nettoie le point opéré, de toutes aspérités, de façon à le réduire en surface parfaitement lisse, à l'arasement complet de la tige, sans plus de talon aucun.

L'opérateur fera bien de se servir d'une échelle confectionnée et établie de la manière suivante : plus large un peu à la base qu'au sommet, les deux montants aiguisés dans leur extrémité à fixer en terre, et la tête de l'appareil retenue à l'arbre par un lien quelconque, corde ou lanière. Cette échelle, du reste, doit être assez légère, suffisamment portative.

Si quelques économistes, si nombre même de praticiens défendent ou négligent absolument l'élagage en lui-même, comme portant atteinte à la vitalité de l'arbre, nous leur répondrons que la méthode au contraire profite souvent à cette vitalité, outre qu'elle sert à diriger le sujet en sens voulu, outre qu'elle prévient les défectuosités, objet de nos dernières remarques.

Quant à la plaie, que l'on ne s'en préoccupe pas outre-mesure ; elle est essentiellement cicatrisable chez un être qui porte en lui-même son remède : nul besoin de coaltar, la sève du pin, par sa concrétion, bientôt arrête tout épanchement dangereux.

Rien ne s'oppose donc à l'élagage ; tout y invite, au contraire.

Nous irons plus loin : le simple bon sens parait lui donner raison.

Mais, répétons-le encore, que ce soit avec une opportunité, dans certaines proportions, exigeant des connaissances et des soins tout spéciaux. — L'avenir du boisement en dépend.

Peut-être est-ce l'absence de ces moyens qui, par des résultats funestes, a dégoûté les récalcitrants.

Pratique de l'Eclairci.

On a vu semer serrée la graine des pins et l'on sait dans quel but d'ensemble.

Mais il arrive un jour où le peuplement forestier, assez robuste dans chacun de ses sujets, se trouve empêché par la mesure même qui avait présidé à sa sauvegarde originelle, et son tassement devient une difficulté, un obstacle à sa croissance, pour les plants, du moins, qui se sont laissé dominer.

L'air, le soleil, font défaut à la pineraie en général ; celle-ci demande à respirer, à se désengourdir, car l'humidité, le froid, ont pu la saisir. Ajoutons-y que le sol étant alors bientôt épuisé, ces plants arriveraient même, faute d'intervention, à s'étouffer et se manger entre eux.

C'est l'heure de l'éclairci.

Or, voici comment l'on procède :

Les pieds inférieurs, ceux mal venants, puis les intrus comme surabondants, sont, en due forme, jugés par le propriétaire et marqués en vue de l'abattage, pour la sentence s'ensuivre aussitôt l'hiver.

Le semis doit avoir alors trois ou quatre ans.

Au Refuge, où nulle peine n'arrête jamais devant une plus grande chance de réussite, on arrache *à la main* les pieds à supprimer. Cette méthode évite l'atteinte que peuvent recevoir d'un instrument tranchant quelconque, les voisins de l'exécuté ; puis le remuement de terre qui résulte ainsi de la résistance des racines assez fortes déjà, est profitable à la survivance par les qualités nouvelles et communicatives que reçoit de l'atmosphère la surface retournée.

Le dépressage est reconnu suffisant lorsque les réserves se touchent par l'extrémité de leurs branches sans se croiser, ce qui implique un espacement de six à sept mètres environ.

Du reste, cet espacement varie suivant l'exploitation ou productivité de la forêt et d'après les règles connues pour le résinage et l'abattage (longueur ou largeur du bois), soit, par exemple, de 25 centimètres, première coupe ; de 50 centimètres, deuxième coupe, et ainsi de suite, progressivement jusqu'à 6 mètres, en moyenne, pour 300 arbres par hectare, lors de la dernière coupe.

Mais encore est-il que l'épaisseur du semis, les forces végétales qui caractérisent les plants, doivent toujours guider le sylviculteur.

— Dans le reboisement des clairières, on observe les mêmes mesures par rapport aux pins repiqués.

L'opération du dépressage doit se renouveler l'année suivante, au moins la seconde d'ensuite, selon les circonstances, puis se continuer jusqu'à parfait résultat et ce d'une façon assez insensible pour que les sujets soumis au traitement ne passent pas avec brusquerie d'un état à un autre, par une aération et un ensoleillement exagérés. Il est certain que leurs organes, non préparés à une telle transition, en souffriraient et c'est ce qui se manifeste la plupart du temps chez les jeunes pousses, lorsque la méthode a été défectueuse dans son application.

A certaine époque, le dépressage, que l'élagage et l'émondage favorisent d'ailleurs, se répartit à peu près de la manière suivante :

Depuis le premier éclairci, les suivants se réitèrent de deux en deux années jusqu'à l'âge de dix ans ; de trois en trois années jusqu'à seize ans ; puis un nouvel éclairci dégage encore le pignada à vingt ans, pour ne se renouveler, une dernière fois, qu'à vingt-cinq ans.

Jusqu'à l'âge de seize ans, le dépressage prend, selon quelques-uns, le nom de *nettoiement ;* (1) au delà, il prend celui d'*éclairci*.

L'éclaircie est la clairière qui en résulte.

Bref, comme observation finale, les coupes d'*amélioration* qui caractérisent les dernières manœuvres, sont, dans leur nombre et leur opportunité, laissées à l'appréciation de l'Exploitant.

Les produits de l'éclaircissement, comme ceux de l'élagage et de l'émonde, consistent, au jeune âge, en bourrées, fagots, coterets, fascines, etc., que le Domanier utilise d'après les situations de son entourage, les moyens de transport à sa convenance (2).

De vingt à vingt-cinq ans du pignada, l'éclaircissage offre naturellement un boni plus sérieux : outre le branchage à façonner encore, il donne, en gros bois, en mort-bois, etc., un débit à

---

(1) Nous y voyons aussi le *jardinage*.

(2) Le chemin de fer permet, dans les landes de Gascogne, d'expédier sur les points les plus éloignés, jusqu'à Paris même, ces rendements assez fructueux, bien qu'au détail.

l'adresse du charbonnier, du marchand de bois de chauffage, des hauts-fourneaux, etc.

— Les Religieuses d'Anglet conservent pour les besoins divers et si considérables de leur maison, tous les bois abattus, quels qu'ils soient.

Ce sont elles, du reste, qui conduisent l'aménagement, comme elles ont conduit la formation des pignadas ; et les travaux d'élagage, d'éclairci, etc., leur incombent volontiers, hormis les cas qui nécessitent l'intervention de forces viriles, tel, par exemple, que l'abattage de trop grosses pièces, où le bûcheron est fort en peine quelquefois.

Le gemmage, qu'elles-mêmes ont exploité dans l'origine, est aujourd'hui affermé à des Industriels spéciaux.

La différence de revenu n'est pas tellement sensible qu'elles n'y trouvent une compensation dans la culture préférée des champs.

§ 3.

ANNEXE A L'EXPOSÉ SYLVICOLE QUI PRÉCÈDE.

Le Chêne-liège.— L'Arbousier.— Le Genévrier.— Le Genêt. — l'Ajonc, etc., etc. — Considérations générales sur la Sylviculture en France.

Çà et là se voient, isolés ou par groupes, dans les pignadas St-Bernard (ainsi que partout, dans la contrée), des arbres, arbustes, etc., autres que le pin, lesquels, s'ils ne sont pas de sa famille, — nulle ressemblance, d'ailleurs, — paraissent être au moins de ses alliés. Essences de bonne venue, comme celui-ci, dans les arènes de Gascogne, ces proches accomplissent certain rôle de solidarité, de protection, à l'endroit de leur co-résidant. — Aussi les préférés sont-ils ceux qui, à feuilles vivaces, sont armés l'hiver contre l'action des vents, contre l'action des sables.

L'expliquer est donc un complément nécessaire à notre travail sur l'Agriculture générale du Monastère d'Anglet et, en particulier, sur la culture sylvestre des dunes, qui fait partie essentielle de l'ensemble géorgique.

Des notions élémentaires doivent suffire ici.
Voyons les espèces.

.

Chêne-liége (quercus suber, Lin.*),* variété du Chêne, proprement dit, de la famille des amentacées (1).

Le chêne-liége, originaire des pays tempérés, ou même chauds, est un des hôtes familiers des régions méridionales de l'Europe (pour ce qui nous concerne, de deux Etats voisins, France et Espagne (2) ; puis, et au delà des mers, fami-

(1) Plantes à feuilles alternes dont les fleurs mâles naissent autour d'un axe ou filet appelé *chaton.*
(2) *Alcornoque,* en espagnol.

lier aussi de certaines zônes africaines. — On le cultive quelquefois, dans les Pyrénées, à une élévation de plus de 500 mètres au-dessus du niveau de la mer ; et dans celles Orientales, on voit le chêne-liége à l'état de bois ou forêts, même considérables.

Assez sobre pour se contenter des terrains les moins substantiels, — sol de nature granitique, à base primitive, — il semble heureux de se rencontrer en la maigre hôtellerie des sables, côte à côte avec le pin maritime, pour lequel il est un appui complaisant, un protecteur-né, aux formes robustes, au tempérament vigoureux.

— Réciprocité de services, il est vrai, car le pin, en gazonnant le sol et l'humectant de ses débris, de son ombre, a solidifié, fertilisé une couche terreuse, il a préparé utilement l'assise du chêne. De plus, il est pour lui un abri contre les courants aériens du golfe, auxquels ne pourrait résister le bois insoumis, cassant, du chêne (1).

D'essence sylvestre comme son compagnon de misère, le chêne-liége vient au monde et s'y comporte sans trop d'exigences ; comme lui aussi, il est cependant riche et généreux sous sa forme ardue, grossière.

(1) Il est reconnu que si, dans les terres légères, dans les sables, le chêne se trouve bien de sa participation avec le pin, dans les sols fermes et compactes, il tire avantage surtout de la présence de l'orme, de l'érable, etc.

Si l'un donne son sang à tout venant, l'autre lui donne sa peau ; et tous deux, le premier avec ses entailles larges et profondes, le second avec sa nudité complète, continuent longtemps, bien longtemps, de vivre, pour fournir jusqu'à extinction de sève vitale, jusqu'au froid mortel, à la cupidité de l'homme.

De l'homme à qui, répétons-le, ni le pin, ni le chêne n'ont rien demandé, si ce n'est, comme le déguenillé Philosophe au Conquérant, de ne faire point obstacle à leur soleil.

Nous avons vu le pin subir la saignée, puis pleurer l'abondance ; voyons le chêne se laisser dépouiller misérablement, puis attendre du temps vestiture nouvelle à offrir encore, à offrir toujours.... jusqu'à ce que son squelette écorché au vif, mort de douleurs, reçoive, comme celui de l'incisé, le dépiècement du bûcheron.

Et, sans plus d'hyperbole, entrons dans la stricte brutalité des faits.

Jeté en terre par semis (1) sous forme de gland, s'il ne vient par plant ou par rejet de souche, le chêne-liége tarde d'un demi-siècle presque à réaliser la convoitise du forestier, ce que nous expliquerons tout à l'heure.

Au préalable, un mot sur l'anatomie végétale du chêne-liége.

(1) Semé en même temps que le pin, le chêne ne peut nuire à la germination ni à la croissance de celui-ci, parce qu'il se développe beaucoup plus lentement.

Cet arbre économique, à feuilles persistantes, est irrégulier, difforme même et branchu dès sa base. Il a une élévation *maxima* de 20 mètres et moyenne de 7 environ, avec 1 mètre 30 ou 50 centimètres de diamètre.

Son écorce est spongieuse et crevassée, chargée de cellosités. — De là, plusieurs races distinctes (nous en négligeons la nomenclature).

Le fruit est un gland de saveur âcre ; quelques-uns cependant ont une saveur assez douce. Ceux-ci se reconnaissent à un tronc plus lisse dans sa contexture.

Le gland mûrit d'octobre à décembre, en novembre communément.

Entrons dans quelques détails sur l'opération dite du *démasclage*, laquelle n'est autre que le dépouillement complet de l'écorce épaisse et forte dont s'était revêtu l'arbre à l'origine, pour la remplacer périodiquement par celle qui pousse dessous.

L'homme ne fait donc que réaliser, en la prévenant, l'intention de la nature.

Le premier écorçage se fait à 20 ans, mais il est défectueux alors et donne son liége mâle, à usage de flotteurs, chapelets de pêcheur, bouées et autres engins de mer ; le second se pratique à 30, de qualité meilleure et qu'on appelle liége femelle, élastique et fin, fabriqué en bouchons ; c'est enfin à 40 ans que le produit subérique peut être avantageusement livré au commerce. L'écor-

19

çage ultérieur se renouvelle de dix en dix ans, jusqu'à l'extinction de l'arbre même qui meurt séculaire, — bien que sa longévité ne compte pas, à beaucoup près, un nombre aussi considérable d'années que le chêne, premier du genre.

On procède au démasclage vers le milieu de l'année, c'est-à-dire après l'irruption de la sève, avant son tarissement complet.

Quant à ses modes, comme ils ne sont ici que d'un intérêt secondaire, nous en dirons peu de mots, et encore les emprunterons-nous à autrui, à autrui, il est vrai, qui n'est autre qu'un arboriculteur émérite, le savant A. du Breuil :

« Un ouvrier, armé d'une petite hache, prati-
« que d'abord, depuis le sommet du tronc jus-
« qu'à sa base, une entaille verticale qui pénè-
« tre jusqu'aux couches du liber, mais sans les
« attaquer. Il fait ensuite deux entailles circu-
« laires, l'une au sommet, l'autre à la base de la
« première, et sur tout le périmètre de la tige.
« Il frappe ensuite la couche subéreuse avec un
« bâton, pour l'isoler du liber, et faisant péné-
« trer le manche de la hache, dont l'extrémité
« est amincie en forme de coin, entre les cou-
« ches du liber et le liége, il soulève progressi-
« vement toute la couche comprise entre les
« trois entailles. Il s'aide aussi, dans ce travail,
« de divers instruments en os, en bois ou en
« fer » (d'une forme dessinée en l'ouvrage du dit auteur).

« Lorsque la sève est abondante et que l'ou-
« vrier est adroit, il dépouille souvent le tronc
« en deux pièces seulement ; mais, souvent
« aussi, la tige est couverte de nœuds ou de
« plaies, et il faut alors circonscrire ces points
« avec la hache ; ce qui multiplie les fragments
« de liége.

« Quand l'écorçage est terminé, on procède
« à un premier triage. On rejette les planches
« trop caverneuses, celles qui ont été endom-
« magées par les insectes ou toute autre cause,
« et l'on place les autres à l'air libre ou sous un
« hangar ouvert, de manière qu'elles se croisent
« en tous sens. Dans cet état, elles se dessèchent
« rapidement et perdent, dans l'espace de deux
« mois, environ le cinquième de leur poids. On
« les livre alors à des marchands, qui leur font
« subir les transformations qui les rendent pro-
« pres au commerce. »

Le rendement moyen est de 50 kilogrammes
de liége. Il s'élève parfois à 100 et plus chez les
sujets vigoureux et âgés.

Il est à remarquer que dans le travail ci-
devant décrit, on a procédé par jardinage, c'est-
à-dire, si les arbres sont en massif, en choisissant les sujets d'une écorce suffisamment
épaisse.

Dans l'aménagement, faisons-le remarquer
aussi, il faut couper à rez souche les arbres
cariés, mal venants ou mal faits ; puis dégager

le pied de broussailles, d'encombre de toutes sortes ; enfin conduire une tête assez considérable et abondamment garnie, comme foyer respiratoire et vital du sujet peu branchu.

« Lorsque l'arbre est écorcé, on enlève « tous les fragments de liége qui y sont restés « adhérents et qui nuiraient à la production « suivante. »

L'écorçage exposant subitement les couches vivantes du liber aux influences atmosphériques dangereuses, c'est-à-dire qui déterminent la carie, la stérilité, même la mort de l'arbre, M. A. du Breuil conseille de «recouvrir toute la « superficie du tronc, immédiatement après « l'écorçage, d'un engluement composé par « moitié de chaux éteinte et de terre argileuse, « délayées dans une quantité d'eau suffisante « pour former une bouillie un peu épaisse. »

Devenu impropre à la reproduction de sa couche subéreuse, par vétusté ou maladie, le tronc du chêne-liége est abattu et livré au marchand comme bois d'œuvre ou combustible, selon sa qualité.

Comme sous-bois, l'on peut citer le Houx, le Prunellier, le Sorbier, l'Arbousier, le Genévrier, le Genêt, l'Ajonc, etc.

Houx commun, genre de la famille des Ilicinées (1) *(Ilex aquifolium,* Lin.*)* — Cet arbrisseau

---

(1) Plantes qui ont pour type le genre Ilex (houx).

vient çà et là, spontanément, dans les forêts de pins où il concourt, dans une proportion relative, à la protection générale, bien que son rôle premier soit la formation de clôtures ou haies vives, épineuses et par suite impénétrables, assez vite dégarnies par le bas, il est vrai.

Le sol argilo-calcaire et le sol argilo-siliceux lui conviennent surtout. Les expositions septentrionales, les ombrages, semblent lui agréer, ainsi que les terrains montueux ou au moins accidentés. On le rencontre le plus communément dans les régions tempérées.

Elevé à la dure et ne progressant que lentement, il est d'un tempérament vigoureux, d'une belle venue.

La couleur de sa feuille luisante et comme vernie, procède du vert le plus tendre au plus foncé.

Son grain ou fleur, d'un rouge incarnat, semble une petite boule de corail et figure volontiers dans les bouquets champêtres.

Sa tige monte jusqu'à 8 ou 10 mètres. Le bois, compact, à grain fin, serré, paraît brun noirâtre, avec aubier blanchâtre ; il est susceptible d'un beau poli, coloriable facilement, en noir surtout. Aussi l'ébénisterie l'emploie-t-elle avec avantage. Les jeunes pousses, très-flexibles et résistantes, servent à faire des manches de fouet et d'outils divers, des baguettes de fusil, des houssines, voire même, pour certains échantillons, des cannes et des bâtons ; on en façonne aussi des alluchons pour roues de moulin, engrenages, etc.

De l'écorce du houx l'on extrait de la glu ; de ses fruits, un purgatif ; de ses graines torréfiées et pulvérisées, une boisson quelque peu analogue au café ; de la feuille enfin, un sudorifique médicinal.

Prunellier sauvage, épine noire *(Prunus spinosa,* L.*)* — Cette variété du genre prunier est propre à faire, comme le houx, de fortes haies, à entrer du moins dans leur composition comme l'aubépine ; alors on rabat l'arbuste. Mais nous le présentons ici isolé et s'élevant à une hauteur de plusieurs mètres.

Le terroir argilo-calcaire lui convient beaucoup. Il est peu délicat d'ailleurs quant aux climats, aux expositions, etc.

Ses fruits dits *prunelles,* d'un bleu foncé, sont de saveur astringente et assez agréable après les gelées. Les palais rustiques s'en accommodent volontiers. Ceux de ces fruits que laissent les gamins en maraude, sont récoltés dans certains pays pour en faire de la piquette, avec un mélange de marc de raisin, le tout bien broyé, bien fermenté.

Le bois se brûle au four, la feuille s'infuse comme celle du thé. La fleur est un purgatif et l'écorce un fébrifuge, dit-on, outre son emploi dans l'industrie du tannage.

Sorbier dit *des Oiseaux*, genre de la famille des Rosacées (1) *(Sorbus aucuparia.)* — Il se rencontre parfois dans les bois, où sa vie est séculaire, plusieurs fois même séculaire, il paraît.

Les fruits, comme ceux du houx, sont un embellissement pour le paysage ; d'un très-beau rouge vif, ils persistent l'hiver.

Son bois, rouge aussi et suffisamment dur, est recherché par l'ébéniste.

Cet arbre est, du reste, peu élevé, peu volumineux surtout.

Arbousier (Arbutus). — Ce genre de la famille des bruyères comprend cependant des sujets à l'état d'arbrisseau, d'arbrisseau même assez haut.

Sa ramure est abondante, assez diffuse.

Il en est ainsi de l'*arbousier commun* dit des Pyrénées *(A. Unedo, L.)* (2), celui dont nous avons à nous occuper, et que l'on voit au pignada St-Bernard s'élever de 5 à 6 mètres avec un tronc et des branches les plus vigoureux.

Sa feuille est vivace et toujours d'un beau vert, ce qui est au Refuge d'une utilité grande l'hiver pour encadrement des bouquets.

Les fleurs pendent en grappes blanches ou roses, sorte de grelots élégants.

(1) A corolles dont les pétales sont disposés comme ceux de la rose.
(2) Il existe une vingtaine d'autres espèces.

Le fruit, qui mûrit à l'entrée de l'hiver, ressemble à la fraise des jardins, (d'où le nom de *fraisier en arbre;* de *frôle.*) Ressemblance trompeuse toutefois, car le plaisir du goût ne répond pas à celui de la vue. L'âcreté de ce fruit et aussi sa fadeur le font vite rejeter. Il n'est pas sans valeur cependant et l'on retire de la pulpe jaune une matière liquoreuse, légèrement sucrée, que l'on emploie à la pharmacie, chez les paysans même, comme boisson rafraîchissante. Depuis le commencement de notre siècle, le commerce en extrait de l'eau-de-vie, de l'alcool (1).

L'arbousier se multiplie de graines, de marcottes.

Genévrier (Juniperus communis et oxicedrus, L.*)* — Arbrisseau ami des sols légers, siliceux et calcaires, qui tantôt se ramifie dès sa base et en forme de buisson, tantôt s'élève à une hauteur de 5 à 6 mètres, avec une ramure copieuse et diffuse, dont les pousses terminales sont pendantes. L'écorce en est rougeâtre et rugueuse.

Les feuilles, verticillées (2) par trois, fermes et piquantes, portent une raie blanche et longitudinale.

Les fleurs, disposées en petits chatons soli-

---

(1) C'est à un Espagnol, nommé Juan Armesto, que l'on doit cette découverte faite en 1807.

(2) En bouquet.

taires, sont diotiques (1), dépourvues d'enveloppe florale.

Le fruit, appelé *baie,* strobile ou cône charnu, est bleu et, vers sa maturité, presque noir. Il renferme trois graines et mûrit en automne au bout de deux années seulement. Ce fruit reçoit en médecine un emploi utile comme tonique, diurétique, etc.

Le genévrier se coupe rez souche et pousse par rejets qui sont recueillis tous les quatre ans.

Le bois est débité pour la tonnellerie, l'ébénisterie, etc., s'il est de qualité convenable.

Genêt (Genista, Lam., genre de la famille des légumineuses).

Le *genêt commun* dit *genêt à balai (g. Scoparia,* Lam.*)* est celui que l'on rencontre dans le Midi de la France, où il croît à la hauteur de 1 à 2 mètres. Il est connu dans cette contrée Sud-Ouest sous le nom d'*escoube* qui, en gascon, signifie balai.

Les feuilles sont simples ou trifoliées.

Les fleurs sont solitaires ou réunies en épis terminaux qui se succèdent presque sans interruption dans notre recoin maritime, si tempéré.

Un botaniste en donne la description suivante :

(1) A deux oreilles.

« Calice à une ou deux lèvres, à cinq dents.
« Dix étamines monadelphes (1). Style subulé
« (2), incurvé ou enroulé au sommet. Gousse
« plane, comprimée, renfermant un petit nom-
« bre de graines. »

Selon un autre botaniste : « Rameaux nom-
« breux, effilés, anguleux, dressés. Feuil-
« les pubescentes, soyeuses (3) ; les inférieures
« pétiolées (4) et à trois folioles (5); les supérieu-
« res presque sessiles et réduites à une foliole.
« Fleurs jaunes d'or, groupées en grappes ter-
« minales ; style filiforme (6), très-allongé, roulé
« en spirale pendant la floraison. Le fruit est
« une gousse comprimée, polysperme (7), velue-
« hérissée sur les bords.» *(Le Règne Végétal. —*
« A. Dupuis.)

Le genêt, dans l'économie domestique, se
prête à diverses transformations : balai d'abord,
comme l'indique son nom même ; puis soutrage,
chauffage, palissade, etc.

Stratifié avec d'autres plantes, il sert de couche aux bêtes à cornes et, haché, il figure dans

---

(1) C'est-à-dire faisant corps ensemble par leurs filets.
(2) En forme d'alène.
(3) Garnies de poils soyeux.
(4) Portées par une pétiole ou queue.
(5) Petites feuilles.
(6) Délié comme un fil.
(7) A plusieurs graines.

leur mangeoire ; or, ce fourrage est précieux, car le lait qui en provient a une qualité reconnue supérieure.

Sujet de quatre à cinq ans, il est reçu dans la fournaise à pain, en compagnie de l'ajonc, son voisin, dont nous nous occuperons tout-à-l'heure.

Le genêt peut, en outre, être enfoui comme engrais vert.

Le commerce en tire aussi parti pour la filasse, la potasse, le tannage des peaux, etc.

Jusqu'à l'art culinaire lui-même qui s'approprie cette plante sauvage : confits dans le vinaigre, les boutons floraux peuvent, sur la table, remplacer les câpres.

Jusqu'à l'officine pharmaceutique : les fleurs infusées dans le lait sont indiquées comme remède dans les maladies de peau.

Enfin les oiseaux de basse-cour savent très-bien faire leur profit des graines.

Ajonc commun (Ulex Europœus, Linn.) ou *ajonc épineux*. — Cet arbuste velu diffère du genêt, son congénère (avec lequel on le confond souvent sous la dénomination générale de genêt), il en diffère, disons-nous, notamment par les rameaux avortés, très-épineux et sa feuille longue, simple, terminée en pointe, laquelle, vers la fin de l'automne, se transforme en épine dure et d'un vert foncé alors.

La fleur, qui éclot dès les premiers jours du printemps, l'hiver même par une température douce, pour se renouveler incessamment dans nos parages méridionaux, est jaune, solitaire (fleurs auxiliaires en grappes). « Calice coloré, « divisé dès sa base en deux lèvres. Dix étami- « nes monadelphes. Gousse renflée, un peu plus « longue que le calice, renfermant un petit nom- « bre de graines. »

Cet ajonc vient spontanément dans les terrains arides et sablonneux, landes ou dunes. Il est fort répandu, côte à côte avec le genêt (mais beaucoup plus répandu que celui-ci), à travers les terrains incultes du Sud-Ouest. On le rencontre partout, soit à l'état isolé, soit à l'état de massif ou de haie. Les paysans le connaissent sous le nom de *thouye* ou *thuie* (1) ; ils donnent en pâture aux vaches la pousse de l'année qui se coupe en hiver, après l'avoir hachée ou broyée suffisamment. La pousse de deux ans est bonne pour litière. — Rejet de souche. Le bois de quatre à cinq ans est destiné au four, où il donne un feu vif, préférable à celui du pin même, ce qui s'explique par la nature éminemment ligneuse de cette plante.

De plus, son incinération sur place est, dans les régions pyrénéennes, un moyen de fertiliser les terres mauvaises.

(1) On appelle *thouya* ou *thuia*, en patois, un peuplement d'ajoncs.

Il y a lieu de comprendre ici l'ajonc dit *nanus* (nain), ou *ulex autumnalis,* th., fleurissant en automne, par rapport à l'*ulex europœus* dit *vernalis,* le plus fréquent dans ce pays.

Gourbet (arundo arenaria, L.), plante vivace et traçante, l'une des plus actives à retenir les sables ; telle est, en effet, sa fonction principale. Semé au printemps avec protection suffisante, ce végétal offre plusieurs ressources : toiture, litière, engrais, etc. Il est très-rencontré dans tout le Sud-Ouest de la France.

Elyme des sables (Elymus arenarius, L.*),* roseau, comme le précédent, duquel il participe, offrant à l'homme un puissant auxiliaire contre la dissémination, la mobilité des dunes. L'elyme, non moins que le gourbet, est très-commun sur tout le littoral pinicole.

Les Bruyères viennent, à leur tour, en soubassement des étages ci-dessus.

Puis les Mousses, essences cryptogames (1), d'espèces diverses, rasent terre.

S'y mêlent des Fougères et des Herbes de toutes sortes.

Bruyères, mousses et herbes, qui avec certaines plantes précédentes, forment ce qu'on appelle soutrage (2), se retrouvent encore d'en-

---

(1) Dont les organes sexuels sont peu apparents, souvent même invisibles.

(2) Du latin moyen-âge (XIIe siècle), *sostrale* (litière).

semble sous les bestiaux à l'étable ; ou, le plus souvent, rehaussées en grade, elles garnissent corbeilles et bouquets.

Nous négligeons ici leur nomenclature, renvoyant le lecteur à la flore agricole et sylvestre de la contrée.

Ces arbustes, arbrisseaux, plantes fourragères, gazons spontanés, etc., qui s'emparent du sol, le meublent, le fertilisent (par leur humectation notamment), sont des auxiliaires très-utiles pour le Pin, notre objectif principal.

———

Telle est l'annexe qui complète notre travail sur la culture forestière au domaine religieux d'Anglet.

Ce travail, bien que renfermé dans les considérations de la science doit, par certains aperçus, montrer quelque peu au lecteur le décor pittoresque que les pignadas ajoutent à l'Ermitage St-Bernard, de lui-même si intéressant déjà.

Quant à la partie didactique de nos études, nous serions heureux qu'elle fût un jour estimée comme profitable ; car, à notre avis, la question des matières résineuses est celle qui importe le plus à la richesse de notre contrée forestière, à la prospérité générale des côtes de Gascogne.

— Reproduction multiple d'une œuvre multiple, ce livre a pour but de refléter la grande pensée, la pensée universelle de l'abbé Cestac, outre l'utilité que pourront lui reconnaître et l'esprit monacal et la pratique agricole : deux faces éminemment caractéristiques du Refuge.

C'est pourquoi chacune d'elles aura été largement traitée, dans des proportions relatives.

Les plantations St-Bernard soudent quelques hectares à la flèche lancée de Bordeaux pour venir toucher de sa pointe le fond du golfe au Monastère même d'Anglet, après avoir réjoui de sa verdure éternelle ce long parcours du littoral, tout en fixant les sables et garantissant les terres contre les tempêtes océaniques, tout en distribuant sur son passage la richesse des bois et des résines aux riverains Girondins, Landais, Pyrénéens.

Par cet ajouté, tel minime qu'il soit, à la ligne protectrice et féconde, la main du Refuge a donc produit un nouveau bienfait, moins profitable encore au domaine qu'au voisinage, par l'exemple du succès, par l'encouragement autorisé.

Ne craignons pas de vanter les tentatives, les réussites de sylviculture à nos jours, dans les dunes, landes et montagnes principalement, sur cette terre de France à la chevelure luxuriante jadis, tellement tondue, si bien rasée, dans les régions méridionales surtout, aux siècles précédents, que la calvitie, sauf quelques touffes éparses et comme oubliées, a fini par atteindre toute la surface territoriale.

Landes, garigues, champagnes, marches, brandes, pâtures et pâtis, bruyères, etc., steeps arides de toutes sortes, ont envahi les plaines, ont gagné le versant et la cime des monts.

Par bonheur, le revirement s'opère et le sol (celui, bien entendu, impropre à toute culture) se boise peu à peu ; il se couvre notamment des essences à produit rapproché, car, à notre époque aussi, l'on est pressé de jouir.

On ne saurait trop le dire, l'Etat ne saurait trop l'encourager, il est urgent de reboiser la France, si apte d'ailleurs par son climat, qui ne produit pas la quantité de bois d'industrie, de consommation, indispensable à des exigences sans cesse croissantes.

C'est aux nations étrangères et mieux favorisées ou plus conservatrices que l'on va demander les pièces les plus précieuses ; chez lesquelles la marine, par exemple, va s'alimenter pour certains besoins de ses chantiers.

Mais, là, que de frais ! que de mécomptes !

— Rassurons-nous, cependant, et soyons fiers de notre encoignure arénacée, montagneuse, du Sud-Ouest, par les résultats suivants :

La France compte aujourd'hui (1873) trente-deux conservations forestières. La 22e, dont le siége est à Pau, embrasse trois départements : les Basses-Pyrénées, les Hautes-Pyrénées et le Gers.

On évalue à 3 millions d'hectares environ la superficie boisée du sol, pour l'Etat, les Communes et les Etablissements publics, entre lesquels la répartition se fait ainsi : 1 million pour l'Etat et 2 millions pour les autres.

Dans ce chiffre de 3 millions, les Basses-Pyrénées sont comprises jusqu'à concurrence de 55,259 hectares ; les Hautes-Pyrénées, de 52,578 ; le Gers, de 1,394.

Les Landes, qui appartiennent à la 29e conservation (Bordeaux), y entrent pour 38,168 hectares (1).

Aux 3 millions ci-dessus, il faut ajouter, si l'on veut avoir idée de l'étendue générale du sol forestier en France, les bois relevant de la propriété privée, et que l'on n'estime pas à moins de 5 millions.

Ce qui fait un total définitif de 8 millions.

---

(1) Dans ce département, les forêts de pins se divisent surtout entre les particuliers, ce qui explique le chiffre relativement minime sous lequel figure ici ce grand développement sylvestre.

LES RECOLLETS D'ANGLET

Historique de 1612 jusqu'à nos jours.— Ordre Franciscain. — Description du quartier Saint-Léon.

LETTRE IX.

LES BERNARDINES D'ANGLET.

De la naissance de l'Œuvre jusqu'à nos jours. — Ordre, Constitutions, etc. — Description du quartier *Saint-Bernard*.

LETTRE IX.

LES BERNARDINES D'ANGLET.

De la naissance de l'OEuvre jusqu'à nos jours. — Ordre, Constitutions, etc. — Description du quartier *Saint-Bernard*.

§ 1.

DE LA NAISSANCE DE L'ŒUVRE JUSQU'À NOS JOURS.

Nous avons dit (lettre II) comment au domaine du Refuge vinrent s'adjoindre, en 1846, quelques parcelles de terrain dans le quartier dit *Anglet aux Sables*.

Comment aussi quelques Pénitentes se livrèrent aussitôt à la culture de ce sol infertile, tout en demeurant attachées au logis Notre-Dame, sous l'abri duquel elles rentraient chaque soir.

Comment enfin, l'an 1848, et du consentement de M. Cestac, elles se retirèrent à demeure dans ces dunes isolées dont fut faite une véritable thébaïde.

Dès lors s'y pratiquent volontairement, d'initiative privée, les us et coutumes dévotieux qui, plus tard un peu, devaient se transformer en constitutions et règles d'un Ordre reconnu.

Le prudent abbé toutefois n'avait accordé que progressivement, après épreuves suffisantes, certaines autorisations dont il pouvait craindre de ne pas voir persévérer la pratique : celle du silence, par exemple, qui ne fut octroyée qu'avec la réserve expresse du dimanche, comme jour où la langue devait recouvrer son libre exercice. Il est vrai que cette langue féminine dut bientôt céder sans plus d'efforts à une volonté si persistante, et que, sans restriction aucune, les Pénitentes purent se laisser aller enfin à toute l'extension de leurs aspirations pieuses, à un mutisme complet.

Elles étaient d'ailleurs dirigées par une Sœur remarquable, détachée, sur sa demande, du groupe Notre-Dame, sous l'égide de laquelle elles avaient été installées à Saint-Bernard, laquelle Sœur aussi est la véritable fondatrice de cette Œuvre spéciale, — celle-là même, Sœur ***, que nous avons citée déjà, sans la nommer, non plus qu'ici (sa modestie s'y refuse), comme ayant participé à la création de l'Œuvre première, de l'Œuvre générale par suite.

Sœur *** séjourna quinze ans au moins dans ce quartier nouveau, jusqu'à ce que, ses vues réalisées, elle fût appelée, pour d'autres soins, à Notre-Dame.

Sous cette influence intelligente et courageuse, se dessine, se construit et s'aménage le retrait cénobitique.

Les Pénitentes qui, dans l'espace de deux années — 1846 à 1848 — s'étaient multipliées du nombre six à celui de vingt et quelques, dressent en paille une trentaine de cellules et complètent cette installation par l'annexe d'une chapelle de pareille matière.

L'abbé n'était pas riche ; et puis, disait-il, qui pouvait compter sur la viabilité de l'Œuvre ?

En 1853, ces chétives constructions, assez vite usées, trop peu consistantes d'ailleurs sur ces bords océaniques, sont remplacées par des cabanes en maçonnerie, et au nombre de soixante environ, car le personnel de l'association s'était fort accru dans cette nouvelle période de cinq années.

La chapelle, comme les cellules primitives, se voit alors renaître dans un édifice durable,— non que l'ancienne chapelle fût démolie ; conservée avec religion, au contraire, on la retrouve debout aujourd'hui encore et le culte lui réserve certains exercices pieux.

Dans cet intervalle, importées pour la plupart de la Trappe même, où séjourna *ad hoc* l'abbé Cestac, des Règles et Constitutions avaient été soumises à l'approbation de Mgr l'Evêque de Bayonne, en présence duquel eut lieu, le 8 décembre 1851, la prise d'habits.

Ces Règles et Constitutions, sauf quelques modifications apportées par Rome, sont les mêmes aujourd'hui.

§ 2.

1º

Ordre, Constitutions, etc.

Les Pénitentes de Saint-Bernard sont enrôlées dans la milice de ce grand patriarche de la vie Religieuse et Pénitente, — de la vie Agricole aussi, ajoutons-le.

Elles portent le nom de Bernardines, nom unique qui les différencie des Trappistines, disciples également de Saint-Bernard, mais dont la vie érémitique n'est pas la même : celle des Bernardines doit se passer à l'air libre, à ciel découvert ; celle des Trappistines est toute cloîtrée.

Cet ordre se forme, comme personnel, à quelques exceptions près, des Réfugiées-converties de Notre-Dame.

Elles continuent à faire partie de la Communauté N.-D. du Refuge, sous son administration, et sous la tutelle des Servantes de Marie, dont l'une, déléguée par Mme la Supérieure Générale, est Directrice de l'Œuvre Saint-Bernard ; outre que des Servantes de Marie sont préposées à la surveillance des Bernardines, comme elles le sont à la surveillance des Pénitentes au quartier Notre-Dame.

Saint-Bernard n'est donc, en réalité, qu'une agrégation de Notre-Dame.

Les deux Congrégations se relient, d'ailleurs, par le culte à la Vierge, outre une vie commune (1).

Sur l'autel de la chapelle, à Saint-Bernard, s'élève une statue sous le vocable de Notre-Dame-de-la-Solitude.

Toutefois, la pensée pieuse de leur ancienne demeure suit les Pénitentes en ces parages nouveaux : Sainte Magdelaine, témoin de la Passion de N.-S. Jésus-Christ, Sainte Magdelaine pardonnée aussi au jour de cette scène miséricordieuse, reste gravée dans leur âme, comme elle avait été pour leurs yeux représentée au logis des Pénitentes dans la niche du mur contigu au jardin.

Tel est le sujet des méditations journalières de la Bernardine.

La vie matérielle, elle-même, de celle-ci s'alimente, comme provenance, au quartier principal.

2°

Forme de vie.

Non par ordre formel, mais par dévotion, en

---

(1) De plus, très-souvent des Servantes de Marie se retirent temporairement, pour une retraite, à Saint-Bernard ;— elles y conservent toujours leur costume spécial.

signe de recueillement, les Bernardines se tiennent la tête et le regard baissés.

Elles observent un silence absolu.

Ce silence n'est troublé par qui que ce soit de la Communauté, car les ordres donnés ici par les Servantes de Marie ou autres, se transmettent plutôt par signes que par la voix.

L'appel se fait au moyen d'un claquement de mains.

La langue est exclusivement réservée à la prière.

Elle échappe ainsi aux dangers de la communication verbale ;

Elle laisse la Religieuse à elle-même, ermitesse dans la vie cénobitique, solitaire dans la communauté.

L'emploi de la journée ouvrable est celui-ci :
Lever à 4 heures 1/2 en tout temps.
Prières et messe, jusqu'à 7 heures.
Rentrée en cellule pour les soins intérieurs.
Déjeuner à 7 heures 1/4 : soupe, pain sec et de l'eau.

Récitation du *Miserere* à 7 heures 1/2, en se rendant à la chapelle de paille, où se finit le psaume.

De là, partage entre les Bernardines : les unes rentrent dans leurs cellules, sous le cloître ou les arbres, à leur gré et suivant la saison, pour y travailler à l'aiguille ; les autres vont aux champs, dans des directions diverses, afin d'y cultiver les sables, d'après les ordres reçus.

A chaque heure du travail, une cloche fait appel, pour toutes, à la prière récitée sur place et à genoux. Les ouvrières à l'aiguille mettent de côté leur ouvrage, les ouvrières de la pioche déposent leur instrument aratoire.

Dans la campagne encore, une petite clochette, agitée par la Sœur surveillante, collaboratrice aussi, donne, de temps à autre, le signal d'un repos momentané. Chacune *illico* reste dans la posture du jardinier sur sa bêche.

A 11 heures 1/4, toutes les Bernardines se rendent à la grande chapelle pour un exercice religieux qui se prolonge jusqu'à midi.

A midi, elles marchent en rang vers le réfectoire, où les attend un dîner dont le menu varie peu : la soupe et un plat. Ce plat est tantôt à la viande, tantôt aux légumes ; quelquefois il participe des deux. Il est assaisonné à la graisse, sauf les jours maigres. De l'eau, invariablement, pour boisson.

Pendant le repas, lecture de la vie du Saint du jour, suivie de celle d'un Père du désert, leur patron naturel, est faite par l'une d'elles.

Le cours du manger est çà et là interrompu, à titre d'humiliation et de pénitence, par le tintement d'une sonnette qui suspend tout aussitôt l'action de chacune.

Le dîner, tous les vendredis, se prend à genoux.

A midi et demi, on va réciter les Grâces à la grande chapelle.

Au retour, récréation jusqu'à 1 heure. Elle consiste en promenade sur place, ou en occupations facultatives au jardinet de chacune (1), selon le bon plaisir de la Bernardine.

A 1 heure 1/2, lecture spirituelle et chapelet en commun.

A 2 heures, retour aux travaux respectifs et, dans l'après-midi, rentrée, soit séparément, soit collectivement, de toutes à la chapelle pour des exercices religieux.

A 6 heures, le souper : un plat de légumes.

A 6 heures 1/2, action de grâces à la chapelle.

L'été, reprise des travaux, au dedans et au dehors, jusqu'à 8 heures.

L'hiver, réunion dans une salle générale de travail, jusqu'à la même heure.

A 8 heures, le chant du *Salve Regina* et de l'*In manus tuas*, à la grande chapelle ; puis, les prières du soir.

A 9 heures moins le quart, retour à la cellule pour le coucher que le règlement fixe à 9 heures.

— Le dimanche et jours de grande fête, les heures du travail sont consacrées à la prière.

---

(1) Une parcelle des sables est concédée en jouissance à cette déshéritée de la terre.

3°

Classes diverses.

Les Bernardines se divisent en trois classes distinctes :

Professes,

Novices,

Postulantes.

Même vie pour toutes ; elles ne se différencient que par le costume.

4°

Costume.

Il comprend deux habits : l'habit de cérémonies religieuses, dit habit de chœur ; et l'habit de travail.

1° Pour les Professes, le premier se distingue en une robe de laine blanche, grossière, attachée à la ceinture avec une corde ; un scapulaire de laine blanche ; puis un voile noir qui tombe devant et derrière, cachant le visage.

Ce voile porte une croix en étoffe blanche, cousue derrière.

Le second habit se compose de : même robe et grande pèlerine en laine blanche, au lieu du scapulaire. On y attache un capuce descendant sur les yeux.

Sur cette pèlerine, une croix en laine noire par derrière.

Dans les deux costumes, la Bernardine porte une croix en cuivre, suspendue au cou.

Comme chaussure : l'été, des spargattes; l'hiver, des sabots.

2º Les Novices ont les deux vêtements pareils, sauf, pour le premier, le voile bleu au lieu du voile noir.

Ni pour elles, ni pour les Postulantes, la croix sur la poitrine. — Elle est réservée à celles ayant fait des vœux.

3º Les Postulantes portent un ajustement séculier, entièrement noir, comme les Postulantes des Servantes de Marie, à part la mantille de laine qui couvre toute la partie haute du corps de la Postulante Bernardine.

5º

Nombre.

Le nombre des Bernardines est d'une cinquantaine.

§ 3.

DESCRIPTION DU QUARTIER SAINT-BERNARD.

Dès la rencontre des quatre chemins commence, nous l'avons dit, le quartier Saint-Bernard.

A la suite de la grande avenue de Notre-Dame, route carrossable (1), file à travers le pignada et durant une centaine de mètres, une autre avenue qui aboutit au groupe de l'établissement.

Ce chemin, enclavé des deux côtés par des dunes boisées, est tout sablonneux, à rendre même difficile, sinon impossible, la circulation des voitures. — On a voulu, en effet, prévenir ainsi tout bruit du dehors dans le séjour de la Solitude.

Comme un mystère déjà, s'annonce la thébaïde.

Au bout du passage malaisé (2), s'ouvre aussitôt une allée ferme et à niveau, en tête de laquelle une inscription porte : *Prière d'entrer par ici et de parler à voix basse.*

Une double rangée d'yuccas agrémente la terre par leur verdure éternelle.

Une double ligne de pins verdoyants dans les airs, continuée par une autre de platanes en berceau, ombrage la personne du promeneur.

Des yuccas, la prestance est splendide.

Des pins, l'essence est exceptionnelle.

Ce n'est plus le pin maritime ou *Pinaster*, mais bien le pin luxueux dit pin Pinier (P. *Pinea*,

---

(1) **Et cependant, il est écrit :** *Prière de ne point entrer avec la voiture.*
C'est qu'en effet cette faculté est réservée pour la grande porte, route de la Barre.

(2) **Des sentiers dans le pignada permettent au piéton de l'éviter.**

L.), appelé aussi pin bon, pin franc, pin pignon, pin d'Italie (?), et connu dans ce pays sous le nom surtout de pin *mèche*, c'est-à-dire, en gascon, pin greffé ou cultivé.

En effet, de même que, par suite de la greffe, les espèces arboricoles, pour la table, donnent des fruits meilleurs, le pin pinier offre la récolte de strobiles à haute culture, lesquels recèlent des amandes fines et blanches, laiteuses et sucrées, beaucoup plus grosses que celles du pin maritime.

Comestible que l'on peut manger sec, ou immixté dans les aliments dont il relève, affriande le goût.

La cueillette de ces pommes se fait annuellement à Saint-Bernard du Refuge, ce qui nous fait croire que l'arbre, objet de notre examen, est une variété, plus riche encore, de l'espèce *pinea*, laquelle est reconnue ne donner ses fruits mûrs qu'au bout de trois ans.

La science forestière, il y a une quarantaine d'années, annonçait l'apparition en France d'une variété mûrissant plus vite et mieux. L'essence qui nous occupe est-elle cette variété elle-même?

Cela est supposable.

Sinon, il faudrait reconnaître que le sujet se trouve ici chez lui plus qu'ailleurs, comme en un milieu propice, puisque les cônes annuels (l'arbre est entièrement dépouillé chaque année) sont d'une maturité parfaite.

Peut-être une période double ou triple dans la végétation, donnerait-elle un résultat plus considérable en volume ; nous l'ignorons, l'expérience n'en ayant pas été faite encore, que nous sachions du moins.

En tout cas, et pour compléter l'analyse du sujet, qui en vaut la peine, nous allons rapprocher dans la perspective, l'œil de l'arboriculteur pouvant lui-même se fixer mieux ainsi.

Quelques traits suffiront pour ajouter au détail ci-devant de la fructification.

Le tronc droit, plus lisse que celui du pin maritime, à écailles plus délicates aussi, se couronne par un branchage compact et gracieux, un peu arrondi, se relevant en boule (1), et à feuilles d'une ténuité particulière, longues et charnues, rayées d'ailleurs, canaliculées, demi-cylindriques, en triple spirale et par accouplement binaire, comme chez le cogénère.

Cônes roussâtres, à écailles imbriquées et polies, au sommet tronqué.

Moins chargé de résine, beaucoup moins que le *pinaster*, le *pinea* offre dans son bois plus dur, plus choisi, des avantages exceptionnels pour la menuiserie, pour l'ébénisterie même.

Arbre d'ornementation, autant que de rapport, c'est-à-dire décoratif aussi bien que forestier, ce pin, qui n'existe dans notre région qu'à

---

(1) La ramure, du reste, diffère sous quelques rapports de celle analysée par les auteurs à l'endroit du *pinea* ordinaire.

l'état isolé, paraît, si nous en croyons certains vestiges, y avoir existé en des siècles reculés, à l'état de forêt, bordant même tout le littoral aquitain, depuis la Gironde jusqu'à l'Adour.

Dans les Landes déjà, outre d'autres localités sans doute, l'on cultive volontiers çà et là cette espèce dont on semble préjuger la valeur.

Pourquoi, en présence des essais partiels et réussis que nous signalons, ne pas entreprendre dans notre zône Sud-Ouest, dépourvue d'amandiers, la culture en grand, la sylviculture alors, du pin pinier ?

Et ce, sans préjudice aucun des essences diverses heureusement expérimentées, en choisissant le terrain le plus propice à chacune, car il y a place pour toutes.

Excusez, visiteur, cette halte que vous a imposée, dès le départ expéditionnaire, l'auteur de ce livre, par l'observation des premiers objets qui se présentent au regard à Saint-Bernard, mais le pardon en est espéré comme échange du désir de ne laisser ici rien inaperçu, les uns trouvant plaisir à telle rencontre, les autres à telle autre ; or, il en a été ainsi jusqu'à cette heure, depuis notre introduction à l'établissement du Refuge ; il en sera ainsi encore jusqu'à nos derniers pas, dans l'espoir, pour l'écrivain, d'être agréable au plus grand nombre.

Aussitôt sur place, l'excursionniste est reçu

à son arrivée par une statue de N.-D.-du-Bon-Conseil, qui se tient debout, dans sa niche pieuse, comme l'inspiration d'une idée première.

Une Servante de Marie attend au pied la visite de l'Etranger.

Dès lors, et par itinéraire, se développent les détails suivants.

1°

Chapelle.

Le bâtiment offre une certaine physionomie moyen-âge (la grande époque des monastères en France), avec son toit en carène de vaisseau et ses pignons gothiques, avec ses voûtes, ses portes et ses fenêtres ogivales.

Ici, comme à Notre-Dame, la nef et un bas-côté se partagent le sanctuaire, en tête duquel se dessine le chœur.

La nef, qui prend accès du dehors, est destinée au personnel le plus avoisinant, de l'autre quartier.

Le bas-côté est exclusivement occupé par les Bernardines; elles y entrent de l'intérieur même du cloître.

Un banc adossé aux murailles latérales les reçoit toutes, et laisse vide l'espace intérieur. Le coup-d'œil de ces deux rangées d'êtres humains, invisibles sous leurs vêtements blancs, a quelque chose de saisissant.

Chaque rang a pour chef de file une statue en pied qui se dresse près du chœur et représente, à droite des nonnes, saint Bernard méditatif, tenant en main un pli sur lequel sont retracés les premiers mots de sa belle invocation : *Memorare o piissima Virgo* ; à gauche et en face du moine Cistercien, sainte Marie-Magdelaine, pécheresse, portant le vase traditionnel des parfums à embaumer.

— Deux figures dont les traits rappellent l'Ordre même des Religieuses de céans.

Au spectacle étrange, pour lequel il fait scène officiante, s'ajoute l'autel qui semble reposer sur la sépulture du Christ, figurée par des rocs et se raccordant avec l'idée de la repentie aux encens mortuaires.

La masse grisâtre, après avoir fait table au service divin, se termine en un calvaire que relient au soubassement des pilastres rocheux.

Au pied de la croix qui touche la voûte monumentale, se tient la mère du Christ, dite *Mère-des-Sept-Douleurs* (1).

Sur sa poitrine est appendu un cœur transpercé de sept dards ; la main droite tient une couronne d'épines, la gauche les trois clous de la Passion.

La statue est d'un beau modèle, à expression touchante.

---

(1) L'image de Notre-Dame-des-Sept-Douleurs est le sceau de la nouvelle Trappe, héritière de Citeaux, avec laquelle la corporation de Saint-Bernard d'Anglet a tant de connexité.

Elle constitue le don fait au Refuge d'Anglet par un Monastère trans-pyrénéen.

L'ensemble, en effet, reproduit une physionomie toute espagnole, avec la robe de velours noir, le voile en tulle, même couleur, et une couronne de perles assorties.

La Vierge comporte, par l'entourage rocailleux, d'une simplicité toute naturelle, un caractère autre encore que celui de la douleur, ou plutôt un caractère qui s'assimile, s'identifie volontiers avec celui-ci ; elle est, pour la Bernardine, la Vierge de la Solitude.

La Vierge de la Solitude est même, en réalité, l'objet d'un culte spécial en ce coin du désert (1).

Lorsque, de là, le regard descend sur l'ensemble tombal, il éprouve comme un soulagement, une joie consolante à voir cette porte du tabernacle, et si fraîche et si pure, qui se détache du décor rustique, comme l'âme du mystère.

Brûle, jour et nuit, une lampe pour la réserve de ce tabernacle.

La voûte du chœur tient suspendus deux lustres de cristal.

Un double chemin de croix décore et la nef et le bas-côté.

---

(1) Dans l'ordre du Spirituel, comme dans l'ordre du Temporel, nous avons rencontré ici des idées complexes, en raison de la fécondité des sources, et nous avons tâché de les élucider en les exprimant.

Celui des Bernardines doit offrir un coup-d'œil émouvant, lorsque les calybitesses (1) s'y inclinent en prières.

Non moins émouvant est, vers le soir, le chant du *Salve Regina*, cet hymne à la Mère de Dieu, dont le rhythme lent et grave, est mesuré ici, interrompu dans les strophes, comme à la Trappe, d'où il a été importé.

Le chant romain semble porter vers la Reine du Ciel avec plus de solennité, plus de confiance encore, les soupirs de ces malheureuses qui invoquent miséricorde et demandent consolation.

L'effet de cette prière est complété par le plein chant de l'*In manus*, cette antienne touchante qui remet directement à Dieu, après l'intercession du *Salve*, le dépôt d'âmes exilées qui n'appartiennent plus à la terre, qui n'appartiennent pas encore au ciel, que la pénitence laisse flotter, pour ainsi dire, dans le vide, sur les ancres de l'espérance.

Muette à tous accents autres que ceux de la prière, la voix de la Bernardine rencontre, insciemment sans doute, chez l'auditeur religieux que la cénobitesse ne voit jamais, qu'elle ne soupçonne même pas, un écho qui se répète souvent, bien souvent par la suite, et comme une lointaine élégie, dans la vie du monde.

(1) Habitantes de cabanes.

2°

Salle de repos.

Une salle de repos, contiguë à la chapelle, est offerte au citadin, qui y trouve quelques objets de piété et d'un intérêt local, tels que modèles figurés de Bernardines aux trois degrés, avec leurs costumes respectifs. S'y joint un spécimen des autres familles de la Communauté.— Le tout confectionné par les Bernardines elles-mêmes.

3°

La Crèche.

En sortant de cet abri hospitalier, les pas de l'étranger se retournent vers le dehors boiseux, cultivé, fleuri, où bientôt se rencontre une image tout autre que nos milieux connus, l'image de l'Orient, avec ses souvenirs religieux, reportés en un *nacimiento* (Nativité de Notre-Seigneur).

Une cabane de paille, cabane immense, dressée par les mains mêmes, par les mains seules de la Bernardine, — qui couvreuse, qui charpentière, — renferme la crèche où conduit une allée de cyprès.

L'œil alors ne s'ouvre plus qu'aux perspectives asiatiques, qu'aux pages de la tradition.

De toutes parts cités, paysages, indigènes, mœurs locales de l'antique Judée, se confondent au panorama, s'accentuent et se groupent, ou plutôt convergent et se concentrent vers un point unique, point modeste entre tous, qui remémore cependant l'événement le plus grand du monde chrétien, la naissance de Jésus.

La cicerone obligeante qui vous a introduit au sanctuaire, s'empresse alors de vous guider en cet horizon nouveau.

Elle suit l'itinéraire historique d'un pas assez fidèle pour ne rien omettre des détails ; sa parole dévotieuse colore à merveille ces sujets si enluminés par eux-mêmes déjà.

Nous lui envions l'honneur de vous accompagner, ami, à travers ces chemins, ces sentiers, ces montagnes, ces vallons, ces bois, ces prairies, ces cours d'eau de la Palestine ; celui de vous ouvrir les portes de Jérusalem, de Bethléem, du Jardin des Oliviers, du St-Sépulcre, etc.; mais, trop respectueux de l'initiative de la Religieuse, plus que nous autorisée, nous nous abstenons de commentaires autres.

Ce *nacimiento*, à la manière espagnole, rappelle une coutume pieuse de nos voisins, à laquelle prennent part grands et petits, riches et pauvres.

Toute famille, à Noël, possède son *nacimiento*. Sous le chaume, comme au palais, se révèle le souvenir mémorable, plus ou moins dignement historié, du prix le plus minime jusqu'au plus élevé.

Le *nacimiento* est l'occasion de visites réciproques, offert à la dévotion des parents, des amis. Celui de la cour, splendide entre autres, est l'objet d'une réception quasi-officielle.

Ce *recuerdo* (souvenir) de *la noche buena*, de la bonne nuit, de la nuit du grand événement, qu'aux âges de Foi nos aïeux célébraient plus saintement encore, coïncide en Espagne avec l'époque où de toutes parts l'esprit est en liesse, le cœur en pleine expansion, avec le renouvellement de l'année ; non le renouvellement calendaire, mais celui des vœux et souhaits, des visites et cadeaux à l'occasion de la période nouvelle, marquée par la fête liturgique, par l'allégresse iglésiale (1).

C'est à Madrid une fête de la Nature elle-même, pour ainsi dire, car alors abonde dans la capitale l'arrivée de ces délicieux produits du Midi,— Andalousie, Valence, Murcie, etc.,— qui consistent en oranges, cédrats, citrons, olives, etc., etc.

L'idée religieuse semble donc s'aviver encore d'une vitalité renouvelée chez les êtres eux-mêmes, auxquels les sols producteurs offrent en ce moment les richesses de leur fécondation.

---

(1) Or, de cette distinction même ressort, pour le moraliste, un trait assez caractéristique qui fait dominante la pensée dévotieuse.

4°

Sépulture de Sœur Marie-Magdelaine.

La Servante de Marie qui, dans l'œuvre du Refuge, se présente à la gauche de l'abbé Cestac (dont elle touchait le cœur comme sa sœur naturelle) (1), a voulu que le mérite de son association restât caché sous la pauvreté de son vœu.

Rien de plus simple, et par cela même de plus sympathique, que cette sépulture qui se relève à peine par un léger tertre.

Rien de plus, non rien.

Si pourtant, mais il faut l'y voir, une idée surgit du brin de terre, elle surgit touchante et belle : la Religieuse a désiré être inhumée là même, où avait vécu le vieil Arnaud, où s'était dressée la cabane du pauvre...............
....

L'accessoire décoratif que l'on aperçoit en dehors du carré mortuaire, est de la pieuse initiative des Sœurs contemporaines et survivantes de Marie-Magdelaine, de l'initiative affectueuse de son frère peut-être aussi.

5°

Cimetière de la Communauté.

Ici règne la mort dans toute son imposante gravité.

(1) A la droite, on s'en souvient, et debout encore, se place l'autre Religieuse innommée.

Le cyprès, cet arbre du regret et de l'espérance, çà et là groupé, fait seul cortége à une croix de bois qui se dresse au centre du dernier séjour, en signe de salut pour toutes indistinctement.

A droite, la sépulture des Pénitentes et Orphelines ;

A gauche, celle des Servantes de Marie ;

Au fond, celle des Bernardines.

Au pied de la croix, est couchée la tombe de la mère de M. Cestac.

On y lit :

ICI REPOSE

J^{ne} AMITÉ SAROBE

Ve CESTAC

MÈRE DE N. B. PÈRE

DÉCÉDÉE A N.-D. DU REFUGE

LE 4 MAI 1855 A 79 ANS

ENTRE LES MAINS

DE SON FILS

DANS LA RÉSIGNATION

ET L'ESPÉRANCE

A SA MÉMOIRE CHÉRIE

LA COMMUNAUTÉ

RECONNAISSANTE

P. P. ELLE

S. M. (1)

(1) Servantes de Marie.

6°

Les Serres.

Elles se répartissent en trois serres distinctes : la *grande serre*, la *serre-annexe* et la *serre de multiplication*.

— La première serre, d'un développement considérable, est consacrée à l'entretien, à l'exposition aussi des fleurs, plantes et arbustes qui l'ornementent.

Elle est riche surtout en fleurs, remarquable par la quantité de ses magnifiques héliotropes dont elle est, pour ainsi dire, tapissée. Des géraniums attirent aussi l'attention par leur précieuse variété.

Non que les plantes grasses et les arbustes y soient négligés, inaperçus ; témoin, ce vénérable cactus-rocher qui, de son estrade centrale, paraît présider à l'ensemble végétatif, dont il stimule la reproduction, pour sa famille du moins, car, prolifère à l'excès, il fait souche à de nombreux descendants dont la bouture a été tirée de son sein. Témoin encore cet immense abutilon (1) dit *duc de Malakoff,* qui, de sa ramure flexible, de son feuillage toujours vert ici, et de ses fleurs panachées, a couronné votre entrée, visiteur, au séjour embaumé.

(1) Originaire des Antilles et de la famille des Malvacées (mauves ou plantes émollientes).

— La seconde serre est l'appendice de la précédente, recevant le surcroît de la collection générale.

— La troisième serre, enfin, a pour objet, comme l'indique son titre, la création des sujets destinés aux deux autres vitrines.

Plus humble en charmes que ses acolytes, comme la fabrique toujours est plus humble que le magasin, cette serre ne retient pour elle que l'avantage de sa fécondité, bien que, pour l'observateur, elle ait droit à la gloire de tous les épanouissements qu'exhibent les expositions latérales.

Voyez, en effet, de quels soins l'idée créatrice entoure les nouveau-venus ! quelle sollicitude elle prodigue à leur croissance ! combien elle se fait vigilante à sauvegarder ses produits contre les éventualités de la sortie, non moins inquiète assurément pour eux, que la mère pour la volée du nid !

Regardez bien, et vous ne verrez pas tout, regardez cette sciure de bois chauffée par un calorifère souterrain et humectée, pétrie chaque jour en vue d'un équilibre de calorique et de fraîcheur, le plus favorable possible aux essences végétales enfouies, avec leurs pots terreux, dans ce milieu d'une puissance extrême.

Sentez l'air doux, appelé du dehors, en quantité voulue, par ces ventilateurs, vasistas latéraux qui ne lui permettent jamais d'attaquer violemment les plantes, et d'ailleurs laissent son introduction facultative même en temps de pluie, abritée qu'est l'ouverture par son châssis mobile, se relevant à toutes les pentes, jusqu'à l'horizontale.

De même que vous n'aurez pas tout vu, je n'ai pas tout dit, lecteur, et ce n'est pas en une seule séance, comme ce n'est pas en une seule page, que l'on peut apprécier tant de richesses florales.

Pour dernier mot, enregistrons ici d'innombrables châssis destinés aux boutures, aux primeurs, soit devant les serres, soit çà et là, partout un peu.

A l'horticulteur d'en faire son profit.

Ces réceptacles végétatifs, serres et châssis, sont reliés eux-mêmes dans tous les interstices de terrain autre que celui culturable, par des massifs qui ne font du tout qu'un vaste parterre recouvrant, comme un gracieux tapis, cette couche de sables vifs étendue de tous côtés, à Saint-Bernard, sous les pas du promeneur.

— Intelligente initiative de ces femmes vaillantes qui semblent avoir eu à cœur d'ensevelir le néant sous le bienfait de la plus luxueuse végétation.

De ces massifs, ceux des camélias, entre autres, nous ont paru exceptionnels par la vigueur de leur bois, par leur floraison abondante et riche.

Non moins riche pourtant est la collection des plantes tropicales se prélassant ici, en plein air, comme aux pays les plus favorisés.

Parmi elles se trouvent même quelques espèces d'une grande valeur.

— Comme couronnement du décor floral, se dresse un toit champêtre, oratoire de passage, d'où s'élève vers Dieu la prière, en hommage de toutes ces merveilles.

Or, cette pensée nous rapproche du cloître.

7⁰

Habitation des Bernardines.

L'habitation des Bernardines configure un parallélogramme dessiné par trois bâtiments à usages divers et, comme quatrième, par la chapelle.

A gauche et comme spécimen des premiers abris à Saint-Bernard-des-Sables, une hutte en paille, celle consacrée au souvenir de sœur Marie-Magdelaine. — Les bâtons rangés sur le lit sont ceux qui ont servi au transport de la bière à Saint-Bernard, où nous avons vu sa sépulture.

Un service des plus solennels avait été célébré en la cathédrale de Bayonne.

Car, à Bayonne résidait la Religieuse, directrice de l'Orphelinat St-Léon.

De fréquents voyages au Refuge la tenaient cependant en communication constante avec la grande œuvre de son frère, œuvre qui devait, en définitive, posséder un jour ses restes mortels.

A la suite de cette hutte, s'alignent tout aussitôt, et reliées entre elles, des cellules ouvertes à rez-de-chaussée, sur une longue galerie à jour.

Là s'abritent les Sœurs des champs.

Chaque cellule se meuble d'un lit à simple paillasse pour tout coucher ; d'une table avec pot à eau et chaise. Une croix de bois (non un crucifix) (1), un bénitier et une image à la dévotion de chaque cénobitesse, rehaussent par l'idée religieuse bien plus que par l'ornementation, la nudité des murailles. — Une inscription, en face même de l'entrée, porte ces mots significatifs : *Dieu seul.*

Le réduit prend jour par une fenêtre basse, cintrée et grillée.

En face, sont les cellules des Sœurs à l'aiguille.

Ces cellules prennent entrée sur une galerie fermée, proprement dite le cloître.

Elles y sont rangées par ordre hiérarchique : cellules des Postulantes, des Novices et des Professes.

Celles-ci, contiguës à la chapelle, forment la dernière étape de la Pénitente dans la voie

---

(1) La croix ici rappelle la pauvreté ; elle rappelle cette pensée de saint Bernard lui-même : « *Nudus nudam sequar crucem.* » — Je suivrai nu, la croix nue.

de la réhabilitation. Elle y est arrivée progressivement, d'après les exigences de l'Œuvre moralisatrice dont, à cette heure, on peut admirer la marche ascensionnelle sur les degrés du travail et de la prière.

— Sœurs des champs, Sœurs à l'aiguille, ont été employées selon leurs aptitudes, leurs goûts, leur tempérament aussi.

Dans le corps de logis qui relie ce double rang des cellules, à l'extrémité Sud (non sans passage libre au dehors), on visite le Réfectoire dont nous connaissons le menu, les épreuves aussi. Cette enceinte donne assez l'idée des agapes ou repas en commun des premiers chrétiens, dont le récit nous impressionne encore.

Comme pensée, toujours celle-ci : *Dieu seul*.

Comme mise en scène : des bancs de bois, tables idem, avec tiroirs contenant l'outillage culinaire, l'outillage pauvre de chaque Bernardine : couvert en bois et vase, pour boire, en terre.

Une propreté extrême remplace le luxe de la matière et de la main-d'œuvre.

Pour tapis, une couche épaisse de sable d'immaculée blancheur.

— Mais, n'en disons pas davantage, ce serait à faire envie à plus d'une ménagère dans le grand monde.

Un préau, converti en jardin, occupe l'espace vide du quadrilatère.

22

Décrire sa composition devient superflu, l'étranger soupçonnant bien qu'ici la culture ne le cède en rien aux lieux déjà par lui connus.

Ce que l'on peut apprendre, c'est que les treilles et salles vertes si belles, sont œuvres des Bernardines elles-mêmes ;

C'est que cette chapelle, enclavée au groupe érémitique, est celle des temps primitifs de la fondation du quartier Saint-Bernard, reproduction des temps primitifs aussi de la primitive Eglise.

Le tombeau du Christ exprime, dans toute la simplicité des formes, la grandeur du sacrifice.

Sous ce chaume rustique sont venus s'agenouiller maints personnages célèbres, heureux d'y oublier leurs palais ; bien des âmes modestes, heureuses d'y oublier leurs misères....

— Là-bas l'odyssée, ici l'élégie : la crèche et le tombeau ; la naissance et la mort !

8º

Maison de Retraite.

En dehors de l'habitation bernardine, et, comme celle-ci, mystérieusement cachée dans l'oasis des bois, une maison fort convenable, parfaitement aérée et s'accompagnant d'un jardin, s'ouvre aux dames du monde qui désirent faire une Retraite.

9°

Derniers détails.

La sortie du cloître s'effectue par une allée dont la verdeur paraît vouloir dépasser encore, comme dernier souvenir, le tableau d'une cultivation horticole des plus rares, unique même dans les sables.

L'étranger laisse sur sa gauche un enclos de plantes exotiques et autres, de brillants magnolias, de pignons aussi, comme l'on appelle à Saint-Bernard ces pins dont nous avons analysé déjà l'essence, au point de vue scientifique, à l'occasion du *pinea*.

Ce parterre, à l'extrémité duquel on aperçoit une serre nouvelle (les feuillages, les orangers et citronniers semblent y figurer en première ligne), ce parterre conduit à des bâtiments ou communs qui dépendent du pâté des constructions et complètent l'ensemble agricole dont nous avons omis le relevé, longuement rapporté qu'il est dans le texte spécial des lettres VII et VIII.

L'encoignure est interdite au public, lequel peut la contourner par le chemin faisant sécante à celui de sortie et aboutissant, **sur l'orée du bois, à la croix des dunes St-Bernard**, dernière stance du pèlerin, et comme prière à Dieu, et comme perspective de ses œuvres grandioses, en présence d'une nature où le regard plonge jusqu'aux Pyrénées........

Mais, avant de s'engager sur la gauche, dans ce sentier final, le visiteur a rencontré aussitôt sa sortie, et sur la droite, une cabane dont l'intérieur, comme le dehors, rappellent toute la simplicité sévère des siècles cénobitiques aux premiers ans de la vie du désert.

C'est le parloir.

Une Religieuse doit en autoriser l'entrée.

La Bernardine peut y recevoir ses parents, chaque mois, pour une entrevue dont le temps n'est pas limité.

Saint-Bernard, on l'a vu, n'est point une nécropole où tout soit en deuil, où tout rappelle le drame du dernier soupir.

Bien qu'une pensée d'outre-tombe y règle la vie, la créature céans respire à l'aise, presque joyeuse, car si le présent se passe pour elle, sans plus d'encombre ni souci, entre le travail et la prière, — ces deux mobiles qu'ici nous remarquons partout — l'éternité à son tour projette sur la Pénitente certains rayons d'espérance, certains reflets de béatitude qui illuminent et vivifient un cœur mort au monde.

C'est bien à ces Bernardines surtout qu'il faut reporter cette épigraphe que nous lisions un jour sur l'album de l'un des monastères cisterciens de France :

« Ici la mort donne la vie ;
« Ailleurs la vie donne la mort. »

Eparses çà et là, soit aux champs, soit au cloître, isolées ou par groupes, les Bernardines intriguent fort l'étranger qui ne peut découvrir leur visage, habiles qu'elles sont à baisser la tête sous le capuce et, au besoin, à faire volte-face.— Bien malin qui surprendrait de front les Bernardines d'Anglet (1).

Ce privilège est réservé aux Souverains.

On le voit par l'anecdote suivante, que nous rapporterons dans les termes où M. l'abbé Cestac se plaisait à la raconter lui-même :

C'était en 1854. — Leurs Majestés, Napoléon III et l'impératrice Eugénie, accompagnées de leur cour et du Supérieur d'Anglet, se rendirent à Saint-Bernard pour le visiter.

L'Empereur et toute sa suite longeaient les cellules. En passant sous le cloître, il s'arrête tout-à-coup et, s'adressant à M. Cestac :

— Je voudrais, dit-il, voir une cellule.

Le Bon Père ouvre celle qui se trouve sous sa main.

Là était une Bernardine, le dos tourné à la porte, travaillant assise sur un petit escabeau.

— Et la figure, dit l'Empereur ?

— Mon enfant, répéta l'abbé en élevant la

---

(1) Elles ne se connaissent même pas entre elles. Il est telle Bernardine dont pas une, dans ce grand nombre, n'a vu les traits, qui est morte ou qui mourra sans que ses compagnes aient même jamais idée de sa disparition personnelle.

voix, l'Empereur et l'Impératrice sont ici ; ils veulent voir votre visage. Ayez la bonté de vous découvrir.

La Bernardine pose son ouvrage, se lève, se tourne vers la porte, s'agenouille, rejette son capuce et, immobile comme une statue, les yeux fermés, laisse voir une figure de seize à dix-huit ans, portant cette sainte gravité d'une âme qui n'a en vue que le ciel.

L'émotion gagnait tout le monde et le Bon Père, impressionné comme les autres :

— C'est pourtant bien fort, Sire, dit-il, de se trouver en face d'un Empereur et de ne pas même lever les yeux !

— Il est vrai, répliqua le Souverain.

— C'est assez, dit le Supérieur à la Bernardine.

Et celle-ci, tout aussitôt, baisse son capuce, se remet à sa place et reprend tranquillement son travail.

....

Qui était-elle, aujourd'hui nous demandons-nous, d'où venait-elle, la pauvre enfant ?

Qui l'avait conduite ici ? et par suite de quelles circonstances ?

C'est là le secret de Dieu........

Qu'est-elle devenue ? On le sait, du moins.

Oui, et le voici :

Cinq ans après, le jour anniversaire de saint Stanislas, patron de la Bernardine, jour aussi où elle avait constamment demandé à mourir, la jeune fille rendait son âme mystérieuse à celui qui tient en main nos destinées à tous.

....

Pourquoi ce nom patronymique, cet homonyme, peut-être ?

Pourquoi le désir d'expirer en ce jour ?

Pourquoi...... .?

....
....

Ce désert de sables où passent tant de vies inaperçues, ces curieuses semnées, cellules des Solitaires aux premières heures de l'ère chrétienne, ces femmes silencieuses et graves, errantes çà et là dans les dunes et les pignadas pour y vaquer aux travaux rustiques, recluses dans l'espace, esclaves dans la liberté, sans attache autre que leur propre vouloir ; ces fantômes dont le vêtement grossier se marque de la croix sépulcrale, sous le patronage d'un saint que les annales religieuses du moyen-âge ont inscrit pour toutes les Gaules en tête de l'Ordre monastique le plus fameux, tout cet ensemble impressionne le visiteur, il le fait se recueillir et attendre de la méditation un complément au tableau étrange.

A ces aspects, en effet, qui semblent ne point appartenir à notre dix-neuvième siècle, mais bien aux premiers ans de la chrétienté, qui s'offrent à la génération actuelle comme une exhibition des aïeux, de leur foi ardente, de leurs mœurs primitives ; à ces aspects que partout ailleurs en France, en Europe peut-être, on chercherait vainement, l'esprit évoque ses souvenirs historiques et, remontant la chaîne des temps, par des anneaux successifs, il rattache le présent au passé.

Suivons d'un œil rapide, uniquement en vue de notre sujet spécial — la monasticité agricole — cette filière rétrograde où s'engage volontiers le regard du penseur au Monastère d'Anglet.

Et ce, dès l'origine moniale jusqu'à nos jours, afin de constater un raccordement plein d'intérêt, de grandeur.

LETTRE X.

Précis de l'Etat Monacal à l'origine du christianisme, au moyen-âge, au temps moderne; — en France, à ces deux dernières périodes, et au double point de vue religieux-agricole.

LETTRE X.

Précis de l'Etat Monacal à l'origine du christianisme, au moyen-âge, au temps moderne ; — en France, à ces deux dernières périodes, et au double point de vue religieux-agricole.

Comme l'homme lui-même à la création du monde ; comme l'impulsion des peuples à différentes époques ; comme le soleil tous les jours (1), la vie monastique a pris naissance en Orient.

Elle y réfléchissait alors le berceau rayonnant du Christ.

Bien que certains vestiges apparaissent dès l'âge Adamique, et que la loi ancienne y dévouât ses parfaits, Réchabites, Jesséens, Esséens ou Esséniens, les Thérapeutes, etc., c'est à l'époque des apôtres que le monachisme prend vraiment consistance pour l'histoire religieuse.

Institué, ce semble, par Jésus-Christ lui-même, qui recherchait volontiers la retraite, les premiers chrétiens de l'église de Jérusalem le

(1) Je ne tiens pas compte ici de l'idée scientifique.

pratiquèrent en Palestine, en Egypte, lui donnant des règles où n'ont dès lors manqué de puiser, par la tradition, les fondateurs de tous Ordres.

Ces règles, il est vrai, étaient purement évangéliques, nullement formulées, dues plutôt à l'initiative personnelle qu'à l'autorité d'un chef, même dans la vie de communauté.

Le monachisme, malgré les persécutions, fut non interrompu, bien que pratiqué de loin en loin, isolément ou par groupes, jusqu'à l'époque où l'Eglise devint libre, vers la fin du troisième siècle et surtout au quatrième qui ne compta pas moins de soixante-dix mille Solitaires dans l'Egypte seule.

Cet état prit toute son extension sous la conduite de saint Antoine, dans la Basse-Thébaïde, de saint Pacôme dans la Haute, et d'autres Pères du désert, notamment sous l'impulsion de saint Basile qui l'a réellement perfectionné par la règle écrite, instituant, vers l'an 363, dans le Pont et la Cappadoce, la discipline monastique avec la rigidité des vieux Solitaires.

C'est du quatrième siècle que datent ces laures (cloîtres) de la Palestine, modèles d'austérité, fondées par saint Chariton; espèces de Communautés où chacun vivait dans sa cellule, ou celle, séparée, sous l'autorité d'un Supérieur.

Quand ils ne vivaient pas seuls, — Ermites ou Solitaires, dont saint Paul, en raison surtout de sa sainteté, est regardé comme le premier—les Religieux moines formaient une congrégation de six à huit dans les campagnes, de dix à douze dans les villes, sous la surveillance ou la prédication des patriarches et des évêques diocésains.

Comme disciples et successeurs des Thérapeutes, on cite les Ascètes (1), les Suppliants (2), les Sarabaïtes aussi (?), qui tous vivaient en solitude et observaient la pauvreté, la continence, le jeûne et les mortifications de toutes sortes, couchant sur la terre, le corps chargé d'un silice, toujours en oraisons ou en travail manuel des plus rudes en présence de nécessités premières et de la stérilité d'un sol abandonné.

Les Anachorètes vivaient séparément au désert; plus tard, on désigna comme tels, les Religieux qui, ayant mené quelque temps l'existence conventuelle, se retiraient seuls dans quelque recoin, fortifiés par les épreuves de la règle disciplinaire.

Le nom de Cénobites fut donné à des Religieux vivant en commun, sous une même règle et l'obédience d'un Supérieur Général, abbé, exarque (commandant du troupeau), archimandrite (chef de plusieurs monastères), etc.

Les Reclus se comportaient, au sein de la

---

(1) Ou athlètes, en raison d'un exercice religieux continuel.

(2) Vu leurs prières incessantes.

Communauté, ainsi que de véritables ermites. C'était comme un noviciat à l'existence d'anachorète. Plusieurs d'entr'eux, regardés comme des Saints, furent retenus pour ainsi dire en réserve dans des cellules près des monastères, afin que leurs prières, que leurs exemples, profitassent à toute la Communauté.

La femme, réhabilitée, émancipée par le christianisme, ne pouvait rester étrangère à ces idées nouvelles, aux aspirations chrétiennes dont le courant sympathique et rapide emporta tous les néophytes du Christ vers le repentir et la pénitence.

Aussi, dès le principe, la femme a-t-elle eu les mêmes tendances dévotieuses que l'homme, les mêmes pratiques régulières, rivalisant avec lui de ferveur et d'héroïsme, jusqu'au martyre.

Aux premiers siècles de l'Eglise, le désert vit des Ermitesses parmi lesquelles la sœur même de saint Antoine (leur fondatrice peut-être) (1), parmi lesquelles aussi Emmélie et Macrine, la mère et la sœur de saint Basile ; puis sainte Scolastique, fondatrice des Bénédictines ; sainte Eugénie, sainte Euphrasie, sainte Pélagie pécheresse, sainte Marie Egyptienne, etc., et nombre d'autres, tant avant qu'après.

Les villes comptèrent des Communautés pieu-

(1) Nos recherches n'ont pu nous fixer sur ce point.

ses où se renfermaient les vierges et les veuves consacrées volontairement à Dieu, sous le vêtement distinctif de robe brune pour les unes, de voile pour les autres, sans l'obligation, néanmoins, de s'astreindre encore à la discipline régulière.

Saint Jérôme est le fondateur de ces Maisons Communes.

Les monastères de Religieuses ne datent réellement que de la fin du quatrième siècle, même du cinquième, après le règne de Constantin et sur l'élan que cet empereur donna au christianisme.

Mais, hâtons le pas ; une perscrutation complète à travers ces âges obscurs nécessiterait un temps que ne comporte pas notre simple aperçu.

Hâtons-nous de revenir sur place.

Au souffle persécuteur des Ariens, la profession monacale passa d'Orient en Occident et, sous l'impulsion de saint Athanase, ancien évêque d'Alexandrie, elle s'inaugura à Rome en 339, pour, de là, se propager dans toute l'Italie et contrées diverses.

Outre l'Espagne, l'Angleterre, l'Irlande, etc., les Gaules alors eurent leurs monastères fondés à Marmoutiers, près de Tours, par saint Martin ; à l'Isle-Barbe, près de Lyon, par saint Maxime ; à Marseille, par Cassien ; à Lérins, par saint Honorat, etc.

Vers la fin du cinquième siècle, ou plutôt au commencement du sixième, saint Benoît, ce patriarche des moines (1) d'Occident, né en 480 près de Nursie, chez les Sabins, parut en Italie où il établit pour le mont Cassin une règle estimée si parfaite qu'elle fut alors généralement adoptée par toutes les Communautés d'Europe.

Elle faisait du travail de la terre la condition même de la vie monastique. — Or cette remarque nous importe ici.

Tombée en désuétude, ou altérée dans ses principes, nous ne savons, cette règle dut pourtant être réformée trois siècles plus tard et refondue avec celles de saint Pacôme et de saint Basile, par un descendant même des Goths d'Aquitaine, par Benoît d'Aniane, qui devint général de l'Ordre Saint-Benoît en France, Ordre dont les statuts se fixèrent au double point de vue religieux et agricole, selon les règlements du concile d'Aix-la-Chapelle en 817.

Saint Benoît d'Aniane était né en Languedoc, l'an 750, d'Aigulfe, comte de Maguelone.

Il fonda en 780, dans son patrimoine d'Aniane, l'abbaye fameuse d'Aniane qui devint tête de plusieurs établissements semblables, notamment celui de Gelone ou Gellonne, près de

---

(1) Le nom de *moni* (moines) fut donné par les Latins à tous les Religieux solitaires indistinctement, et il remplaça les appellations grecques que nous avons énumérées plus haut.

Lodève (804), où se retira le duc d'Aquitaine S. Guilhem dit du Désert (1).

A ces diverses fondations on doit le défrichement des landes d'un vaste pays, le desséchement des marais, l'éclaircie des forêts, etc., et la Gascogne y prit une part notable de culture.

— Nous voici aux grands jours de l'état monacal en France.

Le rôle du moine est devenu complexe.

Le moine n'est plus seulement un Religieux agriculteur.

Sous l'influence des temps, il s'est fait le conservateur des chefs-d'œuvre littéraires, scientifiques et artistiques de l'antiquité, des traditions du passé, outre ses productions à lui-même (2).

C'est lui qui soutient le niveau de l'intelligence en ces âges de la barbarie féodale, où la théologie résume en elle seule, pour mieux les assurer, toutes les connaissances humaines. En même temps qu'il transcrit ou traduit les formules, fait ou continue les chroniques, le moine fonde

---

(1) Quelques historiens font saint Guillaume fondateur lui-même de cette abbaye.
Nous ne pouvons, on le comprend, discuter ici la véracité de cette assertion qui peut être fondée.

(2) Le moine Bénédictin notamment.

des écoles, invente l'échelle diatonique ou gamme musicale (Guido d'Arezzo ou Gui l'Arétin) ; la poudre (Berthold Schwaz ou Schwartz) (1) ; les horloges à sonnerie (un Bénédictin anglais) ; les lunettes (Alexandre della Spina) ; les verres grossissants, télescopes (Roger Bacon) ; l'imprimerie tabellaire, enfin, dont l'usage a devancé au couvent l'application en grand faite par Jean Guttemberg ou Gutenberg. C'est lui — et là est sa plus belle œuvre — qui sauvegarde la Foi contre l'abrutissement des masses, contre la superstition irréligieuse des Seigneurs, contre l'invasion surtout des peuples infidèles : Goths, Sarrasins, Saxons et Normands. Il va partout, crucifix en main, prêcher l'Evangile et adoucir par ses exemples, ses conseils, les mœurs du barbare.

Bien plus, le moine se fait architecte et préside à l'édification de ces basiliques aux symboliques ogives, aux riches sculptures et merveilleux vitraux, que tous, Seigneurs et Vilains, ont à cœur de bâtir de leurs propres mains, sous l'inspiration de la Foi, au XIIe siècle principalement.

— Mais, sans plus de halte anticipée, reprenons la filière historique des personnages au cloître.

(1) Quelques-uns attribuent cette découverte à Roger Bacon — XIIIe siècle.

L'an 1091, naquit à Fontaine, en Bourgogne, de parents nobles et riches, un saint dont la vie est l'une de celles qui font le plus honneur à l'Eglise.

Bernard est le troisième sur sept, des enfants de Tescelin — lignée des Châtillon et d'Alette.

Consacré à Dieu dès l'enfance par sa pieuse mère, Bernard se montra, tout jeune, assez indifférent aux joies de son âge, et plus tard dédaigneux de toute gloire mondaine. Quand, son éducation achevée, il dut choisir une position quelconque, ses regards se tournèrent vers l'existence monastique.

En tête de trente gentilshommes, parmi lesquels plusieurs de ses frères, tous entraînés par son exemple, il entra, l'an 1113, à l'abbaye nouvelle (fondée en 1098) de Citeaux *(Cistercium)*, près Dijon, où l'année suivante il prononça ses vœux.

Aussitôt sa profession, nommé abbé de Pontigny, dans le voisinage d'Auxerre, il est envoyé par saint Etienne, abbé général de Citeaux, en compagnie de douze moines (1) à la recherche d'un lieu propre à fonder un monastère nouveau afin de suppléer à celui de Citeaux devenu, depuis quelques années, insuffisant à ses hôtes trop nombreux.

---

(1) D'après la règle de Citeaux, besoin était de douze apôtres pour bien établir toute fondation.

C'est en la vallée dite d'*absinthe,* proche de Bar-sur-Aube, assez sombre à la vue, assez amère au goût, que la troupe religieuse se fixa, la transformant bientôt en un lieu salubre et agréable, où se fit la lumière, pourquoi on le nomma Clairvaux.

Saint Bernard ne comptait pas plus de vingt-quatre ans quand il devint ainsi (1115) le fondateur, premier abbé de cet établissement célèbre qui devait un jour se peupler de deux cents moines peut-être.

Clairvaux était la quatrième colonie tirée de Citeaux qui comptait en outre pour filles les abbayes de La Ferté (près Châlons), Pontigny et Morimond (diocèse de Langres) (1).

On sait combien de ces quatre premières filles de Citeaux d'autres sont nées.

Mais, suivons la trace de saint Bernard, notre devancier direct.

« Fouir la terre, labourer, moissonner, comme dit la chronique monacale, sans négliger oraisons ni méditations, tel fut le soin constant de ces courageux cénobites Bénédictins, réduits, aux premiers jours, à se nourrir de pain d'orge et de millet, voire même de feuilles de hêtre, portant une croix simple et mal polie, les yeux fixés vers la terre et dans un silence presque absolu. »

---

(1) De l'abbaye de Morimond relevèrent les cinq ordres militaires d'Espagne, de Calatrava, d'Alcantara, de Montesa, d'Avis et du Christ.

A l'assemblée des Abbés Supérieurs de Citeaux, premier chapitre de cet Institut, ce fut Bernard qui régla les constitutions de l'Ordre.

Nous n'entreprendrons point de narrer les vertus du saint, non plus que les aptitudes admirables de ce fondateur de soixante-douze monastères au moins, conseiller des Rois, arbitre et précepteur des Papes, de ce docteur (émule éloquent et savant du fameux Abélard, qui prêcha la deuxième croisade ; écrivain inspiré aussi qui fit preuve surtout de dévotion à la Vierge dans ses *divines homélies*.

Pour rester fidèle à nos limites, nous dirons seulement que saint Bernard, aussi fort d'esprit que faible de corps, usé qu'il était par les austérités, n'hésita pas à prodiguer sa vie en tous lieux, même à l'étranger, pour la propagation de ses œuvres, et qu'il se montra interprète large des Ecritures, plutôt dans le sens de la raison qu'en vue étroite de la lettre.

Sans nous attacher à ses pas dans une course si multiple à travers les plaines et les monts qui çà et là portent encore leur empreinte, constatons sa venue aux parages d'Aquitaine, où il réconcilia le duc Guillaume avec l'Eglise (1135) ; sa venue aussi en la ville de Toulouse où il extirpa l'hérésie (1148).

Ce fut quelques années après — en 1152 ou 1153 — que l'athlète chrétien remit à Dieu son âme éprouvée.

Une Communauté d'hommes n'a pas été seule à vouloir porter le nom de ce défenseur de l'Eglise, une Communauté de femmes, enfants aussi de sa doctrine, l'a également ambitionné.

Si quelques historiens reportent au Saint lui-même directement l'Institut des Religieuses Bernardines, d'autres l'attribuent à sa sœur Humbeline qui, après avoir adopté la vie monastique, fonda le couvent des Bernardines à Juilly, vers 1115.

Selon l'opinion générale, le premier monastère de filles, de l'Ordre de Citeaux, dites Religieuses Bernardines, fut créé dans le diocèse de Langres, par saint Etienne, troisième abbé de Citeaux, l'an 1120 ou 1125.

De cette maison-mère ont été procréées beaucoup d'autres, en nombre tellement considérable, d'après certains chroniqueurs, que nous n'osons le citer ici.

La dite abbaye — Notre-Dame-de-Tart, — transférée à Dijon en 1623, embrassa la réforme qui, au commencement du dix-septième siècle, avait gagné la plupart des monastères dont les constitutions s'étaient fort relâchées par l'influence persistante des mœurs féodales.

L'esprit de saint Bernard, ravivé par l'abbesse Jeanne de Courcelle de Pourlan, y reparut avec toute sa ferveur dans l'observance de la règle de saint Benoît.

Les Réformées conservèrent l'habillement des

anciennes Bernardines, lequel se composait d'une robe blanche, d'un scapulaire noir et d'une ceinture de même couleur.

Elles ne mangeaient, ne buvaient que dans du bois et ne possédaient dans leurs cellules qu'une petite couche avec une paillasse et une couverture, un coffret sans fermeture, un crucifix de bois, un bénitier de terre et quelques images de papier.

A cette fondation, il faut ajouter ici celle de Port-Royal-des-Champs, non loin de Chevreuse (Seine-et-Oise), en 1204, et celle de Port-Royal de Paris (faubourg St-Jacques).

Port-Royal-des-Champs subit, en 1608 ou 1609, la réforme sous la règle stricte de saint Benoît et à l'initiative de l'abbesse Marie-Angélique Arnauld.

Port-Royal-de-Paris se forma, en 1625, de partie du personnel de l'abbaye des Champs.

Enfin, l'an 1636, celle-ci fut complètement abandonnée par les Filles de saint Bernard qui laissèrent la place aux Solitaires religieux, savants dont l'histoire a conservé les noms et raconté la destinée. — Nous n'avons pas à nous en occuper.

L'année 1647, nombre des Religieuses de Paris retournèrent à Port-Royal-des-Champs, d'où elles furent expulsées en 1709, à la suite des querelles du jansénisme, et leur monastère fut démoli.

Quant à l'abbaye de Port-Royal-de-Paris, elle a survécu jusqu'en 1790.

Les religieuses Bernardines de Charonne, en la terre du dit nom, fondées et dotées en 1644 par la duchesse d'Orléans, ainsi que certaines autres, pourraient prendre place en notre nomenclature, mais tel n'est pas notre dessein.

Enfin, comme nous intéressant à titre de voisinage, citons les Religieuses de Saint-Bernard d'Esteyron (1), ou Saint-Bernard de Betbeder, celles-là mêmes que nous avons rencontrées lors de nos explorations agricoles (lettre VII). Cette abbaye, relevant de l'Ordre de Citeaux, dépendait du diocèse de Dax, sur la rive droite de l'Adour, Boucau-Nord. Instituée l'an 1245, elle fut aliénée, comme bien national, en 1791. *Une Fuite en Egypte* (statuaire), qui avait survécu à la disparition de la Communauté, fut transférée dans l'église de Saint-Esprit-Bayonne, où on la voit encore.

— M. l'abbé Cestac, en créant son ordre des Bernardines du Refuge, sur la rive gauche du fleuve, Boucau-Sud, a-t-il voulu, dans cette dénomination, rappeler le souvenir du monastère cistercien ?

En tout cas, bien que sous le vocable du même

---

(1) Diminutif du mot patois *ester* qui signifie cours d'eau. — Là circulaient, en effet, de nombreux ruisseaux entre marais et étangs dont quelques-uns subsistent encore.

Saint, les deux institutions diffèrent entre elles sous beaucoup de rapports ; la dernière répondant mieux surtout aux appels de notre temps.

Pour compléter l'arrière-plan de la perspective au tableau d'Anglet, il convient d'ajouter à cet historique des Bernardines, la série des Instituts qui, sous des appellations diverses, furent les devanciers de celui des Pénitentes au Refuge.

Le nom des plus connus suffira.

Religieuses Pénitentes de Marseille, — Institut du bienheureux Bertrand, sous la règle de saint Augustin.

Sœurs Pénitentes, Religieuses de la Magdeleine à Metz. — Constitutions de l'Ordre de saint Dominique.

Filles Pénitentes de la rue St-Denis à Paris. — Constitutions de saint Simon, évêque de cette ville et règle de saint Augustin.

Religieuses de l'Ordre de la Madeleine, vulgairement appelées Madelonnettes, à Paris, Rouen, Bordeaux, etc. Toutes du même Institut, d'après les constitutions dressées par l'ordre du pape Urbain VIII. — Les Madelonnettes étaient sous la surveillance des Religieuses de l'Ordre de la Visitation de Notre-Dame, des Religieuses Ursulines, etc.

Religieuses de la congrégation de Notre-Dame du Refuge à Nancy, Avignon, Toulouse, Arles, etc., sous la protection de la Sainte Vierge, d'après les constitutions de saint Ignace, sous la règle de saint Augustin.

Quand le souffle de la grande Révolution française eut dissipé le personnel des monastères, des corporations religieuses de toutes sortes ; quand la hache eut détruit jusqu'aux monuments eux-mêmes, les Communautés Bernardines, comme les Instituts pénitentiaires, disparurent dans le flot poudreux et sanglant.

A notre siècle, le monisme s'est relevé, bien que malaisément, sur les ruines du passé, dans des conditions beaucoup moins favorables qu'autrefois, dans une extension beaucoup moindre aussi.

Lors de la période féodale, même depuis la Renaissance, la foi portait vivement à la vie religieuse, et plus d'une tête royale s'est courbée pour recevoir le capuce du moine.

D'autre part, les institutions sociales appelaient volontiers le cadet de famille au rang de Prieur ou d'Abbé dans les monastères, et les moyens d'existence, alors très-bornés pour la masse, conseillaient souvent aussi aux enfants du peuple de venir chercher sous le toit monacal la nourriture du corps en même temps que celle de l'âme.

Les abbayes, d'ailleurs, jouissaient de priviléges qui les faisaient indépendantes et riches.

Si l'on compare à cet état de choses le caractère actuel, l'organisation, au double point de vue législatif et politique de notre société, l'on verra combien plus difficile est devenue l'entreprise d'établissements religieux au cloître.

Laissant de côté les Instituts autres que l'Institut religieux-agricole dont relève le sujet du présent livre', hasardons quelques mots en faveur de la Trappe et de ses annexes ou dérivés, sous telles modifications que ce puisse être.

On a remarqué sans doute, dans l'abrégé ci-dessus, la marche civilisatrice, les travaux fécondants des Ordres religieux qui se multiplièrent à cette époque où la France, ravagée par les guerres des bas siècles du moyen-âge, était devenue généralement inculte et ignorante.

La multiplicité des moines, si remarquable dans le Midi notamment, advint de l'exubérance de la population (relativement aux ressources d'alors), du désir le plus souvent d'échapper au joug seigneurial ; elle advint aussi de la recrudescence du zèle religieux favorisé, au douzième siècle surtout, par les rois qui, à la vérité, y trouvaient un retour utile dans l'appui souvent pour eux efficace des monastères.

Les libéralités des princes, des seigneurs et autres grands terriens, d'une part ; de l'autre, la frugalité extrême des Bénédictins, Bernardins, etc., la modicité de leurs besoins en toutes choses, rendaient les fondations monacales aisées et fréquentes.

Les premiers étaient aussi empressés à donner des terres, que les seconds étaient soigneux de les cultiver sans tomber à la charge des peuples.

Les peuples enfin eurent intérêt à soutenir le sanctuaire monacal, refuge impénétrable, leur seul recours, leur seule assistance contre les vexations humiliantes et ruineuses des grands; sanctuaire, en effet, qui bientôt traita de puissance à puissance avec ceux-ci, quand, une fois grandi par le savoir, il se fut fait à son tour féodal.

La justice cléricale, prédominante alors, devint un véritable bienfait. En elle résidait le plus d'équité ; d'elle aussi ont pris texte, de préférence, les législations postérieures, devancées déjà par le roi saint Louis.

Enfin le cloître était la source unique où pouvait puiser l'instruction de l'époque, dépositaire qu'il était des connaissances du passé, héritage transmissible par lui aux âges futurs.

Autour de lui s'empressèrent les populations par groupes de villages, de bourgs, même de cités.

Et la forteresse monacale bientôt compta des vassaux, hommes d'armes et varlets.

« Tout le peuple était devenu *serf* ou esclave, a dit un historien. Sa condition était peu différente de celle du bétail. Chacun pouvait frapper, mutiler ou même tuer son *serf* impunément, *sauf intercession du clergé*.

« Le régime féodal était une véritable anarchie tempérée par l'anathème.

« Les évêques avaient attiré la plupart des causes devant les tribunaux ecclésiastiques ; quelque imparfaits qu'ils fussent, ils valaient mieux que ceux des Seigneurs. L'Eglise était alors le seul pouvoir qui s'occupait de l'humanité ; c'était la force morale protégeant le pauvre contre la force brutale. »

De là ce dicton, populaire alors :

« Mieux vaut vivre sous la crosse d'un Evêque
« que sous le sceptre du Roi. »

Ces raisons d'être évidemment ne militent plus en faveur des institutions modernes.

Et pourtant elles ne sont pas sans influence, pour la plupart, sur l'esprit du jour, outre que certains besoins de notre époque plaident encore au nom du monastère agriculteur.

Un mot donc à ce sujet.

Il convient d'examiner l'existence du Trappiste sous le rapport du Spirituel et sous le rapport du Temporel, vis-à-vis de la société, vis-à-vis de l'homme lui-même.

Sous le rapport du Spirituel, nul dans le monde ne peut donner exemple meilleur de la moralité que le Trappiste dans son cloître austère d'où sont exclues toutes séductions, où se pratiquent toutes vertus, depuis la sobriété de la table jusqu'à l'abnégation des satisfactions, des besoins même de la chair, c'est-à-dire jusqu'à la macération du corps en vue d'une domination plus facile pour l'esprit.

C'est là que règne en souveraine, réglant la conduite de chacun par des principes fixes, la sagesse si variable ailleurs, si diversement interprétée partout.

On sait quelles hauteurs atteint souvent l'édification par la voix du prédicateur Trappiste.

On sait aussi quelle instruction est sortie de certains établissements à la Trappe.

Et pour tous, quel enseignement de discipline, de subordination envers les chefs, de soumission à la règle ! enseignement si précieux aujourd'hui que les populations, après avoir expérimenté tous les despotismes, expérimentent toutes les indépendances, sans pouvoir encore reprendre équilibre.

Quant aux vertus civiques, y sont-ils donc étrangers ces Frères de la Charité, de la Rédemption, qui prient pour leur prochain non moins fervemment que pour eux-mêmes, et consolident par leur exemple l'une des bases essentielles de toute société, la plus fondamentale même, nous l'avons dit, la religion ?

Ces vaillants agronomes, qui ne craignent pas de s'exposer aux contagions, à la mort, pour l'assainissement, la culture des lieux les plus méphitiques, accomplissant ainsi, jusqu'au dernier dévouement, la plus grande loi des sociétés civilisées, le travail.

Ces citoyens, observateurs stricts de la loi, indifférents, eux, à toutes coteries, à tout esprit de parti, ne paralysant jamais l'action du pouvoir, et, à l'heure du danger national, sachant sortir de leur retraite pour offrir, comme les plus braves, leur poitrine à l'ennemi.

L'on n'a pas oublié encore le courage patriotique que viennent de montrer les Trappistes de diverses corporations en France, non plus que leurs services de toutes sortes, dans nos dernières luttes avec l'ennemi.

Entr'autres citations, on lisait naguère dans les journaux (1870-1871) :

« Depuis le début de la guerre, la Trappe
« Notre-Dame-des-Dombes (département de
« l'Ain), a envoyé une grande partie de ses
« enfants sous les drapeaux. Les uns sont à l'ar-
« mée de l'Ouest, les autres à celle de Bourbaki,
« les autres à Paris ; d'autres sont prisonniers.

« Les quinze frères de la Trappe-des-Dombes
« qui étaient partis pour les armées de la Défense
« Nationale, sont rentrés au couvent, à l'excep-
« tion de quatre qui ont succombé. A la place
« de ceux-ci, ils ont ramené avec eux sept nou-
« velles recrues. »

Que de services aussi n'ont-ils pas rendus à nos troupes en des temps antérieurs et combien les estimait l'empereur Napoléon Ier (il s'y connaissait, celui-là), qui fonda et dota, à l'étranger, plusieurs monastères Trappistins, en vue d'une hospitalité fraternelle pour ses soldats, outre leur charité pour tous.

Combien aussi fut constante, pendant longtemps du moins (1), sa protection en faveur des Ordres de Trappistes.

Ecoutez sa réponse au Conseil d'Etat, quand il lui fut demandé si les monastères devaient continuer à subsister : « Il faut un asile aux « grands malheurs et un refuge aux imagina- « tions exaltées. »

C'est qu'en effet la vocation au rôle du Solitaire vivant sans le fardeau de la vie, entre pour beaucoup dans certaines dispositions de notre nature. Les âmes pures et sensibles s'y complaisent ; les âmes éprouvées ou pécheresses s'y consolent, s'y perfectionnent.

A ce point de vue, la Trappe est un exutoire utile à la société et le savant économiste, l'administrateur éminent, le savait certes ; il l'avait appris dans son expérience gouvernementale.

Bien des Potentats sont venus admirer au cloître de nobles vertus ; ils en ont rapporté de grandes leçons.

(1) Inutile de rapporter ici la cause qui fâcha ce souverain contre les instituts Trappistins. — Personne ne l'ignore.

Les chefs d'Etat n'ont pas été seuls à favoriser ces institutions pieuses ; les publicistes, philosophes, orateurs et autres, en ont aussi approuvé la pensée, vanté les mérites.

Que dit Voltaire ?

« Dès l'inondation des Barbares en Occident, « les exemples des Religieux servirent à mitiger « la férocité de ces temps de barbarie.

« On ne peut nier qu'il n'y ait eu dans le cloî- « tre de grandes vertus. Il n'est guère encore de « monastère qui ne renferme des âmes admira- « bles qui font honneur à la nature humaine. « Trop d'écrivains se sont plu à rechercher les « désordres et les vices dont furent souillés « quelquefois ces asiles de la piété. Il est certain « que la vie séculière a toujours été plus vicieuse.

« Il faut convenir, malgré tout ce qu'on a écrit « contre leurs abus, qu'il y a toujours eu parmi « eux des hommes éminents en science et en « vertus. »

Et Mirabeau ?

« Chacun sait que la plupart de ces grands « établissements monastiques, si riches aujour- « d'hui, n'étaient autrefois que des déserts, et « que nous devons aux premiers cénobites le « défrichement de plus de la moitié de l'inté- « rieur de nos terres. »

A l'heure (février 1790) où furent prohibés les vœux monastiques, où furent menacés de destruction les édifices eux-mêmes, s'éleva des districts, des municipalités, jusqu'au sein de l'Assemblée souveraine, comme un concert d'éloges et de demandes en grâce pour les établissements des Trappistes — les plus populaires, en effet, de tous les établissements monastiques.

Si les Maisons de ces Religieux furent comprises dans l'exorcisme général, elles ne le furent qu'en raison d'une prétendue incompatibilité de principes avec la Constitution nouvelle, et le législateur y fut amené beaucoup moins par haine que par crainte du soupçon d'inconséquence.

Quand la Suisse, l'Angleterre, l'Irlande, le Danemark, la Westphalie, la Pologne, la Russie, l'Amérique, etc., rendirent à la France, sous la Restauration, les Trappistes émigrés ou exilés, une joie grande se manifesta de tous côtés chez nous et l'accueil le plus cordial, le plus empressé, leur fut fait.

Bref, et comme preuve irrécusable de l'utilité de ces Religieux, il suffit de citer leur nombre en Europe : pas moins de quinze cents monastères de Trappistes cisterciens, dit la statistique, pour ce seul Ordre.

Ce n'est pas que nous souhaitions le retour d'une telle surabondance monacale ; en tout l'excès peut être un mal et il en serait un aujourd'hui que les circonstances sociales, que les conditions terroiriales sont tellement changées.

Nous ne pouvons cependant nous empêcher de faire invite à tous ceux qui aujourd'hui rêvent à bon droit le meilleur état social possible, d'étudier ces instituts vraiment libéraux de la *Carte de Charité*, base de l'Ordre de Citeaux, publiée en 1119, — instituts qui font l'homme vivant en communauté, sans capital propre, sans propriété, sans famille; frère, vrai frère de son semblable avec lequel il partage toutes choses dans un labeur commun, constituant une existence qui n'est autre que le type de toute société contractée par-devant Dieu, sous le double principe de l'individualité et de l'association civile.

Qu'ils s'acheminent donc vers cette Sparte moderne et chrétienne, qu'ils y séjournent, qu'ils y demeurent même si le cœur leur en dit; et si, par hasard, certaine humeur leur donne froid contre des titres honorifiques, prodigués au hasard quelquefois dans le monde, ils se trouveront là en compagnie des plus grands noms, sur un pied de parfaite égalité.

Entrant un jour dans le salon de l'un de nos monastères Cisterciens, nous fûmes frappé de voir sur la cheminée deux crânes humains. Nous nous approchons et lisons au bas de chacun d'eux :

« Fut-il roi ? Fut-il pâtre ? »

Que dites-vous de l'à-propos, Egalitaires ?

Comme moi, vous applaudissez sans doute à

la noblésse de celui qui ne veut pour insigne de son mérite, que la croix du supplicié, mort pour le salut de tous.

Sous le rapport du Temporel, quel élan peuvent donner au progrès agricole ces fondations établies dans des conditions anormales, tout exceptionnelles, si favorables aux initiatives comme aux développements !

Qui, en effet, mieux que le Trappiste, défriche les terres ? qui les cultive mieux ? qui s'entend aussi bien à l'élève du bétail ? qui, en un mot, approvisionne davantage nos marchés et de denrées et de troupeaux ? outre qu'ils se sont entretenus eux-mêmes, sans charge pour personne, ces moines séculiers autant que réguliers (1).

Nous l'avons assez répété et, pour compléter nos dires, ajoutons ici que chacun des départements de France qui sont pourvus de ces fermes-modèles, doit s'estimer très-favorisé, au point de vue de l'école, non moins qu'à celui d'une richesse nouvelle par la transformation d'un sol improductif.

Passons à un autre ordre d'idées.

Si chacun, dans sa nation, se doit utile aux

---

(1) Nombre de produits de tissage et autres du cloître fournissent à la place de précieux appoints, mais nous avons omis d'en parler, préférant voir le rôle du Trappiste réduit à la tâche agricole, suffisamment noble, suffisamment riche déjà.

autres, dans la mesure de ses moyens, le Trappiste, par sa charité, par la pratique du travail, fournit large part à l'acquit de la dette commune.

D'où les aumônes sortent-elles plus abondantes, plus discrètes que du cloître Trappistin? Le superflu, chez des êtres si modestes (1), est immanquable et chaque jour il se déverse dans la main du pauvre, impatient aux portes du sanctuaire.

Sanctuaire qui s'ouvre d'ailleurs comme asile aux besoins de l'indigent s'il souffre ; où il trouve les prescriptions d'un médecin habile, médicaments et soins gratuits ; où il trouve, même après la mort, si elle l'y frappe, une main amie qui l'ensevelit et l'enterre ; où il a trouvé plus encore, une main bénie qui, lui indiquant le ciel, l'a fortifié dans ses douleurs, encouragé, fait heureux à l'idée du pardon, à l'espoir du salut.

On les a vus à l'œuvre, dans les épidémies surtout, ces moines infatigables, bravant la mort que plus d'un, lors des dernières invasions du choléra, a dû rencontrer, qu'il a rencontrée, en effet, beaucoup trop souvent même.

---

(1) Voici le menu des aliments du Trappiste : herbes et racines potagères, légumes cuits dans l'eau avec un peu de sel ; puis des fruits et du pain bis.
Le tout récolté, fabriqué au monastère.
Le Trappiste fait maigre constamment, sauf le cas de maladie.

Que l'on se reporte à l'histoire, on y lira, entre les détails les plus intéressants, les dons offerts, comme nourriture, comme abri, dans les siècles passés, par les monastères Bénédictins, Bernardins et autres, à des milliers de malheureux (plus de 1,000, par jour, à Citeaux ; plus de 1,500 à Clairvaux — nombres qui se multipliaient aux temps de disettes et calamités si fréquentes alors).

Que l'on compulse la règle du cloître à notre époque même, on y verra que le frère portier tient toujours en réserve la part des pauvres à laquelle ajoute, des restes du repas de la Communauté, le cellérier.

Et l'hospitalité envers le visiteur, sans distinction ni de rang, ni de nationalité, de religion même, où se fait-elle plus empressée, plus gracieuse ?

— Que d'ici ils veuillent bien agréer l'expression de notre gratitude personnelle, ces bons moines à qui nous devons, outre la réception de l'hôtellerie, nombre d'enseignements utiles.

Sous la coule modeste du Trappiste, nous avons rencontré des hommes d'une érudition profonde, d'une érudition dont, par humilité, ils négligeaient de faire usage.

L'un d'eux, préposé à la charge d'hôtelier, nous disait un jour que ce sacrifice était, de tous, le plus grand qu'il eût fait à Dieu.

C'était un ancien collègue, orateur remarquable au barreau.

Il fallait voir avec quelle distinction l'homme du monde savait faire les honneurs de sa retraite !

De plus, on serrait en lui la main du Religieux s'abandonnant toute affectueuse, toute désintéressée.

Mais, qu'on le sache bien, l'initiative ne viendrait pas du cœur même des Bons Pères, que ceux-ci trouveraient la prescription de la bienfaisance dans l'un des chapitres de la règle de saint Benoît, exclusivement consacré à ce sujet.

Ne craignez pas d'abuser d'eux, passager à bref séjour ou en retraite prolongée, leur générosité est à toute épreuve.

Le même sourire respectueux qui vous a accueilli à l'entrée, vous accompagnera à la sortie.

Ce serait à tort que l'on croirait ensevelie au cloître la fortune patrimoniale du cénobite, pour s'y transformer en biens de main-morte.

Tout ou partie reste dans la famille, l'entrée au couvent n'exigeant qu'un apport relatif — apport qui d'ailleurs fructifie pour celui même vivant du travail de ses mains ; apport qui ensuite prospère dans un intérêt commun, par l'exportation des produits, en ce milieu agricole où chacun, sans intérêt personnel, mort pour ainsi dire dans la vie et pauvre dans la richesse, ne demandant rien pour soi-même (1), place le fruit de ses travaux dans la bienfaisance seule.

(1) Veut-on savoir le chiffre de la dépense annuelle du Trappiste, tout compris ? — De 150 à 200 fr. au plus.

Aussi utile à la société qu'à la religion (il participe des deux), prêt à marcher partout où l'appelle le besoin soit du travail, soit de la prière, le Trappiste est tout à la fois Industriel et Religieux ; il répond en même temps aux aspirations de nos mœurs, au souci de nos âmes, alliant ainsi le soin du prochain avec son propre salut et l'amour de Dieu.

Nous croyons avoir suffisamment développé chacun de ces points.

Et pour conclure nous dirons qu'aucun état peut-être dans le monde ne saurait être profitable à tous autant que l'Institut du Trappiste.

Reste une objection :

On dit que par l'abstinence, une discipline macérante, le Trappiste abrége sa vie dont il n'a pas droit de disposer, qui continue d'appartenir à la société.

— C'est avoir, en vérité, trop souci de lui : il se porte à merveille, dans une longévité souvent exceptionnelle, et cela sous l'observance d'une frugalité constante, d'une régularité extrême en toutes choses, grâce aussi à l'exercice corporel en plein air.

Vis-à-vis de lui-même, comme arbitre et maître de sa destinée, bien des raisons s'offrent en faveur du Trappiste.

Soustrait, si son caractère l'y invite, au contact d'un monde qui le refoule et l'oppresse (1), ou bien les lèvres amères encore du breuvage en la coupe des voluptés profanes, que de béatitudes rencontre au cloître le Religieux !

Combien, dans le plein exercice de son esprit, dans l'extension complète de son âme, il lui est loisible de donner carrière à ses aspirations vers un horizon meilleur, tout en se ménageant sur le parcours qui doit l'y conduire, la paix et les facilités du voyage !

Combien librement il respire de ce côté du ciel, a dit quelque part un écrivain religieux.

Le renoncement au bien-être de cette vie (bien-être acheté si cher, souvent), le renoncement aux joies folles, aux vaines fêtes, bientôt ne sont plus rien, rien qu'un souvenir de tristesse, pour le Trappiste qui, sous la bure, dans le silence de la parole, à travers les soupirs de la prière mentale, se surprend, à chaque heure, si consolé, si riche d'espérances surtout !

La foi et la pratique dévotieuse, qui répondent d'ailleurs à des instincts naturels, impérieux parfois, et constituant ainsi un besoin social, sont incontestablement ici-bas la source des plus grandes satisfactions dont il soit donné à la créature de jouir.

---

(1) Il nous revient en souvenir, et nous ne pouvons l'omettre ici, le mot bien vrai d'un penseur éminent : — « Pour vivre dans la solitude, il suffit d'oublier les autres ; mais pour vivre dans le monde, il faut s'oublier soi-même. »

Qu'il plaise donc à quiconque s'agite en la sphère des évolutions sociales, de laisser désormais en paix cette créature aussi heureuse qu'utile, aussi simple que l'enfant de la prière.

La philosophie du Trappiste, en définitive, vaut toute autre philosophie, si elle ne la dépasse par son double emploi dans l'Humanité et la Religion, résumant ainsi les trois vertus théologales : la Foi, l'Espérance et la Charité.

Et ce, répétons-nous, sans ostentation aucune, à l'abri de tout regard, à l'ombre de l'oubli.

Glorieux, oh ! bien glorieux pourtant, cet homme, mais pour tout autre que pour lui, dans une telle humilité !

Qu'en pensez-vous, Moraliste ?

Tenez pour certain que le Trappiste est la plus exacte personnification du vrai rôle assigné à l'homme au passage des épreuves : — travailler et prier.

Combien, dans le monde, travaillent et ne prient pas !

Combien prient et ne travaillent pas !

Tout notre enthousiasme, justifié, ce semble, par assez de preuves, n'est pas tel cependant qu'il ne comporte une comparaison, et je vois comme aussi fort que le Trappiste, l'homme du monde marchant isolé vers l'étape finale, avec les mêmes principes pour appui, sans se dérober et du même pas, se heurtant courageusement contre les difficultés, contre les douleurs de la vie, sans plainte aucune, tout à sa tâche sociale, indifférent à l'injustice parfois des autres, à leurs instincts souvent hostiles, stoïque pour lui et attentif pour ses semblables, empressé de rendre le bien pour le mal, sans jamais empiéter sur le terrain d'autrui pour ses satisfactions personnelles.

Puis, au terme de sa course mesurée, quand tombe cet homme, et n'importe où, il meurt avec dignité, sourd aux clameurs égoïstes de la foule, non toutefois sans une larme pour les affections qu'il laisse encore sur terre, mais ne prenant vue que sur l'horizon nouveau qui s'offre à ses regards religieux et consolés.

— Une telle énergie, il est vrai, n'est pas donnée à tous et plus d'un part de ce même pied, qui oncques ne touche but.

On n'arrive là que prémuni, armé de toutes pièces, par une éducation prévoyante, une éducation dont les conseils, outre les avertissements du présent, reportent, dès le premier pas, les aspirations de l'homme au delà de ce globe étroit et mesquin, si fatigant d'allures, en son parcours, pour chacun.

LETTRE XI.

Retour à Saint-Bernard d'Anglet.

LETTRE XI.

(Vœux : Saint-Bernard d'Anglet.)

Bonheur au cloître.

Il est aisé de reporter, au nom des Trappistines, la part qui leur revient, comme parties conjointaines et solidaires, dans le mémoire ci-devant, lequel établit la généalogie des moines, leur parenté avec les Sœurs d'Ordres correspondants, puis la grande famille religieuse d'où ressort la corporation de nos Bernardines d'Anglet, vraies Trappistines, aux aptitudes si multiples, aux labeurs si continus. Aussi est-ce pour elles que parle le plus haut notre humble plaidoyer et dans son point de fait et dans sa question de principe, comme dans ses conclusions.

Or, la cause nous a paru assez opportunément inscrite au rôle du jour, vu sa nature libérale, toute utilitaire.

Les considérants qui précédent n'ont pas été dégagées pour un grand nombre et une pro-

LETTRE XI.

Retour à Saint-Bernard d'Anglet.

Rentrons au cloître.

Il est aisé de reporter au nom des Trappistines la part qui leur revient, comme parties conjointaines et solidaires, dans le mémoire ci-devant, lequel établit la généalogie des moines, leur parenté avec les Sœurs d'Ordres correspondants, puis la grande famille religieuse d'où ressort la corporation de nos Bernardines d'Anglet, vraies Trappistines, aux aptitudes si multiples, aux labeurs si continus. Aussi est-ce pour elles que parle le plus haut notre humble plaidoyer et dans son point de fait et dans sa question de principe, comme dans ses conclusions.

Or, la cause nous a paru assez opportunément inscrite au rôle du jour, vu sa nature libérale, toute utilitaire.

Les considérants qui précèdent n'ont pas été inappréciés pour un grand nombre et une protection visible s'est étendue sur l'Institut même dont le relevé donne aujourd'hui :

1°

Pour les Hommes

Le monastère de la Maison-Dieu, Notre-Dame de la Trappe, diocèse de Séez ;
Aigues-Belles, diocèse de Valence ;
Bellefontaine, diocèse d'Angers ;
Meilleraie ou Melleray, diocèse de Nantes ;
L'abbaye du Gard, près Amiens ;
Celle de Briquebec (Manche) ;
Notre-Dame-des-Dombes (département de l'Ain) ;
Etc., etc.

Nous avons vu les constitutions, les us et coutumes de ces Trappistes, à peu près uniformes.

La maison-mère est située à la Val-Sainte, canton de Fribourg, en Suisse. Elle fut fondée par la colonie de la Trappe du Perche, indiquée ci-devant, quand elle se réfugia, l'an 1791, dans ce vallon de l'hospitalière Helvétie, sous la conduite de dom Augustin (M. de Lestrange).

Or, la Trappe du Perche est, en définitive, la Trappe originaire et nous lui devons un mot, mais un simple mot, à ce titre même.

La Trappe, avant d'être le nom d'un Ordre monastique, fut celui d'une vallée que Rotrou II, comte du Perche, donna en 1140, et par suite d'un vœu (1), à des moines Bénédictins de Savigny (département du Rhône — Saint-Martin-de-Savigny).

Ces Religieux y fondèrent l'abbaye fameuse de l'Ordre cistercien, aujourd'hui connue sous le nom de *Notre-Dame de la Trappe* ou *Grande-Trappe,* à 12 kilomètres nord de Mortagne et près de Saligny (Orne).

Cette abbaye, confirmée par le pape Eugène III, au XIIe siècle, fut plus tard affiliée à Citeaux et, après son relâchement (2), réformée, en 1662, par l'abbé de Rancé, qui y établit l'étroite observance de Citeaux.

Abandonné forcément par les Religieux lors de la Révolution, l'établissement vit ses bâtiments se relever sous l'égide de M. de Lestrange et faire retour, en 1815, à leur destinée première.

Enfin sa nouvelle organisation a été approuvée par le Saint-Siége le 3 octobre 1834.

La Trappe, fidèle à ses origines, suit la règle de saint Benoît et les constitutions de Citeaux,

---

(1) Il avait échappé à un naufrage dans la traversée de la Manche, en allant voir Henri Ier, roi d'Angleterre, dont il avait épousé la fille naturelle.

(2) L'Institut avait fini par faiblir, sous l'influence principalement d'une administration imprévoyante, aux suggestions de la *commende,* usufruit d'un bénéfice dont il fut fait abus.
Aussi la réforme advint-elle d'un commendataire *converti,* l'abbé de Rancé.

c'est-à-dire qu'elle offre tout à la fois en ce moment à nos regards et le Bénédictin du VI⁰ siècle et le Cistercien du XII⁰.

2°

Pour les Femmes.

Tableau des Monastères des trois congrégations Cisterciennes de Notre-Dame de la Trappe.

Monastères qui suivent la règle de Citeaux.

— Notre-Dame-des-Gardes, — diocèse d'Angers, près Chemillé (Maine-et-Loire) ;

— Notre-Dame-de-Vaise, — diocèse de Lyon, à Lyon ;

— Notre-Dame-de-Maubec, — diocèse de Valence, près Montélimart (Drôme) ;

— Notre-Dame-de-la-Cour-Pétral, — diocèse de Chartres, près la Ferté-Vidame (Eure-et-Loir) ;

— Notre-Dame-de-Blagnac, diocèse de Toulouse, près Toulouse (Haute-Garonne) ;

— Notre-Dame-d'Espira-de-la-Gly, — diocèse de Perpignan, près Rivesaltes (Pyrénées-Orientales).

Monastères de l'ancienne réforme de l'abbé de Rancé.

— Notre-Dame-d'Avenières, — diocèse de Laval, près Laval (Mayenne) ;

— Notre-Dame-d'Œlembourg, — diocèse de Strasbourg, près Mulhouse (Haut-Rhin);

— Notre-Dame de St-Joseph d'Uvexy, — diocèse de Saint-Dié, près Charmes (Vosges).

La dénomination de *Trappistines* est postérieure à la Révolution, époque où fut prononcé l'édit d'interdiction pour l'Ordre des Religieuses cisterciennes établi d'après les constitutions de Citeaux et la règle de saint Benoît.

Ces dernières se retirèrent à la Val-Sainte, dans le monastère dit de la Sainte-Volonté-de-Dieu, sous la protection de dom Augustin que nous connaissons déjà, et sous la direction de la Sœur, mère de cet abbé.

Confondant leurs divers instituts dans une réforme commune bien autrement austère que leurs constitutions primitives, elles adoptèrent résolûment la règle de la Val-Sainte, suivie par les hommes, — Ordre de Citeaux.

D'après cette règle, elles ne mangeaient que des légumes sans assaisonnement, se contentaient d'un seul repas par jour, pendant sept mois, jeûnaient toute l'année, buvaient de l'eau.

Elles couchaient sur des planches sans matelas ni paillasse, se livraient aux travaux agricoles, gardaient un silence continu et chantaient l'office durant sept à huit heures.

Elles endossèrent aussi le costume des Trappistes, à part quelques détails.

C'est-à-dire que leur Ordre devint entièrement conforme à celui de leurs frères dont enfin elles prirent le nom.

Telle est l'origine des Trappistines, l'an 1796.

Chassée de Suisse par la tourmente révolutionnaire de France, qui avait envahi ces contrées mêmes, la colonie des Religieuses dut passer en Autriche, en Russie, en Prusse, en Angleterre, Westphalie, etc., et c'est au bout de vingt ans de pérégrinations difficultueuses où elle avait semé en chemin des fondations diverses, qu'elle rentra dans sa patrie en 1816. — La loi de 1824, en autorisant toutes les Communautés religieuses de femmes, comprit, bien entendu, celle-ci.

Aujourd'hui ces Trappistines, gouvernées par des Mères Prieures, élues pour trois ans, vivent, les unes sous l'observance de Citeaux, les autres sous celle de M. de Rancé.

Elles ont une règle commune, moins sévère un peu et dont voici la teneur succincte :

Se coucher au plus tard à huit heures, tout habillées, sur une planche revêtue d'une paillasse seule, avec traversin de paille hachée et couverture de laine, selon le besoin ou de la santé ou de la saison.

Se lever soit à minuit, soit à une heure ou deux ; — au premier cas, repos d'une heure environ dans la journée.

Se nourrir de soupe à l'eau et au sel, de légumes assaisonnés de même, laitage et fruits en sus.

Deux repas par jour et en tout temps : l'été, dîner à dix heures, souper à six ; et, depuis la Pentecôte, les mercredis et vendredis, dîner à onze heures et demie ; collation seulement le soir. L'hiver, dîner à onze heures et demie ou midi ; collation également le soir.

En carême, dîner à midi et demi.

Le travail consiste dans la culture des terres et les soins divers de l'intérieur, y compris les plus gros ouvrages.

Dans quelques Maisons, il y a une école de jeunes filles.

Un silence absolu et l'oraison avec les offices divins, complètent l'ensemble de cette règle.

Moins austères un peu que les Trappistes, les Trappistines ont, tous les jours, promenade et récréation, deux fois même en certains temps, mais toujours en silence, un livre ou chapelet en main, et dans l'enclos du monastère, une demi-heure environ après chaque repas.

Le costume se compose de la tunique, de la coule blanche, du scapulaire, d'une ceinture de cuir et du voile.

Bien que les Bernardines du Refuge n'observent pas une asitie alimentaire aussi complète, une rigidité aussi absolue pour la vie ascétique, on voit qu'elles marchent sur les traces des Trappistines, au même rang qu'elles, dans le chemin de la pénitence.

C'est maintenant avoir assez donné, je pense,
au chapitre des comparaisons, faisons retour
définitif sur Anglet, pour en résumer le monastère.

Les diverses corporations qui composent le personnel de cette Maison, se confondent dans une action commune, en vue de la même pensée religieuse, du même but humanitaire.

L'ensemble forme un établissement *sui generis,* qui participe d'Institutions autres, notamment, de celles détaillées dans les pages qui précèdent, tout en gardant ses instituts propres, ses constitutions particulières pour chaque Ordre, c'est-à-dire son autonomie, en un mot.

Aucun autre semblable n'existe en France, ni à l'étranger.

On peut le comprendre sous le nom générique de Refuge, comme le font quelques-uns, la plupart même, frappés de l'homogénéité de ses parties, frappés de leur rapport direct et de la facilité d'accès qui les met en communication constante.

Le Refuge d'Anglet est donc un sanctuaire clos seulement par la désolation qui l'entoure, ouvert toujours par l'invite de la charité.

« Cherchez, vous trouverez, » dit l'Evangile.

— Jamais cette promesse ne fut plus sincère, plus véridique qu'au fronton du monastère cosmopolite d'Anglet, où elle est graphiée, écrite même en toutes lettres pour le moins clairvoyant.

En effet, quand battue par ces vagues de la société contre lesquelles elle n'a ni force, ni savoir parfois, sans gouvernail à son frêle esquif, sans un second à la manœuvre (1), la voilure aux vents contraires, la boussole trempée d'un aimant qui incline au mal ; quand, rejetée par la loi de l'homme autant que par loi de nature, dans les courants les moins heureux, la femme a fait naufrage, et, tout salut désespéré, se laisse aller à la dérive, un pilote attentif s'empresse auprès d'elle, il la reçoit dans sa barque solide, garantie, celle-là, contre la tempête.

Ce pilote est le bras du Refuge qui se présente à l'affligée, sans lui demander qui elle est, d'où elle vient (2), où elle va, quoi elle veut, et, la conduisant au port, lui offre une hospitalité gratuite, toute discrète, sans formalités à remplir, sans vœux exigés, sur l'échange de ces simples paroles :

— Que voulez-vous ?

Elle répond :

— La miséricorde de Dieu et la vôtre (3).

Après quoi l'épave malheureuse se trouve aussitôt réchauffée au feu de la charité, vêtue,

(1) Nous supposons toujours le célibat.
(2) Sans distinction de nationalité.
(3) Comme à la Trappe, il est dit au novice : *Quid petis ?* à quoi il répond : *Misericordiam Dei et vestram.*

hébergée, jusqu'à ce qu'il lui plaise, ensuite d'un noviciat prudent, de jeter l'ancre sur ces bords du golfe, là même où, furieux, il vomit son écume en démence.

— Combien aussi, avant le naufrage même, combien d'âmes endolories, errantes le long des flots, vertigineuses aux séductions de l'abîme, c'est-à-dire à l'entraînement du désespoir, combien de ces âmes furent transportées soudain, sous l'inspiration de Dieu, du littoral au cloître d'Anglet !

Si quelqu'une de ces réfugiées, rompant le silence qui aujourd'hui la sépare et la sauvegarde du monde, pouvait nous communiquer sa pensée, nous aurions la mesure du bienfait dans ses proportions exactes, dans ses proportions immenses !

— Celle que le bas-fond social a menacée ou salie de sa boue amère, et qui demande appui ou purification, n'est pas seule à recueillir les bienfaits du Refuge. On voit fréquemment encore descendre des plus hautes sphères de la société, pour se replier sur elles-mêmes dans cette solitude, des natures d'une extrême sensibilité, ou de ces natures tellement ardentes vers l'éternelle patrie, que le simple contact du monde les gêne, que le conflit de chaque jour les impatiente, que la lutte les irrite. Souffreteuses, morbides dans un cercle d'idées trop étroit, bientôt on les voit, dégagées des étreintes de la terre, et respirant en plein air, se développer libres et allègres dans cet horizon céleste qui leur offre espérance et vérité.

Dans ce mécanisme prodigieux de l'Œuvre d'Anglet, dont les rouages mouvementent des éléments si divers en les raccordant au point central, — direction supérieure, — se trouve place, en effet, pour toutes les conditions : richesse et pauvreté, intelligence et ineptie.

Le plus bas avilissement s'y purifie par l'engrenage, comme la vertu sublime en ressort plus brillante encore.

Un fonctionnement ingénieux, on le connaît, on le juge maintenant, prend au passage toute essence et lui offre une case spéciale, parfaitement appropriée, qui semblait attendre l'ingrédient nouveau.

Habile, habile et forte, répétons-le ici, la tête organisatrice de cette Œuvre unique, qu'à la mort de son auteur nous avons vue (lettre III) se répartir entre le spirituel et le temporel, pour être tous deux légués : l'un à des prêtres choisis, l'autre aux Servantes de Marie.

———

Votre curiosité satisfaite, touriste, ou plutôt votre étonnement grandi jusqu'à l'admiration, vous quittez le Monastère d'Anglet, après avoir salué l'hôtesse qui vous en a fait gracieusement les honneurs, tout aussi gracieusement pour le piéton qui s'en est venu céans appuyé sur le bâton du pèlerin, que pour le visiteur au somptueux équipage ; sans dédain pour l'acheteur modeste, sans flatterie pour l'acheteur opulent, sans distinction, bref, entre le riche et le pauvre, car l'égalité évangélique est un des principes sacrés de l'*Etablissement Cestac.*

— Appellation vulgaire qui nous plaît assez comme dernier mot de notre exploration dans les œuvres du Religieux philanthrope.

LETTRE XII & DERNIÈRE

A TITRE D'ÉPILOGUE.

LETTRE XII & DERNIÈRE

A TITRE D'ÉPILOGUE.

Mon cher St-Rémy,

Si vous avez eu plaisir à me lire tout autant que j'en ai eu à vous écrire, ma satisfaction sera doublée et je resterai votre obligé pour le témoignage flatteur d'une attention tellement persistante à l'endroit de mon récit.

— Récit destiné à la publicité, car Notre-Dame-du-Refuge d'Anglet n'a pas encore son livre et elle mérite de l'avoir.

Livre enfin qui s'adresse à tous indistinctement, quelles que soient les opinions de chacun, empreint qu'il est d'un esprit impartial dans ses principes, d'un intérêt commun à son triple point de vue de l'Ordre monastique, de la description territoriale et des cultures agricole, sylvestre et autres.

Tel indigne que puisse être mon hommage, je suis heureux d'acclamer une Institution qui réalise, sous bien des rapports, nos idées populaires les plus justes, les exigences les plus pressantes de notre société moderne.

Vous vous associerez de cœur, je le sais, à ma pensée.

Puisse le lecteur, initié à cette communication, y répondre avec la même bienveillance, et pour l'Œuvre et pour l'historien !

Au revoir, ami.

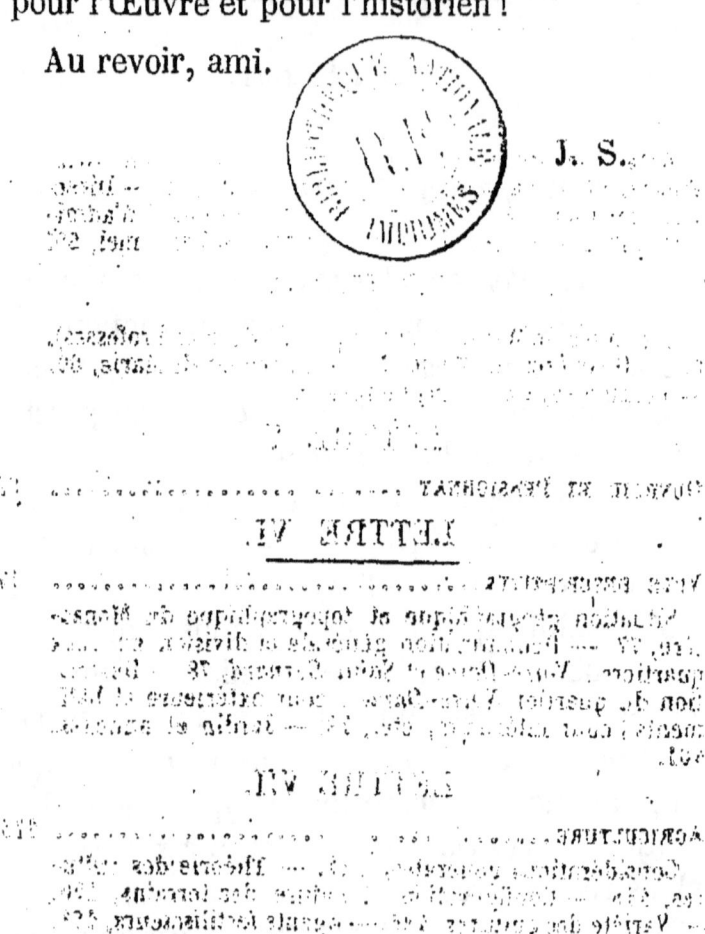

J. S.

TABLE.

LETTRE I.

A TITRE DE PROLOGUE.................................. 5

LETTRE II.

ORIGINE ET DÉVELOPPEMENTS SUCCESSIFS DU MONASTÈRE.. 11

LETTRE III.

CONSTITUTION GÉNÉRALE DE LA COMMUNAUTÉ............ 47
 Actes constitutifs : Personne Civile et Personne Religieuse, 47. — Caractère de la Communauté, 49. — Direction spirituelle, 49. — Administration et Conseil d'administration, 49. — Nomenclature de tout le Personnel, 50.

LETTRE IV.

 Servantes de Marie (Postulantes, Novices et Professes), 55. — Ouvrières de Marie, 59. — Agrégées de Marie, 60. — Pénitentes, 61. — Orphelines, 63.

LETTRE V.

OUVROIR ET PENSIONNAT............................ 69

LETTRE VI.

VUES DESCRIPTIVES................................. 77
 Situation géographique et topographique du Monastère, 77. — Dénomination générale et division en deux quartiers : *Notre-Dame* et *Saint-Bernard*, 78. — Description du quartier *Notre-Dame* : cour extérieure et bâtiments ; cour intérieure, etc., 78. — Jardin et annexes, 101.

LETTRE VII.

AGRICULTURE...................................... 111
 Considérations générales, 111. — Théorie des cultures, 118. — Configuration et nature des terrains, 120. — Variété des cultures, 126. — Agents fertilisateurs, 161. — Modes de culture, 177. — Productions, 206.

LETTRE VIII.

SYLVICULTURE.................................... 217

Historique des dunes de Monbrun, 217. — Pignada de Saint-Bernard : création de la forêt, physiologie du pin maritime, exploitation, 237. — Annexe de l'exposé sylvicole, 285.

LETTRE IX.

LES BERNARDINES................................. 309

De la naissance de l'Œuvre jusqu'à nos jours, 309. — Ordre, Constitutions, etc., 312. — Description du quartier *Saint-Bernard*, 318.

LETTRE X.

Précis de l'Etat Monacal à l'origine du christianisme, au moyen-âge, au temps moderne ; — en France, à ces deux dernières périodes, et au double point de vue religieux-agricole, 347.

LETTRE XI.

Retour à Saint-Bernard d'Anglet, 381.

LETTRE XII & DERNIÈRE.

A TITRE D'ÉPILOGUE................................ 397

Tout exemplaire non revêtu du paraphe ci-dessous de l'auteur, sera réputé contrefait.

Bayonne, imp. Lamaignère.

www.ingramcontent.com/pod-product-compliance
Lightning Source LLC
Chambersburg PA
CBHW071914230426
43671CB00010B/1608